AF250080

VOYAGES

LE MONDE

ET

L'INDUSTRIE DES NATIONS

PARIS. — IMPR. SIMON RAÇON ET COMP., RUE D'ERFURTH.

VOYAGES

A TRAVERS

LE MONDE

ET

L'INDUSTRIE DES NATIONS

PAR

CHARLES DE RIBELLE

Pour bien savoir
Il faut beaucoup apprendre.

PARIS

AMABLE RIGAUD, ÉDITEUR

50, RUE SAINTE-ANNE, 50

1863

Le Serment.

Arrivée à Paris._La Lumière Electrique.

AVANT-PROPOS

L'auteur de ce livre n'a point eu la prétention d'enseigner la science. — Son but, il le déclare ici, est plus modeste ; il a voulu tout simplement moraliser en donnant à ses jeunes lecteurs le désir de s'instruire, et, en les amusant, il a essayé de leur montrer tout ce que l'homme a créé ou perfectionné, — tout ce qu'il peut tirer de son intelligence, de sa volonté et de son travail pour améliorer sa position, grandir ses destinées, et se rapprocher par son labeur et son initiative de la véritable voie tracée par l'éternel Créateur qui a si bien doué et si généreusement doté l'homme pour remplir sa destinée, s'il voulait se servir de sa raison pour son propre bonheur.

L'intitulé de ce livre dit ce qu'il doit être : — un résumé de l'histoire où se trouve à cette heure la civilisation chez les diverses nations du globe, de leurs progrès et de leur décadence dans la grande lutte du travail, et la position actuelle qu'occupent dans l'échelle sociale les différents peuples du monde, — les ressources de chacune des parties de la terre, — l'avenir de chaque peuple, s'il continue d'avancer dans la voie dans laquelle il marche aujourd'hui; — et puis encore : ce livre a un but plus sérieux peut-être c'est d'éclairer la route dans laquelle beaucoup de jeunes gens sans expérience ni des hommes ni des choses vont se lancer; — c'est de faire pressentir ce que l'on peut attendre d'une entreprise ou d'une excursion dans les différentes contrées de la terre et chez les divers peuples qui les habitent; — c'est de faire réfléchir ceux qui ne doutent jamais de rien et croient que la fortune et le bonheur sont toujours au bout du chemin qu'ils veulent parcourir, se persuadant souvent, par avance, que les pays lointains offrent plus de ressources à leur génie et plus de satisfactions à leurs convoitises que les lieux où ils sont nés, — tandis qu'au contraire, il est bien évident que la réalisation d'aspirations raisonnables est bien plus proche au berceau de la famille que partout ailleurs.

L'auteur ne pouvait avoir la prétention de traiter dans un seul volume un aussi vaste sujet dans toutes ses parties, et puis il tenait surtout à rendre son livre attrayant pour les jeunes lecteurs auxquels il est destiné. — Aussi est-ce

sans prétention aucune qu'il a parlé des grands problèmes
de la science, des belles inventions de notre époque, fruits
du travail de nos savants; — et puis, si par la lecture de
son livre il a pu faire rentrer dans la bonne voie quelques
esprits égarés, s'il a rendu le courage à quelques jeunes
intelligences découragées, et s'il a relevé quelques natures
abattues sous l'indolence ou le manque de foi et de réflexion, s'il a donné à tous l'envie de remplir le véritable
but pour lequel nous sommes sur la terre — qui est notre
concours au grand labeur universel — il se croira amplement dédommagé de ses veilles.

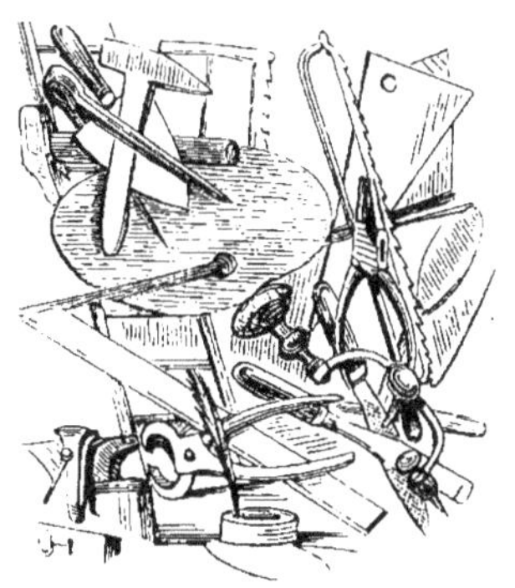

VOYAGES

A TRAVERS

LE MONDE

ET

L'INDUSTRIE DES NATIONS

I

Nous nous trouvions un jour une vingtaine d'écoliers des plus grands dans le préau d'un pensionnat, jouant, courant, criant à qui mieux mieux, lorsque l'un de nous, je ne sais plus lequel, nous arrêta tout court en s'écriant :

— Messieurs, j'ai une idée. Voulez-vous m'écouter un instant?

— Voyons l'idée, nous écriâmes-nous tous à la fois; voyons la splendide idée.

— C'est une proposition que j'ai à vous faire.

— Nous écoutons la proposition.

— Eh bien, messieurs, j'ai pensé que nous devrions nous rassembler tous, ou au moins tous ceux d'entre nous qui le pourrons, dans six ans d'ici dans un endroit que vous désignerez, afin de savoir ce que chacun de nous est devenu dans cette société où nous allons bientôt entrer.

— Six ans, ce n'est pas assez, dit l'un de la bande. Beaucoup d'entre nous seront encore sur les bancs de l'École de droit ou de médecine, ou à faire leur stage dans une étude; mettons dix ans.

— Va pour dix ans, acclama la bande joyeuse.

— Va pour dix ans, dit l'auteur de la proposition; mais il faut faire le serment de ne pas manquer à ce rendez-vous, qui aura lieu d'aujourd'hui jeudi gras en dix ans dans le jardin du Palais-Royal, à midi, heure où part le canon lorsqu'il fait du soleil.

— Approuvé, dirent tous ceux qui étaient présents : et chacun s'empressa de lever la main et de dire : Je le jure.

DIX ANS APRÈS

Il y avait dix ans jour pour jour que la petite scène que nous venons de décrire s'était passée dans le préau du collége de ***. C'était le jeudi gras, le froid, sans être excessif, était piquant, et ne laissait pas que de rougir le nez des personnes forcées de rester en plein air.

Depuis plus d'une heure plusieurs individus se promenaient dans le jardin du Palais-Royal; le temps gris et couvert n'avait pas permis au canon de donner son signal habituel, et, ma foi, midi était sonné sans que l'on s'en fût aperçu. Enfin, l'un des promeneurs aborda un monsieur qui semblait s'impatienter, et lui dit :

— Ne seriez-vous pas un ancien élève du collége de ***?

— Oui, et vous?

— Mais moi aussi.

Et les deux anciens camarades de pension se serrèrent la main avec affection, et l'on eut bientôt renoué connaissance.

— Mais est-ce que nous ne serions que deux à tenir notre serment, dis-je, car j'étais l'un des promeneurs ; ou bien est-ce que la mort aurait frappé tant de nos anciens camarades ?

En ce même moment, trois autres figures qui ne nous étaient pas inconnues s'approchèrent de nous et me reconnurent ; nous étions cinq. Était-ce tout ce qui restait des vingt qui avaient fait la promesse de se trouver au rendez-vous, ou bien les autres avaient-ils oublié le jour et l'heure de la réunion ? Nous regardâmes de tous côtés, nous attendîmes encore un instant en récapitulant les noms de ceux qui manquaient à l'appel ; à notre grand regret, nous trouvâmes que douze étaient morts, que deux étaient empêchés par l'éloignement, et qu'un seul, haut placé dans la finance, avait oublié son serment.

Je proposai à mes anciens condisciples d'entrer dans un restaurant, de nous faire donner un lieu particulier, et de nous raconter mutuellement, en déjeunant, ce qui nous était arrivé depuis notre séparation.

Deux d'entre nous se frottèrent les mains, se grattèrent le nez, se fourrèrent les doigts dans les cheveux d'un air embarrassé, pendant qu'un troisième tirait des vastes poches de son paletot des liasses de papiers qu'il s'apprêtait à nous offrir, sans doute ; seulement, en ce même moment, je m'aperçus que plusieurs de mes anciens camarades n'avaient pas l'air de rouler sur l'or.

— Mes amis, dis-je, vous me permettrez de vous offrir à déjeuner, c'est moi qui paye aujourd'hui ; plus tard ce sera votre tour.

— Accepté, dirent à l'unanimité mes ex-condisciples.

Nous entrâmes donc dans un restaurant, où l'on nous servit un excellent déjeuner que mes chers amis expédièrent avec un appétit qui me fit plaisir à voir. Après le déjeuner, lorsque chacun se fut suffisamment réconforté, je fus invité à prendre le premier la parole et à raconter ce qui m'était arrivé depuis le moment où nous nous étions quittés.

— Je le veux bien, dis-je, à condition que chacun d'entre nous en fera autant à son tour.

Je pris donc la parole, et je commençai ainsi :

— Fils d'un ancien fonctionnaire qui avait fait les campagnes d'Italie pendant la première révolution, mais qui ne s'était pas enrichi, je n'avais reçu que les premiers éléments d'une instruction bien imparfaite, et, encore, à peine avais-je commencé quelques études sérieuses, que j'eus le malheur de perdre mon bon père, qui n'avait rien amassé. Nous avions été vingt-deux enfants, nous restions quatorze, la plupart en bas âge et incapables de gagner leur vie, et ma bonne et sainte mère. Comme l'un des aînés, je dus accepter cet héritage, ce que je fis de grand cœur ; mais, hélas ! mes ressources et mes connaissances n'étaient pas à la hauteur de mon zèle et de mon bon vouloir, et sans doute que j'aurais fini par succomber sous la lourdeur de la tâche que je m'étais imposée, si un homme généreux n'était venu à mon aide au moment où je commençais à désespérer de la Providence.

A peine eus-je compris le délaissement dans lequel allaient se trouver mes jeunes sœurs et mes petits frères, et ma vieille, bonne et sainte mère, que je me mis à la recherche d'une position qui me permît par mon travail de leur venir en aide.

La Providence vint à mon secours, comme je vous le disais. Cette bonne Providence, en laquelle je me suis toujours confié, me fit rencontrer un homme qui s'intéressa à moi. Il vint un matin me trouver, et me dit :

— Mon ami, vous êtes dans une position bien délicate, je le sais. Je connais vos sentiments ; ils sont des plus honorables ; c'est pourquoi je viens vous proposer de devenir mon secrétaire.

— Hélas ! dis-je, convaincu de mon impuissance, je ne sais si je pourrai vous rendre les services que vous devez attendre de moi ;

dans tous les cas, recevez l'expression de ma reconnaissance et comptez sur tout mon zèle.

— C'est bien, me dit cet homme généreux, je vous prends avec moi, c'est entendu ; vous serez nourri , défrayé de toutes vos dépenses, et vous aurez cent francs par mois.

C'était plus que je n'aurais jamais osé espérer ; deux larmes coulèrent sur mes joues, et je ne pus m'empêcher de dire en joignant les mains : Merci, mon Dieu ! merci ; ma mère et mes sœurs et mes petits frères auront le nécessaire.

— Nous partons demain, me dit M. Rolland (c'était le nom de mon protecteur); préparez-vous, nous allons parcourir une partie de l'Europe, où je veux faire des études sur le caractère essentiel et sur l'industrie de chaque peuple. Ma fille Héléna sera du voyage ; je compte que vous voudrez bien traiter cette enfant avec toute la douceur possible.

Je protestai de nouveau de mon bon vouloir et de mon dévouement, et nous nous quittâmes en nous donnant rendez-vous pour le lendemain. Je courus bien vite porter la bonne nouvelle à ma mère, qui me couvrit de ses caresses, m'apprêta mon léger sac de voyage, et je m'endormis après avoir adressé comme d'usage ma prière à Dieu.

Le lendemain, dès l'aurore, j'étais sur pied ; j'embrassai ma bonne mère et mes sœurs et mes petits frères, et je partis retrouver M. Rolland, qui m'attendait déjà avec sa fille que je ne connaissais pas.

— Vite donc, monsieur Charles, me dit la charmante Héléna en m'apercevant ; vite, vous savez combien mon père est vif et impatient, et vous êtes en retard.

Troublé, éperdu à la vue de cette belle jeune fille, qui pouvait bien avoir treize ou quatorze ans, surtout lorsque je vis qu'elle savait déjà mon nom, et combien elle mettait de douceur dans les reproches qu'elle m'adressait , je ne trouvai pas un mot à répondre à cet accueil.

— Allons, allons, dit M. Rolland avec son ton brusque, mais pourtant rempli de bonté ; M. Charles s'habituera à se lever matin et à arriver à l'heure. Nous sommes en retard, pressons-nous.

Mademoiselle Héléna sourit ; nous montâmes en voiture et nous partîmes.

II

L'EUROPE

Pour bien préciser les faits dont nous allons nous occuper, et
faire servir le fruit de nos travaux, de nos voyages et de notre propre
expérience à l'instruction des autres, il est nécessaire, je crois,
que nous classions nos idées et nos récits avec une certaine méthode ; c'est pourquoi, moi, qui n'ai parcouru que l'Europe, et qui
n'ai vu l'humanité que sous certains aspects, et étudié l'homme
dans ses aspirations et ses efforts pour arriver au bien-être et à la
satisfaction de ses désirs que dans une zone assez connue, je ne
vous parlerai que du côté tout terrestre de ses désirs et de ses travaux, sans toutefois vous cacher mes réflexions et mes impressions
sur chacun des peuples qui habitent cette partie du monde.

Géographiquement, l'Europe est la plus petite des trois parties
de l'ancien monde, et la dernière de ces parties où a pénétré la

civilisation. Physiquement, elle en est devenue la plus importante.

L'Afrique et l'Asie possédaient déjà une civilisation avancée, lorsque l'Europe n'était encore qu'un pays sauvage et inconnu.

L'Europe a 3,900 kilomètres de long sur 3,500 de large.

Si l'Europe, en général, n'est pas aussi bien favorisée sous le rapport du climat et de la fécondité du sol que l'Asie et l'Amérique, l'air y est sain et pur partout, et l'agriculture fournit amplement tout ce qui est nécessaire aux besoins des peuples qui habitent cette partie du monde.

Sa population actuelle est de plus de 250 millions d'âmes.

Si, pendant un temps, les peuples qui habitent les pays méridionaux, tels que la Grèce, l'Italie, l'Espagne même, ont marché en Europe à la tête de la civilisation, d'autres peuples des parties occidentales ont fini par les dépasser dans les sciences, les arts, l'industrie et les lettres ; ainsi, les peuples de la France, de l'Angleterre, de la Hollande et d'une partie de l'Allemagne ont laissé bien loin en arrière les autres nations de l'Europe.

LA FRANCE

Je commencerai par la France d'abord, parce que c'est le pays qui m'a vu naître, et qu'à tout cœur bien né la patrie doit être chère entre toutes les autres parties du monde, et puis la justice veut que, tout orgueil national à part, la France, par les travaux de ses savants, se trouve aujourd'hui la partie du monde où la civilisation a produit le plus de merveilles ; et puis, il faut le dire aussi, c'est bien le pays du globe le plus sympathique à tous les autres peuples du monde, à cause de l'urbanité de ses habitants.

La France est donc le pays par lequel je commencerai mon récit.

La France est située entre la Manche, qui la sépare de l'Angle-

terre; la Belgique, le Luxembourg, les provinces rhénanes, la
Prusse au nord; le grand-duché de Bade, la Suisse et quelques
montagnes de la chaîne des Alpes à l'est; la Méditerranée et l'Espagne au sud; et par l'océan Atlantique à l'ouest.

La superficie de la France est de plus de 54 millions d'hectares.
Sa population actuelle, y compris la Savoie et Nice, est de près de
39 millions d'habitants.

Dans une position admirable, la France, qui jouit tout à la fois
de la salubrité des climats septentrionaux dans certaines de ses
parties, et des douces chaleurs de la Grèce et de l'Italie dans certaines autres de ses provinces, est tout à la fois un pays de
plaines, de montagnes, de vallons ombreux et de coteaux couverts
d'arbres chargés à l'automne des fruits de la terre. 7,000 cours
d'eau l'arrosent dans toutes ses parties, et des fleuves nombreux
et considérables vont porter, à travers ses provinces et au delà des
mers, aux autres nations du globe, les fruits de son industrie.
Des milliers d'établissements de toutes sortes fabriquent chaque
jour d'innombrables objets qui enrichissent ses habitants, et sa
puissance, qui ne fait que grandir, la met à l'abri des mauvais
vouloirs de ses concurrents et de ses envieux.

Je ne diviserai pas la France par provinces, parce qu'aujour-
d'hui il n'y a plus qu'une France bien homogène, dont tous les
habitants sont glorieux d'être les citoyens et les enfants.

Après ce préambule, j'entre en matière et je commence le
récit de mes pérégrinations.

LA VIGNE, LE VIN

Nous traversions de toute la vitesse de nos chevaux les riches
cantons qui avoisinent Dijon; nous apercevions autour de
nous les vignobles les plus renommés du monde entier. Préoc-
cupé, je restais muet et taciturne devant le tableau de la belle

nature qui nous environnait, lorsque, tout à coup, mademoiselle Héléna dit à son père :

— Père, dis-moi donc pourquoi cette contrée est-elle plutôt vouée à la culture de la vigne qu'à toute autre industrie?

— C'est, dit M. Rolland, que ceux qui possèdent le sol ici ont compris depuis longtemps le parti qu'ils pouvaient tirer d'une terre qui semblait, sous beaucoup de rapport, devoir rester, sinon improductive, du moins peu fertile; c'est qu'ils ont compris aussi que Dieu a mis partout et toujours le bien à côté de ce que nous croyons être le mal; seulement, souvent nos passions, notre paresse ou notre imprévoyance nous frappent de cécité; nous n'apercevons pas les richesses que le Créateur a mises à notre portée. Les coteaux de la Bourgogne, à cause de la pauvreté du sol qui les compose, devaient rester incultes, et pourtant la nature avait doué cette terre sablonneuse de dons à nuls autres pareils. Elle l'avait formée de principes plus précieux que toutes les mines des placers les plus riches de la Californie ou de l'Australie. Elle lui avait donné le don de produire le meilleur vin de l'univers.

Tu ne comprends pas cela, toi, ajouta M. Rolland; mais M. Charles doit le comprendre, lui qui a dû faire quelques études sur les richesses de la France.

— Oui, dis-je instinctivement, sans me rendre compte de ce que je disais; oui, la Bourgogne produit les meilleurs vins du monde.

— Dites que c'est la fortune d'un tiers des habitants de la France, reprit M. Rolland; dites que les produits de nos vignobles rendent les autres nations nos tributaires, et qu'à ce titre, tout bon Français doit être glorieux de la culture de la vigne.

Au reste, la culture de la vigne donne assez de peine à celui qui s'en occupe pour qu'il en tire profit. D'abord, il faut labourer la terre profondément, planter le cep, attendre plusieurs années sans rien récolter, avant que la vigne ne produise, tout en conti-

nuant cependant ses soins à l'arbuste; puis, la vigne même arrivée à son point de production, il faut en prendre grand soin, la
tenir proprement, ameublir la terre tout autour, la soutenir par
des échalas; puis la tailler, l'ébourgeonner; puis enfin recueillir
le raisin lorsqu'il est mûr à point, et ensuite le mettre dans la
cuve pour avoir le bon jus, la première cuvée, comme l'on dit; et
puis ensuite presser le marc sous le pressoir pour en tirer tout
ce que la grappe peut produire de liquide. Puis après, il faut
attendre deux ou trois ans avant que le vin ne soit fait, et encore
avoir soin chaque année, vers la mi-mars, de faire les soutirages
et de remplir les fûts qui se sont un peu vidés par l'évapora-
tion. Alors seulement le vin est bon à boire et prêt à vendre.
Tout ce travail ne mérite-t-il pas vraiment la récompense qu'il
procure? Oui, certes, le vigneron ne vole point le fruit qu'il retire
de son labeur. Il l'a certainement bien gagné à la sueur de son
front.

— Mais, mon père, dit mademoiselle Héléna, le vin n'est pourtant pas la seule boisson que l'homme s'est appropriée?

— Non, certes, chaque pays, chaque climat a ses usages, ses
mœurs, ses goûts. Les Cosaques et les Tartares boivent du lait
aigri; d'autres peuples boivent du vin de palmier, c'est-à-dire le
liquide que l'on retire du palmier au moyen d'une incision faite
dans le tronc de cet arbre; d'autres peuples font fermenter diverses racines ou des graines pour confectionner différents breu-
vages; mais dans notre Europe, nous n'usons guère que du vin,
du cidre et de la bière.

LÈ POMMIER, LE CIDRE

Le vin, nous venons d'en parler; quant au cidre, il se fait
tout simplement avec le fruit du pommier. Les pommes, recueillies
à la fin de l'automne, sont écrasées dans des auges sous le poids

de grosses meules de bois, puis soumises à l'action d'un pressoir.

D'abord le jus de la pomme est doux, mais il est épais et d'une digestion difficile. Peu à peu il se purifie par la fermentation et devient plus rude ; généralement, le cidre ne se conserve guère plus de deux ou trois ans, à moins qu'il ne soit mis en bouteille. Une grande partie de notre France ne récolte que du cidre et point de vin.

LA BIÈRE

La troisième boisson, dont on fait un grand débit dans tous les pays du Nord, en Angleterre, en Allemagne, c'est la bière. La bière est le produit d'une composition inventée par l'homme. La bière contient du houblon d'abord, et de l'orge ou un peu de froment. Cette composition, soumise à un degré d'ébullition dans de grandes chaudières, produit ce que nous appelons la bière. Mais nous nous étendrons davantage sur les différents produits qui servent d'alimentation à l'homme, en parcourant les diverses parties de l'Europe.

Notre France doit donc de nombreux remercîments à l'Éternel, qui l'a favorisée en tout. Comme boisson, le Midi lui donne le vin ; l'Ouest, le cidre ; et l'Est et le Nord, la bière.

Quant à ce qui sert à l'alimentation des habitants de notre pays, la Providence ne nous a pas moins bien favorisés.

Nos champs produisent le blé ou froment. Vous savez comment se sème, à l'entrée de l'hiver et quelquefois au mois de mars, ce grain si précieux. Vous savez aussi comment il mûrit sous le soleil, comment on le récolte, comment on le bat pour séparer la paille du grain ; puis encore comment on l'écrase chez le meunier pour séparer l'écorce de ce grain qui produit le son du cœur qui donne la farine. Puis encore le soin du boulanger pour en faire le pain, sa préparation dans le pétrin, sa cuisson dans le four.

A côté du froment poussent les pommes de terre, don des plus précieux de la Providence. Ce tubercule vient presque sans préparation, en l'enfonçant au printemps dans la terre, à quinze ou vingt centimètres de profondeur, et se récolte en automne. Il y a aussi le sarrasin ou blé noir, dont nos populations pauvres de la Bretagne, de l'Auvergne et de plusieurs autres parties de la France se nourrissent. Il y a aussi le maïs, qui se sème et se récolte dans d'autres provinces. Il y a l'orge, dont on fait un pain lourd et indigeste; l'avoine, dont on tire le gruau, mais qui sert plus généralement à la nourriture des chevaux et des bêtes de basse-cour. Il y a les légumes de toutes sortes et les fruits les plus savoureux, les plantes les plus utiles, et les fleurs les plus embaumées et les plus charmantes; et, avec cela, le lin et le chanvre, qui se sèment comme le blé et poussent dans nos champs pour être changés en de magnifiques tissus; et puis nous possédons encore mille produits divers, dont s'enrichit le commerce, et qui servent à la fabrication d'une multitude d'objets qui nous sont d'un immense secours.

Halten, un Persan, a importé parmi nous, au péril de sa vie, une plante bien précieuse à nos teinturiers, la garance, dont on fait de si belles couleurs rouges. La garance se cultive dans le Midi, comme le lin et le chanvre dans l'Ouest et dans l'Est; ensuite une foule de plantes, telles que le colza, le rabette, etc., etc., servent à faire de l'huile avec leurs graines que l'on écrase; mais un produit précieux, et que le Midi seul fournit, c'est l'huile d'o-live. L'olivier ne pousse que dans les pays méridionaux, et c'est du fruit de l'olivier que l'on tire l'huile dont on fait une si grande consommation.

La nomenclature des légumes divers, dont le jardinage et l'agriculture ont enrichi la France, serait trop longue, et je ne vous en dirai pas davantage sur ce sujet.

Nulle partie du globe ne présente autant de ressources pour l'alimentation, tant en végétaux de toutes sortes qu'en animaux :

le bœuf, le mouton, le porc, la chèvre, le lapin, le lièvre, la poule, le dindon, le canard, etc., etc., etc.

L'un des riches présents de la nature, c'est aussi le cheval et l'âne. Si la vapeur a détrôné ces quadrupèdes pour les services qu'ils nous rendaient dans nos excursions lointaines, ils nous en rendent encore assez pour que nous bénissions la Providence de nous les avoir conservés.

Si le commerce et l'industrie ont pris chez nous un tel essor, c'est grâce à l'excellence de notre sol, à la variété de ses productions et à la facilité des transports. Aussi voyons-nous nos transactions, autrefois assez restreintes, atteindre le chiffre énorme de plus de six milliards par chaque année. Six milliards d'affaires et de négoce par an ! Comprenez-vous, mes amis, ce qu'il faut d'activité, d'énergie et d'intelligence pour arriver à produire tant de choses diverses, à les fabriquer, à les expédier.

Oui, vraiment, les Français doivent à Dieu et à la nature, qui est son ouvrage, et à la Providence, qui est l'expression de sa bonté, des millions d'actions de grâce. Quelle promesse pour l'homme, pour l'être doué d'intelligence, pour celui qui croit en Dieu et cherche dans cet immense labyrinthe de la nature, où sa raison s'est perdue et pervertie si souvent sous son orgueil ; qui cherche, dis-je, avec son âme et son cœur à trouver quelques petites parcelles de cette force et de cette harmonie dont Dieu se sert pour diriger l'univers ! Le but de l'homme est, croyons-nous, de travailler au grand œuvre de l'humanité, dont Dieu a permis le développement pour arriver jusqu'au pied du trône d'où il nous voit tous.

Travaillez donc, enfants, travaillez donc à l'édification de l'œuvre humaine. Travaillez avec amour, avec foi, avec espérance, parce que le travail est la loi de Dieu, et que le travail seul, avec la prière et la foi, nous conduisent jusqu'au but marqué par le Créateur.

LES CHEMINS DE FER

Tout en causant ainsi, nous étions arrivés à Dijon, où nous laissâmes notre voiture pour monter dans les wagons du chemin de fer. Une locomotive nous entraîna bientôt, et nous vîmes passer devant nos yeux les campagnes les plus riches, les vallées les plus fertiles, les bois les plus ombreux.

— Voyez-vous, disait M. Rolland, qui aurait cru, il y a seulement cinquante ans, que la matière serait assouplie au point de suivre sans se déranger l'impulsion donnée par l'homme à des machines inertes! Quelles grandes pensées doit nous suggérer le nouveau moyen de locomotion qui nous sert aujourd'hui! Sans fatigues et sans user la vie d'aucun être, nous pouvons parcourir des distances immenses avec une rapidité et une facilité inouïes.

Les chemins de fer qui couvrent une partie de l'Europe et de l'Amérique ne sont-ils pas une image de ce que l'homme peut puiser de force et de ressources dans son intelligence, dans la nature en organisant la matière?

D'abord ce furent quelques chercheurs qui découvrirent la puissance de la vapeur, puis d'autres chercheurs qui travaillèrent longtemps à l'appliquer, puis d'autres chercheurs encore qui parvinrent à diriger cette nouvelle force pour la satisfaction et au profit de l'humanité.

Peu à peu les différents jalons se réunirent en un faisceau, d'ingénieuses machines furent créées, des essais nombreux tentés, et enfin l'énergique vouloir des Watt et des Stephenson, des Fulton, etc., remporta une victoire immense. Les machines organisées, les chemins de fer furent bien vite créés, et l'homme entrait alors dans la voie d'une existence nouvelle.

Quelques-uns ont compris le point de départ de l'ère chimique, physique et mécanique dans laquelle nous sommes entrés;

d'autres, plus retardataires, n'ont vu en cela que des faits nouveaux; mais l'homme de génie, le penseur, lui, a vu avec bonheur se mouvoir le premier chaînon de la grande chaîne qui doit relier un jour l'être au Dieu éternel, à travers la nature et la matière, lorsqu'il aura compris tout ce que le Créateur lui a donné de force et de puissance pour s'élever et grandir.

Je ne vous décrirai pas le mécanisme des locomotives; vous avez pu voir combien tout cela est simple et ingénieux. Une chaudière posée sur un fourneau, reposant lui-même sur quatre roues; des tubes d'où s'élance la vapeur projetée par l'ébullition, qui met en mouvement des pistons mobiles, donnant l'impulsion à la lourde machine au moyen de différents leviers. Puis cette machine entraînant après elle des voitures ou wagons chargés d'un poids immense, et glissant sur les rails ou barres de fer solidement attachées sur le sol aplani et nivelé.

Mais cela n'est que le premier mot des grands problèmes qui seront résolus par la créature si l'homme continue à marcher dans la voie qu'il suit. Le charbon qui sert à faire bouillir l'eau, et l'eau elle-même, seront remplacés avant peu par un agent dont la puissance est incommensurable et dont la source est partout. Je veux parler de l'électricité, de la matière électrique qui remplit l'univers ou au moins la surface de notre globe. Oui, un jour l'homme parviendra à s'assimiler et à conduire cette force qui l'environne et le presse de toute part, quoiqu'elle soit invisible et impalpable. Alors commencera une nouvelle ère; les distances n'existeront plus; l'espace n'aura plus de limites; et, un jour, l'air sera sillonné de maisons aériennes, et l'édifice imposé par l'Éternel à l'intelligence de l'homme commencera à s'élever; mais il est à craindre que l'homme, lorsqu'il se verra si puissant sur des choses qui lui paraîtront grandes, mais, en réalité, si petites et si infimes dans l'œuvre de l'Éternel, ne s'enorgueillisse et ne donne une seconde fois le spectacle de la tour de Babel.

Mais laissons aux races futures le soin de leur propre grandeur et de leur reconnaissance envers Dieu, et occupons-nous de ce qui nous touche nous-mêmes.

Nous voici arrivés à Paris.

En effet, le sifflet de la locomotive donnait le signal de l'arrivée, et bientôt nous étions rendus au débarcadère.

PARIS

— Paris, nous dit M. Rolland, pendant que l'on déchargeait nos bagages; Paris, c'est la France, ou, du moins, c'est le cœur de la France, d'où partent toutes les artères qui font agir et gouvernent tout ce qui se fait dans les autres parties de l'empire français. A ce titre, nous lui devons une plus ample description; ou, au moins, nous devons en parler avec assez de détails pour que ceux de nos lecteurs qui n'y sont jamais venus en aient une certaine connaissance.

Paris, c'est la France; nous le répétons, car c'est là que viennent s'abattre toutes les intelligences hors ligne, tous les hommes d'énergie et de vouloir qui creusent l'avenir, ou plantent les jalons qui doivent servir à perfectionner, sous l'œil de Dieu, le grand édifice social que l'homme doit mener à ses fins pour avoir rempli sa tâche; c'est de là que partent les idées qui sont recueillies et mises en pratique dans les provinces.

Nous ne parlerons pas de Paris au point de vue moral; nous ne publions pas une étude de mœurs, mais tout simplement un résumé de tout ce qui se rattache à la vie physique et matérielle de l'homme, tout ce qui a rapport à son bien-être et aux grandes choses qui doivent un jour changer la face du monde, si Dieu le permet.

Paris résume à lui seul les 91 départements de la France. C'est là que se rencontre tout ce que l'homme a inventé de choses luxueuses et utiles. C'est là que s'accumulent les produits, non-seulement des artisans et des savants français, mais encore de tout l'univers. Jamais, jusqu'ici, le monde n'avait présenté une agglomération pareille de chefs-d'œuvre, et réuni une quantité aussi considérable de tout ce qui peut flatter le goût, embellir la vie et aider l'homme à combattre tous les mauvais principes qui entourent sa débile existence. C'est là aussi que l'on trouve le plus de ressources pour soulager les misères infaillibles qu'apportent les années, les maladies ou les accidents.

Paris, aujourd'hui, malgré de jalouses rivalités, est devenu la reine du monde, le lieu par excellence, où les peuples de toutes les parties de l'univers tournent leurs regards et leurs désirs. Mais c'est qu'aussi Paris renferme un peuple d'élite, une population d'artistes, de savants, de génies et d'hommes toujours prêts à marcher en avant et à se dévouer pour faire avancer le char du progrès, non pas que Paris soit le lieu de la terre où l'homme puisse trouver le plus de bonheur, parce que pour nous la vie paisible des champs a plus de charme et présente plus d'éléments de réelle satisfaction que les bruits incessants de la grande ville, mais parce que c'est le lieu du globe où l'on peut avec le plus de certitude venir puiser toutes les notions des sciences diverses, acquérir toutes les connaissances nécessaires à notre bien-être, et s'éclairer au frottement d'esprits sérieux et d'hommes supérieurs.

Paris, pour le sage, pour l'homme intelligent, c'est la grande école où il faut venir étudier de temps en temps les nouvelles découvertes, les moyens de combattre les petites déceptions de la vie, et remonter son âme au diapason des grandes choses, qui surgissent sans cesse dans ce centre des connaissances humaines.

L'ÉCLAIRAGE

A LA GRAISSE, — A L'HUILE, — AU GAZ. — LA LUMIÈRE ÉLECTRIQUE.

Nous arrivions à Paris; la nuit était venue; de nombreux becs de gaz éclairaient d'une manière splendide le point de la capitale par lequel nous entrions.

— Comme c'est beau! dit mademoiselle Héléna; comme j'aime ces vives clartés qui font oublier les tristesses de l'obscurité.

— Oui, dit M. Rolland, il y a bien loin de cet éclairage éblouissant aux falots brumeux dont l'ancienne cité n'était pourvue que d'une manière parcimonieuse; et puis, enfants, tous, vous vous réjouissez bien de ces belles clartés qui inondent la route que vous parcourez, mais nul de vous ne s'inquiète de la merveilleuse découverte qui a amené ce résultat, et de l'étonnante manière, de la simplicité avec laquelle toute une ville immense est inondée de clarté en un seul moment. Eh bien! je veux vous parler de cela.

D'abord, la grande capitale fut éclairée par des lampions ou des torches de résine; le lieutenant général de police, Nicolas de la Reynie, fut le premier qui fit poser à demeure fixe des falots ou lanternes; puis, il n'y a pas encore bien des années, un inventeur habile, Quinquet, je crois, inventa les lampes auxquelles il donna son nom, et que l'on adapta aux réverbères.

Mais, un jour, vint un homme plus ingénieux et plus hardi, qui proposa d'éclairer toute une rue, tout un quartier, toute une ville même, en brûlant du charbon de terre dans un fourneau, à l'extrémité de la rue, du quartier ou de la ville. Il avait découvert les propriétés des gaz qui s'échappent de la houille en fusion, et, appliquant son heureuse invention, il adaptait au récipient, où se condensait le gaz, des conduits qu'il pouvait diriger dans toutes les parties qu'il voulait éclairer, et alors il fit parvenir par ce moyen ces vapeurs qui contenaient la lumière aux extrémités les plus éloignées aussi bien qu'aux endroits les plus proches; et avec une simple étincelle, en ouvrant un petit robinet qui donne issue à la quantité de gaz que l'on veut brûler, il obtint des clartés inconnues jusqu'ici. Ainsi ces lumières si nombreuses que vous voyez de tous côtés proviennent d'une usine qui se trouve dans l'un des endroits les plus reculés de la ville. Est-il quelque chose de plus simple et de plus ingénieux, et cependant tout se perfectionne et se simplifie encore, car aujourd'hui l'on est parvenu à faire du gaz avec de l'eau.

Comme nous avancions toujours en nous entretenant de la sorte, nous fûmes tout à coup éblouis par une lumière mille fois plus brillante que la clarté du gaz, et qui étendait ses rayons à une distance considérable.

— Voyez, voyez, nous dit mademoiselle Héléna; oh! comme c'est beau! qu'est-ce que c'est que cela, mon père?

— Ah! ah! dit M. Rolland, c'est un concurrent, un ennemi du gaz dont nous parlions tout à l'heure. Voilà qui est destiné à détrôner un jour les clartés produites par les vapeurs de la houille. Ce que nous voyons là vous représente les effets de la lumière électrique.

— La lumière électrique? dit mademoiselle Héléna.

— Oui, continua M. Rolland; oui, cette merveilleuse clarté que vous voyez en ce moment est produite par l'électricité au moyen d'un appareil bien simple : deux morceaux de charbon enchâssés dans des tiges de métal sont mis en combustion au moyen d'une machine électrique dont vous connaissez les effets, voilà ce qui produit la vive clarté dont nous sommes inondés. Cette découverte n'est encore que dans son enfance, et déjà l'on aperçoit les immenses résultats qu'elle doit produire. Il était question de placer un énorme flambeau alimenté par une puissante machine, ou sur la tour Saint-Jacques, ou sur l'Arc-de-

Triomphe de l'Étoile ; mais jusqu'ici l'on se contente d'expériences qui aboutiront à des résultats, bien certainement, mais qui peuvent encore durer quelques années avant de produire ce que l'on désire atteindre.

Tout à coup, mademoiselle Héléna se mit à pousser un soupir, et dit à son père avec un air tout ému :

— Mon père, mon bon père, pardonne-moi ; je viens de m'apercevoir que j'ai perdu la belle montre que tu m'avais donnée pour l'anniversaire de ma naissance.

— Comment, perdue? dit M. Rolland.

— Perdue ou peut-être oubliée sur la cheminée de ma chambre, dit la jeune fille en rougissant; mon Dieu, comment faire pour savoir si je l'ai laissée chez nous?

— Il faut écrire de suite, dis-je.

— O mon Dieu ! comme je vais souffrir jusqu'à ce que la réponse soit arrivée; comme ce sera long, trois ou quatre jours au moins.

— Voyons, dit M. Rolland, nous voici arrivés près d'un bureau de télégraphie; dans une heure, nous aurons des nouvelles de ta montre.

— Comment cela, mon père, puisque nous sommes à près de cent lieues de l'endroit où je pense l'avoir laissée?

LA TÉLÉGRAPHIE — L'ÉLECTRICITÉ

— Venez avec moi, nous dit M. Rolland.

Nous descendîmes de voiture, et nous entrâmes dans une espèce de pavillon qui se trouve rue Vivienne, attenant à la Bibliothèque.

Nous exposâmes à l'employé qui nous reçut ce que nous désirions.

— Formulez votre demande le plus brièvement possible, nous

dit l'employé; vous allez payer l'aller et le retour selon la quantité de mots dont se composera votre dépêche, et dans une heure au plus, vous pourrez avoir la réponse, si vous voulez venir la chercher ici et ne pas vous éloigner.

Nous formulâmes notre dépêche, et, après l'avoir payée, nous priâmes qu'on voulût bien l'expédier pendant que nous étions présents.

Aussitôt, nous vîmes l'employé s'approcher d'une espèce de boîte où il y avait plusieurs cases, et au milieu de laquelle était posé un cadran; au milieu de ce cadran se trouvait une aiguille mobile, qui correspondait à divers fils de laiton, en contact avec des lettres et des signes. C'était au moyen de cet appareil et de ces fils de laiton, qui s'en allaient à l'extérieur à travers les campagnes, posés au-dessus de grands poteaux sur des attaches en bois, car il ne faut pas qu'il y ait de contact avec le fer, que l'on correspondait.

Aussitôt l'employé lâcha un petit ressort et attendit. Bientôt nous entendîmes le son d'une petite clochette. L'employé nous dit alors :

— C'est le signal de là-bas; l'on nous écoute, c'est bon; l'on est prêt à recevoir la dépêche; et il fit mouvoir de nouveau le ressort adapté au fil de laiton; à chaque mouvement, il posait un doigt sur un mot. Quand il arriva au dernier mot, il nous dit de repasser, attendu qu'il fallait le temps d'aller jusqu'à notre domicile, ce qui demanderait plus de temps que de faire passer la dépêche aller et retour.

Émerveillés, abasourdis, nous restions la bouche béante, mademoiselle Héléna et moi, ne comprenant pas comment il se pouvait faire que, par le moyen d'un simple fil, l'on pût correspondre en quelques minutes à plus de quatre-vingt-dix lieues.

M. Rolland, qui nous regardait, nous dit en souriant :

— Encore une de ces merveilles dont l'homme a surpris le secret à la nature, et qui n'est que dans sa nouveauté. Dieu,

sans doute, a de grandes vues sur l'homme, sa créature si
frêle, pour qu'il lui permette de soulever quelquefois le voile
qui cache les miraculeux agents dont il se sert pour diriger les
mondes. Le télégraphe électrique n'est autre chose que le grand
principe de l'électricité et de la conductibilité d'un fluide que
l'on ne connaissait pas encore il n'y a que quelques années,
et qui remplit l'espace dans toutes ses parties et pénètre à travers tous les obstacles.

L'électricité est, croient quelques savants, une fraction de la
lumière, c'est-à-dire que la lumière, comme le son, est portée
par l'électricité à des distances incommensurables en rien de
temps.

Ainsi, la lumière du soleil, qui est à 34,515,000 lieues de
nous, nous vient en 8 minutes, 13 secondes. L'électricité, dont
on commence seulement aujourd'hui à connaître la puissance
et les étonnants effets, est, selon moi, l'agent le plus admirable
de ce que nous connaissons des œuvres de l'Éternel. Ce fluide,
qui porte la pensée au fur et à mesure que notre âme la formule, est quelque chose de si incompréhensible, que la raison
se perd en voulant réfléchir et en cherchant à sonder les profondeurs de cet abîme mystérieux, où Dieu fait fonctionner
d'une manière si simple et si admirable tant d'agents sur lesquels nous n'avons que des notions si imparfaites.

La découverte des propriétés de l'électricité est encore à son
aurore, et déjà les penseurs, les hommes d'intelligence et de
progrès ont fait jaillir quelques étincelles de ce foyer qui contient le monde ou plutôt qui est contenu dans le monde; mais
ce ne sont que des étincelles! Si l'homme pouvait pénétrer
plus avant dans la connaissance de cet élément, de cette matière, de ce grand produit de la nature, il est certain que d'immenses lumières jailliraient au profit de l'humanité.

Qui peut assigner un terme à la puissance de cet agent, qui
nous montre tant de phénomènes et en contient tant d'autres?

Électricité! magnétisme! grands et mystérieux problèmes de la science nouvelle prête à inonder la terre d'une clarté inconnue jusque-là, qui saura poser une base à vos étonnantes propriétés? qui comprendra assez la portée des phénomènes produits pour des choses jusqu'ici insignifiantes, et même qui ont servi aux tromperies de certains jongleurs pour saisir hardiment le premier anneau de cette chaîne, qui aboutit certainement à un foyer qui doit éblouir le monde.

L'homme sera-t-il assez sage, assez sérieux, assez religieux pour soulever d'une main hardie, mais pure de tout motif vil, le voile qui lui cache encore les étonnantes et merveilleuses propriétés d'un agent qui nous apparaît en même temps comme l'âme du monde, le messager de la pensée, la base de la force, de la vie, et le miroir et l'écho de toutes nos volontés comme le moteur de toutes nos facultés?

Je m'arrête, car je ne traiterai aucun système, et ne veux point jouer avec l'inconnu. Pourtant, je ne puis m'empêcher de dire que l'homme tient peut-être entre ses mains la première étincelle du grand flambeau qui doit un jour éclairer le monde et lui faire apercevoir son Créateur.

Le télégraphe fut d'abord le résultat de la curiosité de l'homme autant que du besoin et de la nécessité que lui font ses nombreuses découvertes et ses entreprises. Aussi, les frères Chappe, qui inventèrent, en 1792, les signaux télégraphiques, rendirent-ils, un éminent service. Mais la méthode des signaux, pour obtenir des nouvelles éloignées, avait de grands inconvénients. Les temps brumeux et l'obscurité apportaient des interruptions. Alors les hommes de sciences, les chercheurs s'appliquèrent à découvrir un agent pour remplacer ce système. Bien des recherches furent faites, bien des moyens furent tentés; enfin, l'on découvrit la méthode que l'on pratique maintenant. Le télégraphe électrique fonctionne aujourd'hui sur une grande partie du globe, et, un jour, il n'est pas douteux que

l'on s'entretiendra aussi facilement avec un correspondant d'A-
mérique ou d'Australie qu'on le faisait autrefois entre la tour
Saint-Sulpice et la butte Montmartre.

Nous écoutions encore le discours de M. Rolland, lorsque, tout
à coup, nous entendîmes le bruit d'une sonnette.

Nous retournâmes dans le bureau de l'employé, qui nous dit
en nous apercevant :

— C'est de Dijon ; c'est pour vous, sans doute. Aussitôt il
se mit à traduire les signes marqués sur le cadran, et nous
dit :

— Oui, c'est bien pour vous ; la dépêche n'a été que trente-
huit minutes à aller et venir, sans compter vingt minutes pour
aller et venir de chez vous. C'est donc cinquante-huit minutes
pour aller et venir de Dijon.

— Quoi ! dis-je.

— Silence, dit l'employé, voici la réponse :

« La montre était sur la cheminée ; on vient de la mettre
dans une boîte et de l'envoyer au chemin de fer ; on l'aura demain matin. »

Mademoiselle Héléna, ainsi que moi, étions restés confondus,
ne comprenant rien à ce que l'on nous disait.

M. Rolland remercia l'employé, et nous fûmes nous coucher
plus tranquilles, malgré que mademoiselle Héléna ne cessait de
répéter à son père :

— Es-tu bien sûr, mon bon père, que ce n'est pas une mauvaise plaisanterie ; car, vraiment, cela n'est guère possible ; enfin,
nous verrons demain matin si cela est vrai.

— Incrédules, dit M. Rolland, qui ne croyez qu'à ce que vous
touchez, qui ne jugez qu'avec votre raison retenue encore dans
l'étroite prison de vos préjugés d'enfant. Soyez donc moins difficiles à croire, et apprêtez-vous à voir des merveilles plus
grandes encore, car, je vous le prédis, l'ère des grandes décou-

vertes ne fait que commencer, et vous êtes appelés à voir des choses plus incompréhensibles.

Le lendemain, la montre arriva comme on nous l'avait annoncé, et il fallut bien croire alors que ces petits fils de laiton que nous voyons suspendus sur toutes les routes servaient à produire de merveilleux effets.

— Où allons-nous? dit mademoiselle Héléna à son père dès qu'elle eut recouvré sa montre.

— Venez avec moi, dit M. Rolland, nous allons parcourir les boulevards pour y admirer les mille bagatelles que le luxe parisien invente et y affiche chaque jour; et puis, après avoir visité un nouveau produit dû à l'énergique et patiente volonté d'un intrépide chercheur, nous irons admirer une autre belle découverte de la science, et les résultats heureux du calcul et de la logique; venez.

Nous visitâmes avec la plus grande curiosité toutes les boutiques des boulevards où sont étalées avec un goût extraordinaire mille choses charmantes.

L'ALUMINIUM

Nous entrâmes ensuite dans les ateliers d'un fondeur. Là, M. Rolland demanda à voir différents objets d'un métal blanchâtre, et qui ressemblait un peu à l'argent; on lui apporta une charmante statuette qu'il remit entre les mains de sa fille.

— Ah! mon père, dit mademoiselle Héléna avec la plus grande surprise; ah! moi qui croyais que cette statuette était en métal!

— Mais, mademoiselle, dit le fabricant, c'est aussi du métal.

— Comment! dit la jeune personne, mais c'est à peine plus lourd que du papier.

— Oui, c'est vrai, dit M. Rolland, mais il n'est pas moins vrai que c'est du métal, et du métal excessivement pur. C'est une nouvelle conquête de l'industrie sur la matière. Ceci, ma fille, est de l'aluminium. Cette fois, c'est la chimie qui a accompli le prodige. Un homme d'un grand mérite et d'un grand courage, car il faut du courage pour se vouer à un labeur qui si souvent amène plus de déception que de profit, a pris de l'argile, de l'argile pure, de cette terre si commune et si méprisée, et il en a tiré ce beau métal.

— Quoi! dis-je à mon tour, c'est avec de l'argile que l'on a fait cette statuette?

— Non pas la statuette, dit M. Rolland en souriant, mais c'est avec le métal tiré de l'argile, mélangé à quelques réactifs puissants, que l'on a coulé cette statuette.

— Mais, dis-je encore, pendant que mademoiselle Héléna tournait et retournait la statuette en répétant entre ses dents : « De l'argile! de l'argile! » Les alchimistes d'autrefois, ceux enfin qui prétendaient faire de l'or, n'étaient donc pas des imposteurs, puisque l'on est parvenu à faire un métal avec de l'argile?

— Dieu seul sait ce qu'il pouvait y avoir de raisonnable dans les recherches du grand œuvre de nos alchimistes, dit M. Rolland. Le grand creuset de la nature, dans lequel Dieu soumet ses diverses productions, leur avait peut-être laissé surprendre quelques-uns des secrets qu'il recèle; enfin jusqu'ici l'on n'a point fait d'or, croyons-nous, parce que Dieu le produit lui-même. Mais je crois que l'éternel créateur n'a point mis d'obstacles à ce que l'homme trouve le secret de quelques-unes de ses œuvres, c'est pourquoi nous répétons aux pionniers de la science :

— Courage, courage! Dieu a promis au travail et à la volonté tout ce qu'ils pourraient s'approprier dans le domaine de la nature et par le travail.

Mais l'heure s'avance, et je veux vous montrer aujourd'hui encore une de ces conquêtes glorieuses que l'homme a su faire sur la matière et l'inconnu. Venez.

Une voiture passait, c'était une de ces voitures nommées omnibus.

— C'est encore une heureuse idée qui a donné naissance à ces voitures, dit M. Rolland ; tout le monde n'a pas le moyen d'avoir équipage, et pourtant il arrive bien souvent que l'on est obligé, dans cet immense Paris, d'entreprendre de grandes courses qui deviendraient difficiles, sinon impossibles, sans le secours d'un véhicule quelconque ; c'est pourquoi il faut reconnaître que celui qui a organisé les voitures en commun a rendu un véritable service à la société.

LES PUITS DITS ARTÉSIENS, LE PUITS DE PASSY

Après une course assez longue nous arrivâmes sur les hauteurs de Passy. Nous aperçûmes alors une espèce de tour en bois noircie par la fumée, et le tuyau de la cheminée d'une machine à vapeur. Après avoir demandé notre chemin pour nous rendre où M. Rolland voulait nous conduire, nous arrivâmes près de la grande tour de bois.

— C'est ici, dit M. Rolland, entrons. Nous allons visiter le grand puits artésien de Passy.

Nous nous introduisîmes donc dans une espèce de grand bâtiment en planches, et là nous trouvâmes un employé obligeant qui voulut bien nous donner quelques explications.

— Il y a bientôt sept ans, nous dit cet homme, le gouvernement voulut faire une tentative pour procurer une certaine quantité d'eau saine, pure et bonne à boire, qui pût servir à alimenter la capitale, et l'on entreprit de creuser un puits artésien. De savants calculs avaient été faits et semblaient prouver, à cause de la forme de notre globe, que les nappes d'eau souterraines, provenant de la Haute-Champagne, pouvaient alimenter une source d'eau jaillissante si l'on arrivait jusqu'aux profondeurs où s'écoule l'eau de ces nappes. La géologie, cette science si simple et si nouvelle pourtant, promettait le succès. Alors on creusa ce puits, mais de grandes difficultés se présentèrent ; longtemps on douta du succès de l'entreprise ; enfin, grâce à la persévérance que l'on a mise à continuer les travaux, voici huit jours que l'eau a commencé à jaillir d'une profondeur de six cents mètres.

— Comment ! dîmes-nous, il a fallu creuser six cents mètres pour avoir de l'eau ?

— Non pas pour avoir de l'eau, dit l'employé, car nous en avons trouvé à de bien moins grandes profondeurs, mais pour avoir une colonne jaillissante assez puissante pour monter à la hauteur nécessaire aux projets que l'on a.

D'abord il a fallu creuser, comme je vous le disais, à une profondeur considérable ; mais comme les sables mouvants, qui se rencontrent dans certaines couches du globe, ne cessaient d'obstruer le travail de chaque jour, il a fallu enfoncer des tubes d'un diamètre assez grand pour que le trépan dont on se servait pour creuser pût fonctionner. On introduisit donc des tubes de fonte qui empêchèrent les éboulements. Tout présageait un succès assez rapproché, lorsque tout à coup les tubes, trop faibles pour soutenir la pression des sables, se trouvèrent écrasés et le puits fut comblé. C'était le plus terrible accident qui pouvait survenir ; car, s'il était assez facile, au moyen des sondes, du trépan, de creuser de nouveau le sol, il devenait impossible de retirer les tubes qui s'étaient étirés et aplatis et qui obstruaient le trou. Un moment il fut question d'abandonner les travaux et de recommencer ailleurs une besogne qui avait déjà duré deux années, mais l'énergique vouloir de l'ingénieur qui conduisait les opérations triompha, et l'on résolut de creuser un orifice d'un grand diamètre jusqu'à l'endroit où le puits était comblé. Cet immense travail fut entrepris, et l'on parvint jusqu'aux tuyaux qui obstruaient le trou. Alors l'on put les retirer un à un et recommencer le creusage. Pour plus de sécurité on commença un cuvelage en madriers de chêne, cerclés en fer, et d'une solidité à toute épreuve. L'on fit descendre un tube en bronze d'une longueur suffisante et d'une solidité inattaquable, et le creusement reprit son cours. Les tubes déjà placés descendaient au fur et à mesure que l'on creusait; enfin, une première fois, arrivé à plus de cinq cents mètres de profondeur, l'eau jaillit tout à coup; mais la force ascensionnelle de la nappe où l'on était parvenu n'était pas assez considérable, et l'on fut obligé de creuser encore. Après de nouveaux travaux, l'eau arriva enfin avec une abondance telle, que cette source produisait vingt-huit millions de litres d'eau par vingt-quatre heures; cette eau est chaude à vingt-huit degrés. Une partie du puits cuvelé en bois est dans un autre puits plus large en maçonnerie. Mais le volume d'eau a un peu diminué depuis que l'on a voulu faire monter la colonne jaillissante à plusieurs mètres au-dessus du niveau du sol. Cela se conçoit du reste, attendu que plus la colonne d'eau approche de son niveau de départ, moins elle a de puissance ascensionnelle.

L'on a pu faire de nouvelles études sur les théories de la puissance jaillissante des sources souterraines, lorsque le puits de Passy produisait vingt-huit millions de litres d'eau par vingt-quatre heures. Le puits artésien de Grenelle, creusé, il y a une trentaine d'années, dans des proportions beaucoup plus minimes, ralentit l'abondance de ses eaux; mais depuis que l'on a voulu faire monter l'eau du puits de Passy à une hauteur plus considérable, et que la colonne jaillissante a diminué de volume, le puits de Grenelle a repris son ancien cours, et la quantité des eaux qu'il produit est redevenue ce qu'elle était, ce qui prouverait que la géologie a deviné juste le point de départ des nappes où s'alimentent les deux sources.

Maintenant voici, nous dit l'employé, en nous conduisant dans la cour extérieure et en nous montrant un énorme morceau de fer avec deux dents à son extrémité, voici le trépan qui a servi à creuser, c'est tout un nouveau système. Autrefois c'était au moyen de sondes ou espèces de tarières colossales que l'on creusait les puits artésiens d'un petit diamètre. Mais aujourd'hui l'on procède autrement : l'on a employé un engin d'un poids considérable qui, par son propre poids soulevé par une machine à vapeur, perfore le sol. Lorsque le trépan, par sa pesanteur, comme je vous le disais, a broyé une certaine quantité de roche et qu'il a creusé son trou, alors une espèce de seau en fer avec un fond mobile (ce seau est nommé cuiller), par son propre poids s'enfonce dans les matières broyées, le fond se soulève, laisse pénétrer les fragments pulvérisés, et puis, lorsque l'on remonte le seau, la pesanteur des détritus qui l'emplissent fait refermer le fond mobile et empêche les résidus de s'épancher. Ce travail est simple et régulier ; pourtant il n'aurait pu s'effectuer à une grande profondeur sans une idée ingénieuse, car la pesanteur des tiges de fer nécessaires au fonctionnement des engins et le poids de ces engins eux-mêmes seraient devenus trop considérables pour les manœuvrer. L'idée ingénieuse consiste dans l'emploi de tiges de bois en remplacement de tiges de fer. Le fer conserve partout et toujours en partie sa pesanteur, pendant que le bois, s'il plonge dans l'eau, nonseulement perd toute sa pesanteur, mais encore donne une certaine force de résistance.

C'est donc avec un bout de fer du poids de plusieurs milliers que l'on a creusé le puits de Passy à une profondeur de près de six cents mètres, et c'est avec un seau de fer que l'on a tiré de ce puits les détritus occasionnés par le percement. Ce travail est simple et offre les plus grandes facilités pour creuser à l'avenir des puits artésiens d'une certaine dimension et obtenir des sources d'eau jaillissante.

Après avoir écouté avec la plus grande attention les explications de l'employé, nous nous retirâmes émerveillés des résultats de la science alliée à l'énergique volonté, et nous fûmes visiter les glacières du bois de Boulogne, qui contiennent des millions de kilos de glace prise l'hiver sur les lacs du bois. Puis, nous fûmes parcourir ce ravissant parc que l'on nomme le bois de Boulogne, admirant encore les moyens ingénieux dont l'homme s'est servi pour faire d'un immense bois aride et voué à la plus épaisse poussière un lieu des plus charmants, orné de tous les arbres et de toutes les plus belles plantes du monde, et parsemé de lacs aux eaux limpides, de rivières aux doux murmures et de cascades qui trompent la nature elle-même.

— Voyez, nous dit M. Rolland, tout cela est, après Dieu, l'œuvre de l'homme. Combien l'être humain, s'il dirigeait sans cesse ses forces, son intelligence et toutes les ressources de sa raison vers un but sérieux, combien n'accomplirait-il pas de merveilles, merveilles bien minimes à côté de celles de Dieu, il est vrai, mais encore assez grandes pour y rencontrer toutes les douceurs et toutes les satisfactions que l'homme peut désirer pendant sa courte apparition sur cette terre!

Trop heureux, comme vous le pensez bien, d'écouter les sages réflexions de l'homme généreux qui m'avait associé à son enfant pour lui montrer combien l'homme peut de grandes choses lorsqu'il veut, et qu'il n'est pas en contradiction avec l'œuvre de la nature et les lois de l'Éternel, mon âme s'ouvrait à chaque heure à des lumières nouvelles; mes vanités d'enfant se trouvaient écrasées à chaque minute sous les grandes choses que le génie de l'homme avait multipliées sous tant de faces, et je me disais bien souvent : Heureux, bienheureux celui qui est né dans une condition qui lui permet d'étudier dans ses jeunes années les leçons des maîtres qui ont passé leur vie à saisir dans la nature toutes les belles découvertes dont la créature a doté l'humanité! Heureux les jeunes gens qui emploient leur temps à s'initier aux merveilleuses inventions, fruit de l'intelligence de gens sérieux! Un jour, eux-mêmes parviendront à conquérir dans le grand laboratoire de la nature quelques-unes de ces mystérieuses compositions et à doter leurs semblables de nouvelles connaissances.

— A quoi pensez-vous? me dit mademoiselle Héléna, pendant que j'étais absorbé dans mes réflexions.

— Je pense à la grandeur infinie du Créateur, dis-je, aux merveilles qu'il a répandues partout dans l'univers et à son immense bonté de nous laisser puiser à pleines mains dans les trésors qu'il a multipliés avec tant de libéralité autour de nous.

— Oui, c'est juste, dit M. Rolland; mais malheureusement l'homme a bien souvent détourné de son but les connaissances qu'il a tirées de l'œuvre de Dieu, car il est certain que depuis la création de l'homme, si celui-ci avait appliqué son intelligence à étudier les phénomènes de la nature et creusé son jugement pour tirer de ces phénomènes des applications utiles à son bonheur, à sa satisfaction, bien certainement que le faisceau de connaissances que l'on est parvenu à grouper serait des milliers de fois plus considérable, et que l'homme, aujourd'hui être privilégié, tout en subissant les lois de la nature, tout en marchant sans aucun espoir de changement vers une fin dont il ne peut deviner ni le mystère ni le but, serait parvenu à découvrir de telles choses, que rien que d'y penser la tristesse vient au cœur, lorsque l'on réfléchit surtout que depuis le commencement des siècles l'homme ne s'est complu que dans le désordre et dans une voie totalement contraire aux vues de l'Éternel. La tâche de l'homme, croyons-nous, est de se rapprocher de Dieu par son propre travail. Dieu a tout promis au labeur de l'homme. Pourquoi jusqu'ici s'est-il complu plutôt dans la bataille, l'oisiveté, le désordre et la corruption que dans l'œuvre de sa véritable destinée? Hélas! c'est qu'il est entré dans l'erreur et qu'il lui est bien difficile d'en sortir. Pourtant les beaux résultats du travail qui frappent actuellement les yeux devraient l'encourager et lui faire comprendre combien il est plus glorieux de faire servir son intelligence à poser un jalon dans la route de l'avenir promis par le Tout-Puissant que de rester oisif, corrompu ou corrupteur.

Travaillez donc tous, enfants, travaillez avec âme, avec énergie

au grand œuvre de l'industrie et de la science, et dites-vous :
« Je ne porterai peut-être qu'un grain de sable à l'édifice que Dieu
a permis à l'homme d'élever pour arriver jusqu'à lui, mais au
moins j'aurai rempli une partie de la tâche que le Créateur a dé-
volue à chaque être. Heureux ceux qu'une étincelle de génie
éclairera davantage et qui pourront donner beaucoup! »

Après avoir visité Paris, ses palais, ses monuments, ses musées,
ses académies, ses écoles des sciences et des arts, après avoir
admiré combien l'être studieux peut acquérir de connaissances
diverses dans cette capitale du monde; après avoir vu fondre l'ai-
rain qui sert à créer tant de petits chefs-d'œuvre de goût, après
avoir parcouru l'atelier où l'humble ouvrier et la modeste
ouvrière donnent chaque jour leur travail pour enfanter des merveilles dont ils ne se doutent pas eux-mêmes, après avoir admiré
les fantaisies de toutes sortes, les mille riens si charmants que
d'innombrables artistes ébauchent chaque jour, nous fûmes visiter la riche manufacture des Gobelins et l'inimitable fabrique de
Sèvres.

LES GOBELINS

Les Gobelins, fondés vers 1550, sur les bords de la Bièvre par
Jean Gobelin, auquel succédèrent ses enfants, qui donnèrent leur
nom au grand établissement qui était loin d'être ce qu'il est aujourd'hui, car ce n'est qu'en 1662 que Colbert acheta la fabrique
et la fit agrandir, et ce ne fut qu'en 1667 qu'un édit royal classa
la fabrique des Gobelins parmi les établissements de l'État,
les Gobelins ont produit les plus riches chefs-d'œuvre de tapisserie qui se soient vus au monde. Quelques-unes de ces tapisseries, calquées sur les plus magnifiques tableaux, sont véritablement admirables; et pourtant ce sont des machines qui produisent
ces œuvres que l'on ne peut cesser d'admirer. Des cartons

préparés à l'avance permettent à des ouvriers de tisser ces magnifiques tapis sans se douter de ce qu'ils font, car ils ne les voient
qu'à l'envers.

Autrefois, après avoir découvert l'art de faire de la tapisserie,
la grande difficulté pour obtenir de beaux résultats, c'était le
manque des belles couleurs. L'art du teinturier n'avait pas encore
opéré les prodiges qu'il opère aujourd'hui. Pendant un moment
même, la science impuissante avait eu recours à un moyen barbare, dit-on; des êtres humains furent nourris de viandes rôties
et abreuvés de vin pur pour donner des matières colorantes qui
formaient la base de l'écarlate; mais la nourriture échauffante
que prenaient ces malheureux les envoyait bientôt dans l'autre
monde. Je n'accepte pas cette légende dans toute sa plénitude; je
la relate seulement. Enfin, les Gobelins ont produit et produisent
chaque jour des tapisseries inimitables, surtout maintenant que
la chimie appliquée aux arts a fait de si grands progrès et que les
teinturiers peuvent produire sans de grandes difficultés les couleurs les plus éclatantes.

LA GALVANOPLASTIE

Après avoir vu les Gobelins, nous allâmes visiter l'établissement
de galvanoplastie des frères Christoffle.

Il était très-dispendieux et très-dangereux autrefois d'argenter
les métaux. Le mercure, dont on se servait pour fixer l'or ou
l'argent, rendait ce travail des plus malsains. De nombreuses
tentatives furent faites en France pour changer ou modifier cet état
de choses, et Ruolz finit par découvrir un procédé fort simple.
Ce procédé fut presque aussitôt modifié et perfectionné par
Elkington; il ne s'agissait plus que de prendre certains acides, de
l'or ou de l'argent, de mettre le tout dans une cuve remplie d'eau,
chauffée à un certain degré et au moyen de fils de laiton nommés

conducteurs, soumis à l'influence d'une pile préparée avec du
zinc, etc., etc.; il ne fallait plus que plonger dans la cuve les objets que l'on voulait enduire d'or ou d'argent, et ces objets sor-
taient au bout d'un temps assez court couverts d'une légère
couche de métal précieux que l'on faisait briller au moyen d'une
brosse.

Les frères Christoffle sont les premiers qui donnèrent un essor
extraordinaire à cette belle découverte.

L'IMPRIMERIE

Nous visitâmes aussi l'imprimerie impériale, ce bel établissement, où l'art n'est plus soumis au lucre du mercantilisme et où
l'on prépare et met en œuvre les caractères et les types les plus
soignés pour reproduire avec tout le luxe possible la pensée et les
œuvres de nos grands écrivains. Nous fûmes heureux de voir
combien l'art de l'imprimerie, cette sublime invention qui a plus
fait pour la civilisation que tout ce que l'homme a inventé jusqu'ici, avait fait de progrès depuis Gutenberg.

Aux moyens lents et défectueux dont on se servait autrefois,
l'on a substitué des procédés qui réalisent, avec une grande perfection et en quelques instants, tout ce que l'on pouvait attendre
de l'art de l'imprimerie. Nous vîmes mouler les caractères, puis
les fondre, puis les apprêter et les livrer pour les employer.

Nous vîmes des mécaniques qui pouvaient facilement faire en
un jour ce que les procédés employés autrefois n'auraient pu
réaliser avec plusieurs individus en des années. Nous vîmes tremper le papier, puis le livrer à des mécaniques insatiables qui
pouvaient en imprimer cent mille feuilles en un jour.

Enfin nous sortîmes de ce grand établissement émerveillés et
glorieux de voir combien l'intelligence de l'homme pouvait produire de beaux résultats. En sortant de l'imprimerie impériale,

M. Rolland proposa à sa fille d'aller assister à une séance de photographie.

LA PHOTOGRAPHIE

La photographie n'est que la suite de la découverte de Niepce et de Daguerre, ou l'art de fixer les images par réflexion au moyen des rayons solaires, et même aujourd'hui il n'est plus besoin du soleil pour prendre les empreintes des objets, la clarté du jour suffit. De nouvelles expériences viennent d'être faites et ont démontré que les images des objets pouvaient être prises dans la plus grande obscurité, au moyen de la lumière électrique. Incessamment un photographe de renom va donner les reproductions de l'intérieur des ossuaires et des souterrains des catacombes prises par ce moyen.

Arrivés chez l'un de nos photographes les plus en réputation, M. Rolland le pria de vouloir bien faire le portrait de sa fille et le sien.

— Mon portrait! dit la jeune fille, cela sera long, mon père, et tu veux partir aujourd'hui ou demain au plus tard!

Le photographe sourit et pria la jeune personne de se poser près de son père en face d'un petit instrument ressemblant à un télescope. C'est ce que l'on nomme une chambre noire. Un instant après, l'artiste ayant posé quelque chose dans la chambre noire, pria le père et la fille de ne pas bouger pendant quelques minutes; enfin il dit : — C'est assez!

— Ah çà! mon père, dit mademoiselle Héléna en riant, j'espère bien que l'on va se servir de crayons, de pinceaux, de couleurs pour reproduire mon image.

— Mais, mademoiselle, dit le potographe, votre image est reproduite, et je vais vous la montrer tout à l'heure.

En effet, il tira de l'instrument une plaque de verre sur laquelle l'on avait préparé une légère couche d'un enduit. Au milieu de la plaque de verre, mademoiselle Héléna ne fut pas peu étonnée de se voir représentée avec une perfection extraordinaire ainsi que son bon père.

— Ah! dit-elle en ouvrant de grands yeux, c'est merveilleux, mais comment faire pour avoir ces portraits? Ce morceau de verre n'aurait qu'à se trouver cassé et tout serait perdu.

— Cela me regarde, mademoiselle, dit le photographe. Je suis certain que cette épreuve est bonne; maintenant à moi de la fixer sur le papier.

— Quoi! j'aurai mon père chéri que je pourrai faire encadrer?

— Oui, et toi aussi, coquette, dit le bon M. Rolland, et tu ne seras pas fâchée d'envoyer ta figure mutine à tes bonnes amies.

— Non! je garderai ce portrait pour toi.

— Vous en aurez vingt-cinq semblables demain à onze heures, dit le photographe, et surtout ne vous privez pas d'en distribuer, parce que, avec un seul de ces portraits, je vous en ferai un cent, un mille, si cela vous convient.

— Sans moi?

— Tout à fait sans vous, avec l'une des simples épreuves que nous fixerons sur le papier.

— En vérité, c'est extraordinaire.

— Oui, dit M. Rolland, c'est encore une conquête de la science, une conquête qui ne fait que débuter dans ses applications, mais qui promet les résultats les plus grandioses.

Nous nous en allâmes, moi tout aussi émerveillé que mademoiselle Héléna.

Le lendemain M. Rolland reçut vingt-cinq épreuves parfaitement ressemblantes de son portrait et de celui de sa fille. J'en demandai une en tremblant : elle me fut accordée et je la garde précieusement.

LA FABRIQUE DE PORCELAINES DE SÈVRES

— Nous allons visiter la fabrique de porcelaines de Sèvres, nous dit un jour M. Rolland, mais auparavant je veux vous parler d'un homme dont le souvenir, selon moi, n'est pas assez gardé, qui a plus fait pour l'art du potier, par son énergique volonté, sa foi alliée à la science, que bien des générations. L'Europe était encore dans la barbarie, malgré que les artistes de Florence, de Venise et de Rome eussent créé de belles choses, en orfévrerie surtout; mais la poterie était tombée tout à fait, et l'art de fabriquer ces vases charmants, ces émaux si brillants dont les anciens nous ont laissé quelques types, était ignoré, perdu.

Un homme — un homme d'un caractère viril, doué d'un mâle courage, d'une énergie sans égale, d'une belle intelligence et d'une foi des plus robustes, vint au monde vers 1500. Malheureusement, cet homme n'avait point la richesse qui aide si bien dans les entreprises, mais il avait une volonté de fer, un courage à toute épreuve.

Cet homme, c'est Bernard de Palissy. C'est Bernard de Palissy qui raconte lui-même, dans un livre que tout le monde devrait lire, la lutte inouïe qu'il eut à soutenir pour arriver à ses fins, les misères incroyables qu'il eut à souffrir, les déceptions sans nombre qu'il eut à supporter avant d'arriver à produire l'œuvre qu'il rêvait, la fabrication des émaux et de la peinture sur terre cuite ou porcelaine.

Bernard, retiré, seul au monde, au fond d'une province, avait été saisi du désir de confectionner des vases et des vaisseaux de toutes sortes au moyen de la terre cuite à un grand feu après avoir été peinte ou vernie. D'abord il eut la sanction de quelques-uns de ses parents, mais les mille déceptions qui frappèrent tout d'abord l'artiste, coup sur coup, firent retirer ceux qui avaient cru en lui. Peu à peu même il fut réduit à une solitude complète: pourtant rien ne l'arrêta. Ayant foi en son œuvre, il ne courba pas le front, lorsque mille accidents, qui détruisirent le fruit de ses veilles, firent croire qu'il ne réussirait jamais. Sa croyance était si vive et son énergie si grande, qu'il bravait tout, la misère, la souffrance, la faim même, pour continuer ce qu'il avait entrepris. Il faut lire, dans les écrits qu'il a laissés, tout ce qu'il eut à endurer pendant cette lutte inouïe qu'il livrait à l'adversité. Cette patience, cette volonté qu'il épuisait avec tant de courage, remplissent vraiment d'admiration.

Un jour, l'artiste manque de pain et il continue ses expériences; la maladie vient l'assaillir, et il poursuit ses recherches, courbé sous la fièvre; l'argent, indispensable pour acheter les matières premières nécessaires à ses expériences, lui fait défaut. Il vend jusqu'aux pauvres habits qui le couvrent et reste nu au milieu de ses moules.

Un jour vient où il ne lui reste rien à vendre, où il n'a plus le moindre espoir d'un secours quelconque, et pourtant il entrevoit la réussite. Il aperçoit la gloire et la fortune, mais il a tout épuisé pour faire ses dernières expériences. L'œuvre est là toute préparée; un peu de bois, quelques étincelles, et il arrive enfin à son but; mais plus rien, — rien. Enfin il faut vaincre, et l'artiste, rempli de foi, détruit sa propre demeure et brûle pièce à pièce le toit qui le recouvre lui et sa famille.

Après ce dernier sacrifice Dieu l'a exaucé sans doute, car de la fournaise allumée avec tant de dévouement d'inimitables chefs-d'œuvre sortent comme par miracle. Alors, l'artiste s'agenouille et remercie le Créateur de l'avoir rendu victorieux. Ce n'est encore ni la gloire ni la fortune, mais pour Bernard c'est peut-être plus que cela, c'est la réussite.

Bernard de Palissy est un type à part que l'on n'a ni assez étudié ni assez admiré. Son énergie, sa foi, son courage sont vraiment

quelque chose de si sublime et de si étrange, que l'on reste confondu en pensant à un pareil homme.

Bernard de Palissy n'est pas seulement l'homme fort qui se
prend corps à corps avec une idée pour succomber avec elle ou la
faire triompher; mais c'est le type de l'artiste convaincu qui sent
son génie, son âme et son cœur, et qui dit : « Je crois en Dieu, et
Dieu a doué l'homme d'une intelligence capable de faire sortir la
lumière du chaos. Je triompherai! » Et il triomphe.

Bernard de Palissy, sorti vainqueur de sa lutte avec la misère
et la difficulté, fit paraître ses compositions, aussi grandioses que
bizarres. Bientôt la cour s'occupa des produits du gentilhomme
agénais; le monarque le demanda près de lui et voulut se l'at-
tacher. Mais nos querelles religieuses l'éloignèrent bientôt de la
cour, et, après avoir remporté une grande victoire sur la matière,
il pensa périr victime de ses concitoyens.

L'art de Bernard de Palissy prit un rang élevé parmi les produits de notre commerce et de notre industrie nationale, et peu
à peu, malgré que l'on ait perdu la plupart des procédés du grand
artiste, l'on est parvenu à des résultats enviés par nos concurrents.
La poterie, la faïence et la porcelaine sont devenues des produits
assez communs; l'art de faire des émaux, comme on les faisait
autrefois, s'est seul à peu près perdu. Mais la manufacture de
Sèvres, fondée seulement dans le courant du dix-huitième siècle,
sous les auspices de Lauragais, a produit des œuvres d'un goût
et d'un fini qui n'ont jamais été égalés.

En arrivant à Sèvres, à travers le parc de Saint-Cloud, nous
reçûmes le plus bienveillant accueil du directeur de l'établissement. L'on nous conduisit d'abord dans l'endroit où se pétrit la
pâte qui sert à confectionner les moules. Après que ces moules ont
été essayés et terminés, on fabrique alors les différents objets
dont on veut se servir. Après la plus minutieuse attention, tout
ce que les ouvriers ont terminé est passé à un premier feu dans
de grandes moufles et reçoit un premier degré de cuisson. Lors-

que cette première cuisson est opérée, l'on donne les différentes pièces aux artistes. C'est alors que commencent les grandes difficultés, car il faut calculer ce que telle ou telle couleur produira après avoir été soumise à un feu d'une température de tel ou tel degré. Ainsi, pour avoir du rose faut-il employer du violet, pour avoir du jaune ou du vert faut-il employer des couleurs totalement opposées à ces nuances, et puis encore telle couleur qui produit une nuance, chauffée à un degré trop grand donne une couleur tout opposée à celle que l'on attendait; aussi est-ce avec la plus grande difficulté et en y mettant une attention perpétuelle que l'on parvient à réussir.

Pourtant la manufacture de Sèvres a fabriqué des choses vraiment admirables. Il est tel de ses produits qui n'a point de prix à cause de sa perfection. J'avoue que je fus frappé d'admiration devant quelques vases et quelques tableaux représentant des fleurs, des fruits, des oiseaux et des papillons. Oui, l'homme doit se sentir glorieux et fier devant un si beau travail sorti des mains de ses semblables.

Mademoiselle Héléna, esprit cultivé avec un cœur rempli d'élévation et de sensibilité, restait émerveillée devant tant de trésors dus au travail de la créature.

— Oh! mon père, disait-elle, oh! mon père, comme c'est beau! comme l'homme doit être glorieux de l'œuvre qui sort de ses mains!

— Sans doute, disait M. Rolland, oui, l'homme doit être fier des beaux résultats qu'il obtient; mais il ne doit jamais oublier combien la plus petite création du Dieu éternel est plus merveilleuse des millions de fois que tout ce qui sort de ses mains. Pourtant chaque heure apporte à l'édifice que Dieu a permis à l'homme d'élever pour arriver plus près de lui, une nouvelle découverte, un produit nouveau, une merveille qui ne fait que glorifier davantage l'Éternel, surtout lorsque ce que l'homme invente, découvre ou perfectionne, est utile à ses semblables et doit servir au bien-être du plus grand nombre.

Nous revînmes de Sèvres émerveillés, mademoiselle Héléna et moi, des magnifiques choses que nous avions vues.

— Oui, nous disait M. Rolland, c'est beau, c'est très-beau, mais combien la découverte de l'éclairage au gaz ou au moyen de la lumière électrique, la télégraphie, le creusement des puits artésiens, les chemins de fer, etc., etc., sont encore bien plus glorieux! Le luxe est une des richesses des nations, c'est vrai, mais l'utile, mais ce qui abrége ou évite de la peine à l'homme, mais ce qui lui donne du bien-être en allégeant sa fatigue, en diminuant son labeur quotidien, croyez-vous que tout cela n'a pas plus de mérite aux yeux du Tout-Puissant que toutes les brillantes fantaisies du luxe? Oui, sans aucun doute, celui qui a appliqué la force de la vapeur à l'industrie et au soulagement des forces de la créature a plus de mérite aux yeux de ses semblables et de Dieu, que celui qui n'a inventé que des choses qui réjouissent notre vue. Pourtant, je le répète, honneur au travail, gloire à toute initiative de découverte, car telle petite chose qui ne nous semble, lors de sa création, qu'un jouet futile, peut devenir un jour l'agent ou le moteur d'une œuvre grandiose.

Après avoir visité Paris, ce grand bazar où viennent se confondre toutes les productions de la nature et du génie de l'homme, où la matière, si rebelle, pliée, assouplie et rendue obéissante, semble n'avoir plus d'autre mission que de satisfaire toutes les fantaisies de la créature intelligente, où le génie brille quelquefois jusque dans les plus petites choses et où le travailleur dépense souvent même en œuvres futiles et sans valeur pour le bien-être de l'espèce humaine toute une vie de sacrifices et de luttes qui, employée autrement, aurait pu faire sortir des mystérieux abîmes de l'inconnu d'heureuses découvertes produisant d'immenses résultats. Quiconque ne voit et n'étudie Paris que sous ses faces extérieures éclairé par le plaisir, le luxe et les choses frivoles, n'est point digne de coopérer pour sa part au grand œuvre où tant d'ouvriers inconnus usent leur existence pour produire quelque chose selon le but de l'éternel Créateur.

Après avoir visité le riche musée de Versailles, les palais de Fontainebleau, de Saint-Cloud, etc., etc., où sont renfermés tant de chefs-d'œuvre, nous reprîmes notre course pour étudier les différentes industries qui sont répandues par toute la France. Un convoi du chemin de fer nous conduisit en trois heures à Rouen.

LES FABRIQUES DE LA VALLÉE DE DÉVILLE

Rouen, par son histoire, par les nombreuses affaires commerciales qui s'y traitent, méritait sans doute cette visite. Dès le lendemain de notre arrivée M. Rolland nous conduisit dans la riche vallée de Déville, couronnée des coteaux boisés de Montigny et du Mont-aux-Malades, et arrosée par des sources nombreuses et deux petites rivières dont l'eau, autrefois claire, ne présente plus aujourd'hui qu'un assemblage de toutes les nuances les plus diverses, résultat occasionné par le travail des riches teintureries qui les bordent.

—Venez, nous dit M. Rolland, c'est ici que nous allons étudier les immenses progrès de l'industrie, les résultats étonnants de la lutte de l'homme avec la matière. A droite, voici une immense filature de coton, où s'épuisent en travaux incessants les rouages de mille machines ingénieuses, et la vie d'une multitude de nos semblables, voués à un labeur bien pénible, mais qui cessera un jour lorsque l'homme aura réussi à organiser entièrement les forces éparses qu'il tire de la nature.

Nous entrâmes dans un grand atelier où les bruits les plus étranges, les grincements de rouage, les roulements sourds et tumultueux se multipliaient à l'infini.

—C'est ici, nous dit un contre-maître qui avait bien voulu nous guider, c'est ici qu'arrive le coton, ce produit, dont l'homme a su tirer un si grand parti pour son bien-être; voici les balles de coton. Après l'avoir déballé, on le donne aux éplucheuses chargées de retirer les corps étrangers ou les parties sales. Lorsque le coton est épluché il est envoyé dans la pièce voisine, où d'immenses machines, mues par l'eau ou la vapeur, l'étendent, le cardent et le rendent propice au filage. Après avoir été cardé, le coton passe immédiatement au filage. D'ingénieuses machines, chaque jour perfectionnées, mues par des courroies attenantes à l'arbre principal que fait mouvoir l'eau ou la vapeur, saisissent alors le coton, que des surveillants distribuent, et le filent avec une vitesse incroyable.

Le coton s'enroule sur des fuseaux et devient facile à utiliser sous toutes les formes. Dans certaines fabriques, on fait du coton à coudre de toutes les grosseurs. Chez nous, le coton passe du filage aux ourdissoirs, et de là à la fabrique de toile. — Venez voir.

D'abord, nous nous trouvâmes dans un atelier où le coton, enroulé sur des bobines échelonnées sur plusieurs rangées, se déroulait pour joindre ensemble une quantité de fils qui, réunis, allaient s'enrouler de nouveau tous ensemble sur les ourdissoirs où ils formaient ce que l'on nomme la chaîne, que l'on retire ensuite de l'ourdissoir pour être mise en œuvre.

De là nous passâmes dans une autre pièce, et nous vîmes cent métiers à tisser, conduits par quelques hommes seulement, qui fabriquaient d'immenses pièces de calicot.

— Ce calicot, nous dit le contre-maître, sera blanchi en sortant du métier; il recevra un apprêt et sera expédié aux marchands de toutes les parties du globe. Seulement, chez nous, nous employons nous-mêmes une partie de nos produits. Montons à l'étage supérieur.

Arrivés dans une vaste pièce, nous vîmes une centaine de petits métiers dirigés par autant de femmes.

— Avant de vous dire ce que font ces métiers, nous dit le

contre-maître, regardez dans le fond de l'atelier. Ne voyez-vous pas
d'immenses quantités de calicot que des femmes sont occupées à
plier ou à tailler?

— Oui, dîmes-nous; que font-elles de tout cela?

— Approchons-nous. D'abord, voici une machine à laquelle on
livre des pièces entières de calicot pliées d'une certaine manière.
Eh bien! ces pièces de calicot vont sortir tout à l'heure, coupées,
taillées, dépecées en morceaux de différentes grandeurs.

— Quoi! dis-je, vous faites de grandes pièces de toile pour les
hacher ensuite?

— Attendez, dit en souriant le contre-maître; cette machine ne
coupe et ne taille que ce qu'il faut; chaque morceau a son emploi.
Tenez, regardez, voici une douzaine de chemises d'homme qui
sortent toutes taillées des étreintes de la mécanique. Il eût fallu
douze femmes et vingt minutes à chaque femme pour tailler ces
chemises; notre machine a mis tout juste cinq minutes à faire le
même travail.

— Eh bien! dit M. Rolland, voici les chemises taillées, que vont-
elles devenir?

— Regardez; on les distribue aux ouvrières. Les ouvrières elles-
mêmes vont les appliquer sur ces petits métiers qu'elles ont devant
elles et dans vingt minutes elles vous livreront des chemises toutes
faites.

— C'est vraiment étonnant! dit mademoiselle Héléna. Et moi
qui ai mis jusqu'à deux heures pour faire une chemise à ma pou-
pée!... Ah! c'est bien beau, bien commode.

— Oui, dit M. Rolland; mais croyez-vous que cette promptitude
à confectionner ce que de pauvres ouvrières mettaient un temps
assez considérable à finir ne porte pas un préjudice aux malheureuses femmes dont ces machines font le travail avec tant de
célérité et de différence dans les prix de revient?

— Non, nous dit le contre-maître; seulement, comme tout est
meilleur marché, tout s'emploie avec moins de parcimonie, et l'on

en use davantage; et puis les femmes qui cousaient les chemises trouvent de l'emploi à faire fonctionner les couseuses. Sans doute que, si l'écoulement n'était pas plus considérable qu'autrefois, les travailleuses se trouveraient un jour privées des travaux qui leur font gagner leur pain; mais, je vous le répète, pour mille femmes dont ces machines prennent le travail, deux mille trouvent à s'occuper des résultats nouveaux que donnent ces inventions; et puis, il ne faut pas se le cacher, nous vivons dans un moment de luttes et de transformations. Tout est et sera transition jusqu'à ce que Dieu ait permis à l'homme de trouver le dernier mot de cette œuvre constante que l'on nomme la vie. Seulement, si des découvertes ou des inventions nouvelles semblent faire tort aux travailleurs en changeant la face du travail, il est bien certain que le progrès, s'il est un mal momentané pour quelques-uns, sera un bien pour la généralité; un temps viendra où tous les hommes, unis par le lien de la fraternité, organiseront le labeur général dans l'intérêt de tous et pour le bien-être de tous. D'ici là, la charité, la mansuétude envers ceux qui sont nés dans une condition sociale qui les réduit au rôle d'automate, doit être une loi suprême pour tous ceux qui, par leur position, sont appelés à diriger les travailleurs ou à vivre du fruit d'un labeur dont ils doivent comprendre toutes les fatigues.

M. Rolland serra la main du contre-maître et nous sortîmes réfléchis et remplis d'admiration pour ce que nous avions vu.

A peine étions-nous sortis des ateliers, que nous entendîmes des voix rieuses qui entonnaient des chansons.

— Le travail n'est donc pas un si grand malheur, nous dit M. Rolland, puisque ces pauvres femmes chantent et s'égayent en travaillant. Au fait, tout dans la nature s'occupe et subit la loi du travail, que ce soit sous une face ou sous une autre, chacun doit apporter sa part au labeur universel.

Nous trouvant à la porte d'une autre fabrique, M. Rolland demanda la permission de la visiter.

— C'est ici une fabrique d'indienne, nous dit poliment un homme qui vint à notre rencontre la casquette à la main. Si vous désirez visiter l'établissement dans toutes ses parties, suivez-moi.

Après l'avoir remercié, nous suivîmes notre guide.

— Il y a vingt ans que je suis ici, nous dit cet homme, et je ne trouve pas étrange que l'on vienne visiter l'établissement, car moi tout le premier, j'ai beau y demeurer, j'y trouve tous les jours des changements. Il y a vingt ans, j'ai commencé par être tireur; j'avais une dizaine d'années et c'était assez pénible, il fallait du matin au soir étaler des couleurs qui ne sentaient pas toujours bon sur un châssis doublé de drap. C'était là que l'imprimeur trempait la planche dont il se servait pour en reproduire les dessins sur la toile. Aujourd'hui, c'est bien changé, il n'y a plus de tireurs, plus d'imprimeurs; sauf quelques cas exceptionnels, c'est la machine qui nous a remplacés. Vous verrez. Nous voici arrivés près de la mécanique qui épluche la toile. Autrefois, c'étaient des femmes qui, au moyen de pinces, retiraient les fils mal tramés qui se trouvaient à la superficie. Aujourd'hui, c'est au moyen d'un gros cylindre rougi au feu sur lequel on passe le calicot que l'on fait disparaître les aspérités restées dans la toile. Allons plus loin.

Voici le laboratoire; mais nul n'y entre sans une permission expresse du chimiste qui manipule les couleurs, invente de nouvelles nuances ou prépare de nouvelles combinaisons.

Ayant frappé à la porte, un homme d'un extrême comme il faut vint nous ouvrir en nous examinant attentivement. Reconnaissant sans doute que nous n'étions pas des concurrents venus pour surprendre ses secrets, il nous fit gracieusement entrer.

— Vous ne resterez pas longtemps ici, nous dit-il, non pas que je veuille vous renvoyer, mais parce que les émanations qui partent des couleurs que je viens de préparer pourraient vous incommoder.

En effet, des odeurs âcres nous saisirent à la gorge.

— C'est ici, nous dit le chimiste, que, pendant de longues

heures, je cherche le moyen de faire telle ou telle nuance, de la rendre plus ou moins éclatante, de la fixer sur le calicot ou la laine, et surtout de la rendre bon teint; car il ne suffit pas de faire des couleurs merveilleusement belles, il faut que les couleurs se fixent sur la toile ou sur la laine et résistent au lavage.

Après avoir admiré quelques échantillons de différentes couleurs posées sur la toile, nous saluâmes le coloriste (c'est le nom qu'on lui donne) et nous allâmes dans un autre corps de bâtiment où était le rouleau.

Le rouleau est l'endroit où s'impriment les toiles, ou plutôt où se trouve la mécanique qui porte ce nom. Au moyen d'une ingénieuse machine, le calicot passe avec promptitude sur un immense rouleau gravé à la superficie, qui se trouve chargé de couleurs au fur et à mesure qu'il tourne. La toile, après avoir reçu l'empreinte des dessins gravés sur le rouleau, après être passée entre des cylindres chauffés à une très-grande température pour la faire sécher, va s'enrouler tout imprimée sur un autre cylindre. Autrefois, on n'imprimait qu'une seule couleur à la fois, aujourd'hui l'on est parvenu à imprimer plusieurs nuances instantanément.

Après avoir parcouru les lavoirs, vu les cuves, les ateliers des dessinateurs et des graveurs, être entrés dans les séchoirs, nous nous retirâmes très-satisfaits.

Le lendemain nous parcourûmes des fabriques de drap, des fonderies, des fabriques de produits chimiques, etc.

— Cette vallée, nous dit M. Rolland, est l'une des parties de la France où l'industrie a le plus prospéré. C'est ici qu'il fait bon venir de temps en temps considérer l'homme aux prises avec la matière, et s'ingéniant chaque jour pour dompter cette matière rebelle ou inerte et s'enrichir à ses dépens.

LE SUCRE DE BETTERAVE — L'ALCOOL

Nous vîmes aussi une raffinerie de sucre de betterave.

— Encore une conquête heureuse de l'intelligence, nous dit M. Rolland. Tributaires des pays d'outre-mer pour un produit devenu indispensable à notre alimentation, il nous fallait souvent subir les influences de relations plus ou moins amicales avec nos voisins. Un jour, la chimie, après de nombreuses recherches, est parvenue à nous faire du sucre avec un produit du sol. On a écrasé de la betterave, on a soumis le jus de cette plante aux diverses préparations employées pour la fabrication du sucre même, c'est-à-dire que l'on est parvenu, par l'ébullition, à tirer de la masse de la plante toute la partie sucrée que la nature y a déposée. Puis, au moyen de la chaux et du noir animal, du sang même, on a clarifié le résidu, qui est devenu, après ces préparations, un sucre tout aussi bon, tout aussi sain que le sucre de canne.

Maintenant la chimie, dans son application aux besoins de l'industrie, a fait un pas de géant. Non-seulement on fait du sucre avec la betterave, mais encore on fabrique de l'alcool. La pomme de terre elle-même, si nécessaire à notre alimentation, a été mise à contribution pour faire de l'eau-de-vie, ainsi que le froment.

Après avoir visité la Normandie et la plupart des provinces de la France, après avoir admiré les riches cultures de légumes et de primeurs des côtes de l'Océan; car généralement on suppose les primeurs qui arrivent à Paris, de provenance méridionale lorsqu'elles nous arrivent tout simplement du littoral de la Manche; après avoir visité nos grands arsenaux maritimes, Brest, Cherbourg, etc., où là encore nous pûmes admirer mille choses plus curieuses et plus utiles toutes les unes que les autres; nous voulûmes visiter Lyon, cette autre capitale de l'industrie de la soie et des étoffes de prix, et nous partîmes emportés par une locomotive, non sans être entrés dans une usine où l'on fabriquait la belle toile de fil avec deux plantes, l'une nommée le chanvre et l'autre appelée le lin.

LE LIN — LE CHANVRE

Le lin et le chanvre poussent partout dans nos champs. Anciennement connue, la matière textile de ces plantes a été employée depuis l'antiquité la plus reculée pour fabriquer des tissus qui servent à vêtir l'espèce humaine et à d'autres usages. On se servait, il est vrai, pour mettre ces plantes en œuvre, de moyens lents qui rendaient ces produits d'un haut prix ou d'une qualité médiocre; aujourd'hui on a appliqué à la fabrication des toiles de lin et de chanvre à peu près les mêmes procédés que pour le coton; seulement, pour leur premier apprêt, on en est toujours au rouissage, c'est-à-dire à la coutume de faire pourrir une partie de l'écorce qui recouvre le chanvre en le plongeant dans l'eau pendant un temps assez long. C'est cette manière de préparer le chanvre qui rend sa préparation malsaine, à cause des émanations qu'il produit. Après le rouissage vient le teillage, c'est-à-dire la séparation de la partie inutile de la partie utile; puis le filage, et enfin sa mise en œuvre pour en faire des tissus.

LA SOIE

L'industrie de la soie est l'une des plus riches et des plus considérables de France. C'est chez nous surtout que se fabriquent ces merveilleuses étoffes inconnues de l'antiquité. Ces châles si chauds, si légers et si beaux, ces tissus si moelleux et si brillants par leurs dessins et par leurs couleurs.

L'antiquité a connu la soie, mais pourtant les patriciens de Rome, pas plus que les Athéniens de l'ancienne Grèce, ne se sont doutés de ce qui produisait la soie. Quelques marchands entreprenants et avides allaient en chercher quelques parcelles à travers l'Asie centrale. Est-ce la Chine qui la fournissait? est-ce l'Inde? ce point est resté obscur. Il n'est pas moins vrai que ce tissu précieux n'était presque pas connu en Europe avant les relations des républiques italiennes avec les Asiatiques.

Vers le sixième siècle, deux moines qui avaient parcouru la Chine apportèrent à la cour de Justinien, à Byzance, les premières graines de mûrier, et annoncèrent qu'ils avaient découvert l'insecte qui produisait la soie. L'empereur renvoya les moines en Chine pour avoir quelques vers à soie. Ces hommes courageux bravèrent la mort, car les Chinois punissaient de mort quiconque sortait des vers à soie de chez eux, et revinrent en 555 avec les œufs du précieux insecte.

Les Arabes cultivèrent le mûrier et les vers à soie en Portugal et en Espagne en 711.

La culture du mûrier et l'élevage du ver à soie furent introduits en Sicile et à Naples en 1146. Seulement, cela se faisait mystérieusement, et ce ne fut qu'en 1546 que l'industrie de la soie se répandit dans le reste de l'Italie et en Piémont.

En l'an 280, la soie se payait encore au poids de l'or. Ce fut en 1494 que la culture du mûrier et l'élevage du ver à soie furent introduits en France; mais ce ne fut que sous Henri IV, en 1603, qu'Olivier de Serres donna de l'extension à cette industrie, à laquelle Sully s'opposait par un préjugé, « craignant, disait-il, les effets du luxe. »

C'est cette industrie qui a valu de si belles et si honorables fortunes à nos populations du Lyonnais et du Gard.

Le ver à soie est le produit d'une chenille qui elle-même n'est que l'embryon d'un papillon; car on dirait vraiment que la nature a voulu enseigner à l'homme combien de transformations le beau et le bien auraient à subir avant d'arriver à la perfection. Ce doit être un bien grand encouragement pour les chercheurs, pour ceux qui, dans un but de progrès, sondent les secrets de l'œuvre divine.

La chenille, ce pauvre insecte si méprisé, si repoussant, ne semble-t-il pas nous dire : « Courage, courage ! car Dieu a voulu vous montrer, par mon exemple, moi chétive que vous écrasez si souvent avec dégoût sous vos pieds, combien la puissance de son œuvre est grande et sublime, et combien l'homme, s'il voulait marcher avec justice, amour et foi, dans la voie qui lui a été tracée ; combien, dis-je, il reconnaîtrait les merveilleuses grandeurs, les sublimes résultats que lui promettent son intelligence et sa nature toute divine, puisque la chenille, ce si frêle vermisseau, semble mourir et ressusciter trois fois et peut produire une si superbe moisson du fruit de son travail. »

La chenille du ver à soie vit sur le mûrier. D'autres espèces ont été découvertes en Chine et dans l'Inde, mais jusqu'ici c'est la chenille du mûrier qui produit la soie chez nous. Lorsque la chenille, sortie d'un petit œuf, sent qu'elle doit subir une métamorphose, elle se colle contre un objet quelconque, puis se sert d'une substance qu'elle a amassée pour se faire un sûr vêtement contre les intempéries de l'air et contre les attaques de ses ennemis. Peu à peu sa demeure se forme, et la chenille devient une espèce de ver qui, à un jour donné, se complète d'une paire d'ailes brillantes. Alors, transformée tout à fait au moyen d'efforts nouveaux, elle perce son cocon (c'est ainsi que l'on nomme la cellule dans laquelle elle était enfermée), et s'élève radieuse dans l'espace. Mais les vers destinés à fournir la soie dans nos usines sont mis à mort avant leur transformation.

La sériciculture, ou l'art d'élever les vers à soie et de faire servir leur travail à la fabrication des étoffes, est pratiquée sur une vaste échelle dans nos départements du Midi ; la ville de Lyon est l'entrepôt où viennent vendre leur récolte tous les éleveurs de vers à soie ; sans compter que de grandes provisions de ce précieux produit nous viennent d'Italie et d'Orient. La manière de tirer parti des cocons est fort simple : on les plonge dans une vapeur chaude et humide, puis on saisit l'un des fils qui forment la cellule du ver à soie et l'on dévide les fils, que l'on enroule sur un métier ; on fait subir ensuite à ces fils un apprêt nécessaire, puis on les met en œuvre.

Arrivés à Lyon, c'est avec le plus vif empressement que nous allâmes visiter les fabriques d'étoffes de soie et de châles.

Les étoffes unies se font comme la toile, mais il en est autrement des étoffes brochées et surtout des châles. Pour la confection de ces tissus il a fallu avoir recours à des machines ingénieuses. Le travail d'abord était difficile et long ; mais Jacquart, un simple ouvrier lyonnais, est venu, avec ses métiers, montrer combien l'homme a de ressources et peut tirer de son génie. Aujourd'hui, ce sont généralement des femmes et des enfants qui, sans se douter beaucoup de ce qu'ils font, au moyen d'encartage et de dispositions savamment combinées, transforment les fils de soie et de laine en châles brillants et doux et en étoffes luxueuses.

C'est à Saint-Étienne que se fabriquent les rubans, les gazes, les organdis, etc., etc. C'est là aussi qu'il faut voir, pour le croire, tout ce que l'homme a dépensé de patience et d'intelligence pour inventer ou perfectionner les métiers dont on se sert pour fabriquer les légères et riches étoffes que l'on vient acheter à Lyon et à Saint-Étienne de toutes les parties du globe.

LA FABRIQUE D'ARMES DE SAINT-ÉTIENNE

Nous allâmes aussi visiter la fabrique d'armes qui se trouve à Saint-Étienne.

Hélas ! là aussi les plus grandes perfections ont été apportées aux mécaniques qui servent à fabriquer ces armes homicides qui sont l'antithèse des lois de l'Éternel ; et pourtant si, par de grands efforts, par la permanence de puissantes armées, un peuple ne se faisait pas respecter dans ses droits, il est évident que la barbarie, toujours forte et à l'affût des biens faciles à conquérir, mettrait sans cesse en péril la civilisation, le progrès, l'accomplissement de l'œuvre que Dieu a imposée à l'homme.

Les fabriques d'armes sont donc, hélas! essentielles aussi à l'œuvre de perfectibilité qui s'accomplit à travers les âges et les révolutions.

Là nous vîmes des mécaniques ratisser le fer ou le perforer avec autant de facilité que si c'eût été du bois. Les barres de fer s'aplatissaient ou changeaient de forme comme par enchantement et sans efforts; belle et sublime image de la puissance de l'homme sur la matière inerte!

Ce fut à Saint-Étienne qu'arriva un événement qui devait avoir une grande influence sur ma destinée.

Nous parcourions, sans nous douter du péril qu'il pouvait y avoir, un atelier où se fabriquent des canons de carabines. Nous étions émerveillés de la puissance d'une mécanique qui perforait des barres de fer comme s'il se fût agi de branches de sureau, et qui enlevait des copeaux de métal comme si l'on eût opéré avec un rabot sur une simple planche de sapin. Nous examinions avec la plus vive attention les effets de cette mécanique mue par des courroies attenantes à l'arbre principal mis en mouvement par une puissante machine à vapeur, lorsque, tout à coup, les vêtements amples de mademoiselle Héléna se trouvèrent pris par l'une des courroies qui tournaient avec une vélocité prestigieuse. A peine la jeune fille avait poussé un cri que déjà elle était attirée vers des engrenages qui devaient la broyer. Son père, plus prompt que l'éclair, s'était jeté après elle; mais, repoussé avec violence par le va-et-vient de la machine, il était allé tomber non loin de là, au milieu des ouvriers épouvantés. Plus vite que la pensée, je m'étais précipité aussi sur l'une des courroies qui entraînaient la jeune fille. Il y avait mille à parier contre un que ma folle action me coûterait la vie sans sauver celle de mademoiselle Héléna; mais, dans ces moments-là, l'homme sent avec son âme et ne calcule pas le péril. Par un hasard providentiel, le poids de mon corps, joint à celui de la jeune fille au moment où nous allions être broyés tous deux, dérangea la courroie et la fit glisser à côté de la poulie sur laquelle elle tournait. Nous tombâmes alors de deux ou trois mètres de haut sur le plancher.

Pour moi, j'en fus quitte pour quelques contusions, mais la jeune fille, outre la frayeur qui avait paralysé tous ses sens, eut une grave blessure à la tête.

M. Rolland, qui avait eu le temps de se relever, accourut et prit sa fille dans ses bras en pleurant, la croyant plus dangereusement blessé qu'elle ne l'était, pendant que je me relevais moi-même tout meurtri.

Bientôt mademoiselle Héléna recouvra ses esprits, et un médecin, appelé sur l'heure, déclara qu'il n'y avait rien de dangereux.

Ce fut alors seulement que ce bon M. Rolland se rappela de moi.

— Ah! dit-il, mon bon Charles, je vous dois plus que la vie... Je vous dois celle de mon enfant.

— Sapristi! c'est vrai, dit un contre-maître qui avait été témoin du péril que nous avions couru la jeune fille et moi. Pour sûr, sans monsieur, la jeune demoiselle était hachée menu comme chair à pâté... Mais, jeune homme, ajouta-t-il en s'adressant à moi, je ne vous conseille pas de recommencer. Pour cette fois, sans doute, comme disent les campagnards, *il y a un Dieu pour les ivrognes.* Il y a aussi un Dieu pour les fous, car votre action était aussi folle qu'inutile.

— Et pourtant!... dit M. Rolland.

— Et pourtant, répéta le contre-maître, voici encore un de ces faits mystérieux qui surpassent mon imagination.

— Dites donc un vrai miracle! dit un brave ouvrier encore tremblant de ce qui venait d'avoir lieu.

— Enfin, dit M. Rolland en me serrant dans ses bras, Charles, vous êtes un brave cœur, et je vous voue un attachement sans bornes à dater de ce jour.

Je pressai la main de ce bon et excellent homme, deux larmes roulèrent sur mes joues pâles, et mon regard inquiet, terrifié, se tourna vers l'endroit où tous les soins étaient prodigués à mademoiselle Héléna, révélant ainsi, sans le vouloir, l'état de ma pensée.

M. Rolland me dit aussitôt :

— Elle va bien, mon ami; sa situation n'offre aucun danger; elle en sera quitte pour la peur et pour quelques jours de repos.

Ma poitrine se dilata, mon cœur recommença à battre avec moins de violence, et mes joues se couvrirent d'un vif incarnat en recevant cette bonne nouvelle. C'est qu'aussi je m'étais habitué, en quelques jours, à la douce intimité de cette si charmante et si gracieuse jeune fille, et déjà mon attachement pour elle avait grandi et s'était accru avec le péril qu'elle venait de courir.

— Seulement, ajouta M. Rolland, nous serons forcés de continuer le voyage sans elle, car j'entrevois trop de périls pour une jeune fille dans les différentes excursions que nous devons faire ensemble.

Cette nouvelle confidence m'attrista énormément; pourtant je repris courage et me dis que M. Rolland avait raison; qu'au reste notre course ne serait pas éternelle et que nous reviendrions. Pourtant mon cœur se serra de nouveau et je baissai la tête.

Après avoir remis mademoiselle Héléna aux mains de sa tante, nous nous préparions à partir pour l'Angleterre lorsque la jeune fille me fit demander :

— Monsieur Charles, me dit-elle avec ce bon et gracieux sourire qui la rendait si charmante, je sais ce que je vous dois; croyez-le bien, des protestations banales seraient insignifiantes; c'est pourquoi j'ai voulu vous dire moi-même, avant de partir, que ma reconnaissance vous est acquise.

Puis ses joues devinrent écarlates, et elle me dit encore :

— J'ai voulu seulement vous voir avant votre départ pour vous serrer la main comme à un ami : sur l'affection duquel on a besoin de compter, car si je vous dois beaucoup, je vous devrai plus encore si vous voulez bien donner une partie du dévouement dont vous avez fait preuve pour moi à mon bon père, si l'occasion s'en présentait.

— Oh! dis-je en serrant la charmante petite main de la jeune fille, comptez sur moi, ma vie tout entière est à... votre père; lui qui a ouvert mon intelligence à la lumière et m'a traité avec tant de bonté.

— Alors je serai plus tranquille, dit la jeune fille; car je sais que mon père sera plus qu'un ami pour vous, et son absence me sera moins pénible lorsque je penserai que vous êtes près de lui.

Après avoir fait mes adieux, je retournai près de M. Rolland qui m'attendait, et nous partîmes.

Si je vous ai parlé jusqu'ici des différentes conquêtes de l'homme sur la nature et sur la matière, je ne vous ai montré que le beau côté de la médaille; mais, en regardant le revers, combien de taches vous y trouverez si vous recherchez tout ce que l'homme a fait dévier de son vrai but pour tourner ce qui pouvait lui être favorable contre lui-même. Sans parler de tous ces engins de guerre qu'il perfectionne chaque jour, nous passerons en revue quelques-unes de ces aberrations qui ont conduit l'homme à faire des choses fatales de choses qui devaient lui être utiles.

L'EAU-DE-VIE

L'eau-de-vie, par exemple, destinée d'abord à la médecine, est devenue d'un usage pernicieux pour l'homme.

L'eau-de-vie, vous le savez sans doute, est le résultat de la dé-composition du vin, ou plutôt de la dissolution du vin, chauffé, passé par des alambics et réduit à l'état d'esprits alcooliques. Aujourd'hui, la chimie a trouvé le moyen de faire de l'eau-de-vie avec des pommes, des betteraves, des pommes de terre, des grains de toutes sortes. C'est cet esprit, ou alcool, inventé par la chimie pour des usages tout externes, que l'homme s'est mis à boire et à faire servir à son alimentation, à quoi certes il n'était pas destiné. Aussi voyez-vous généralement ceux qui usent de cette boisson fatale, qui leur corrode les intestins et exalte leur cerveau, s'abrutir peu à peu et devenir fous et impotents.

Hélas! que de crimes ont été commis sous l'influence de ce breuvage empoisonné, qui sert du reste dans mille circonstances à produire le bien!

LE TABAC

Le tabac, ou nicotiane, est encore une trouvaille faite par l'homme au milieu des productions de la nature. Cette plante, toute destinée aux usages médicinaux, est devenue l'agent le plus ruineux et le plus fatal pour l'homme sous mille rapports.

Le tabac, dont on se servait d'abord pour guérir certaines maladies externes, a été adopté par l'homme en général comme la plante la plus précieuse et la plus nécessaire à sa satisfaction. Aussi l'usage en est-il devenu presque universel. Si vous demandiez à tous ceux qui s'en servent le bien que leur fait ce poison si recherché, nul n'oserait vous répondre avec franchise. Pour beaucoup, c'est une manie devenue habituelle, pour quelques-uns, c'est l'espoir de s'étourdir par les vapeurs qu'ils tirent de cette plante; pour quelques autres, c'est un genre qu'ils se donnent.

Hélas! que de maux se sont développés sous l'influence des mauvais effets du tabac, sans compter la dépense considérable qu'occasionne son emploi!

J'ai connu des cerveaux malades qui dépensaient de quatre à

cinq francs par jour en fumée de tabac; et dire que le quart de cette somme aurait suffi pour donner du pain tout un jour à plusieurs de nos semblables! L'État seul a tiré un profit énorme de la folie des hommes, en mettant un impôt sur ce produit. Cet impôt, pris sur la dépense des uns, l'amour-propre et la sottise des autres, est un impôt contre lequel personne ne réclamera, pas même ceux qui le payent, et ils ont raison, car cette dépense pour eux est volontaire et facultative.

Le tabac ou nicotiane, du nom de Nicot, qui l'a importé en Europe, est originaire de l'Amérique du Sud.

Les naturels en faisaient un certain usage pour se frotter la peau, ou en respirer les émanations lorsqu'ils voulaient s'exalter le cerveau.

Lors de son apparition en Europe ce ne fut qu'en poudre d'abord que l'on se l'introduisit dans le nez.

C'était une manière de plaisanter ou de faire parade d'une charmante bonbonnière plus ou moins enrichie de pierres précieuses.

Plus tard, nos marins s'habituèrent à brûler le tabac en feuilles hachées dans des récipients dont ils faisaient passer la fumée dans leur bouche à l'aide d'un tube. Ce fut le commencement de la pipe.

Plus tard, on en fit des carottes que les hommes de mer coupèrent en morceaux et se mirent dans la bouche sous le nom de *chique*, pour tuer le temps de la faction, et sans doute pour se tenir éveillés par la saveur âcre de cette plante.

Enfin, l'on a perfectionné tout cela; on a inventé le cigare, le cigare que tout le monde fume aujourd'hui, les petits et les grands, les faibles et les forts, et qui fait périr, sans qu'on s'en doute, bon nombre d'adolescents.

Le tabac est principalement cultivé dans les terres fortes de nos départements du Nord. Il est recueilli lorsque ses feuilles commencent à sécher, puis livré à l'État, qui a le monopole de sa fabrication et de sa vente, et qui nous le revend sous forme de poudre, de cigares, de feuilles hachées pour la pipe et de carottes pour ceux qui sont doués du charmant goût de se corroder le palais et la gorge avec le jus de cette plante.

La chimie a eu beau déclarer que les principes de la nicotiane étaient un poison violent en en tirant la nicotine, rien n'a pu jusqu'ici empêcher son usage.

L'OPIUM

L'opium est tiré aussi du pavot blanc. Chez nous, jusqu'à présent, son emploi n'a été usité que pour traiter certaines maladies; mais en Orient il n'en est pas de même : l'opium, dans plusieurs contrées, est devenu d'un usage assez ordinaire; beaucoup d'individus avalent ce poison avec une certaine avidité, malgré qu'il soit bien constaté que son emploi interne produise des effets désastreux sur tous nos organes, sans compter la folie et la mort; eh bien! il se rencontre des malheureux qui bravent tout cela pour s'enivrer avec de l'opium.

La nomenclature de toutes les aberrations de l'esprit humain serait trop considérable pour ce livre : arrêtons-nous donc.

LES BATEAUX A VAPEUR

Nous arrivâmes à Boulogne, et nous nous embarquâmes sur un superbe bateau à vapeur à hélice.

— Voici encore une conquête de la science sur la matière, dit M. Rolland; voyez, mon ami, cette grande maison flottante : eh bien! elle va tout à l'heure se mouvoir et courir sur les flots malgré le vent et la marée, comme si une main invisible la poussait.

Autrefois, l'homme, tout en soumettant les flots sous les vaisseaux qu'il avait inventés, était lui-même forcé de se soumettre aux vents; aujourd'hui les machines puissantes qui dirigent les navires leur font braver les vents contraires.

C'est encore au moyen de la vapeur que l'on fait mouvoir la puissante machine qui donne l'impulsion à ce navire.

La machine qui fait mouvoir les bateaux à vapeur, à quelques changements près dans ses détails, est semblable à ce que nous avons pu voir dans l'agencement des locomotives. L'on se servit d'abord d'espèces de roues à aubes pour donner l'impulsion au navire; plus tard est venu un homme ingénieux, Sauvage, qui a inventé l'hélice ou espèce de vis sans fin, que l'on a placée sous les vaisseaux même. Ce nouveau procédé a été généralement adopté, à cause d'une foule de considérations qui plaidaient en sa faveur; aujourd'hui presque tous les navires à vapeur sont pourvus d'hélice.

Bientôt un épais nuage s'éleva de la cheminée du navire, et nous quittâmes les rives de la France pour aborder quelques heures plus tard sur le sol de la Grande-Bretagne.

L'ANGLETERRE

Le Royaume-Uni est composé de l'Angleterre proprement dite, de l'Écosse et de l'Irlande, et de différentes îles environnantes, plus, d'immenses colonies dans toutes les parties du monde.

L'Angleterre et l'Écosse sont dans la même île. Quant à l'Irlande, c'est une île séparée qui a bien longtemps été un État indépendant.

L'Angleterre, l'Écosse et l'Irlande ont une population de vingt-cinq millions d'habitants.

Hollande.

L'Angleterre, située au milieu de l'Océan, est sous un climat brumeux, sinon froid, du moins humide et sujet à d'épais brouillards.

Les productions de l'Angleterre sont restreintes aux productions de nos provinces du nord : le blé, le seigle, etc., etc; mais ce qui fait la puissance de l'Angleterre, ce sont précisément les éléments de richesse dont son sol est déshérité. Ce qui manquait au bien-être du peuple anglais, il l'a conquis par son travail, et est allé le chercher dans toutes les parties du globe. D'abord il a voulu se procurer les choses essentielles qui lui manquaient; il a encouragé le travail; le travail ayant fourni d'amples bénéfices, l'a rendu désireux de la richesse; alors il a ouvert une lutte avec tous les obstacles, et les a vaincus en partie.

Le peuple anglais était relégué dans une île sans rapports sérieux avec ses voisins. Il a inauguré ses communications maritimes, et a sans cesse augmenté le nombre de ses navires, puis le travail national a pris un accroissement immense : ses ingénieurs, ses penseurs se sont livrés entièrement à la recherche des systèmes les plus avantageux pour vaincre la nature et assouplir la matière, afin de s'en servir pour fabriquer mille sortes de choses utiles pour les échanger ou contre de l'or, ou contre des produits dont on manquait en Angleterre.

Là, l'humanité n'a pas toujours été consultée, il est vrai. Le gouvernement, resté aux mains de quelques-uns seulement, ainsi que la terre et la richesse, a permis d'élever de grandes fabriques, de créer de vastes industries, mais aussi a laissé l'homme devenir la chose de son semblable sans ouvrir aux déshérités un avenir bien large. Ceux qui ne possédaient rien ont souvent été sacrifiés avec un sans-gêne sans exemple dans l'histoire. La vie de l'homme était nécessaire à l'accomplissement de tel ou tel travail : aussitôt de nombreuses victimes mues par la faim, la nécessité ou l'avidité se présentaient, la mort était au bout, et avant la fin de la tâche; mais le travail procurait quelques penee de plus, les victimes ne reculaient pas. Chaque jour, des hécatombes d'hommes, de femmes ou d'enfants étaient sacrifiées aux besoins de telle ou telle fabrication. Personne ne disait rien. Ceux qui s'enrichissaient de ces meurtres industriels avaient eu l'art d'imprégner la raison des faibles de théories et de maximes à l'usage de leur cupidité; tout se passait avec ordre : les vivants remplaçaient les morts dans l'usine, les filles succédaient à leurs mères, les enfants prenaient la place de leurs parents, devenus phthisiques ou cacochymes. Personne ne disait mot, l'Angleterre était la reine du monde; quelques-uns s'enrichissaient pendant que d'autres se contentaient de jouir de leurs richesses. Voici ce qu'était devenue l'Angleterre; voici ce qu'elle est restée : mille misérables pour un heureux. Que Dieu protége le monde et lui épargne les gloires, la fortune et les angoisses des peuples de la Grande-Bretagne!

Et pourtant le peuple anglais est un grand peuple, il a par son énergique vouloir fait progresser plus d'une œuvre qui serait restée stérile sans son concours. Ses savants, ses penseurs ont apporté plus d'une pierre à l'édifice de la civilisation et du progrès; mais, hélas! les déshérités de son sol ont payé si cher ces glorieuses découvertes, que je ne sais s'il n'eût pas mieux valu que les populations de la Grande-Bretagne restassent à l'état barbare et sauvage où avaient vécu leurs pères.

En Angleterre, bien loin d'être, comme chez nous, la possession du plus grand nombre, le sol n'appartient qu'à quelques privilégiés; aussi s'est-il établi dans ce pays deux castes bien distinctes : ceux qui ont tout, et ceux qui n'ont rien; ceux qui font travailler, et ceux qui travaillent. Seulement une large part a été laissée à tout homme qui s'élève, à tout individu qui sort de cette mêlée sanglante et si terrible que l'on nomme la lutte commerciale.

Tout être qui s'enrichit peut entrer dans la phalange des heureux de naissance. Avec son or le parvenu peut acheter des places, des honneurs, de la noblesse même, et léguer à sa postérité une position privilégiée au soleil.

Cette méthode de l'aristocratie anglaise est ce qui l'a soutenue jusqu'ici; mais, pour un riche qui s'élève, mille malheureux succombent sous les fatigues et l'adversité.

Mais laissons ce chapitre, chaque peuple a ses erreurs, que les siècles redresseront, sans doute. Nous voici arrivés à Londres.

En effet, du haut d'un débarcadère où nous arrivions, nous vîmes comme un nuage immense qui couvrait un point du ciel.

— C'est ici Londres, me dit M. Rolland. Ce nuage que vous voyez est le résultat de la pesanteur de l'air qui règne sous ce climat, et qui pèse sur les vapeurs et la fumée qui s'échappent de cette grande cité.

Nous visiterons Londres en détail, me dit M. Rolland, mais avant je vous dirai ce que c'est que Londres.

LONDRES

Londres est la ville la plus populeuse du monde, elle a une population de plus de deux millions d'âmes.

Vous auriez une bien fausse idée de Londres si vous compariez cette ville à Paris ou à toute autre capitale du globe.

Londres est une ville unique en son genre, ou plutôt c'est l'agglomération de vingt villes différentes que l'on a liées ensemble par des rail-way, par des rues immenses.

Si Paris est la reine du monde pour les chefs-d'œuvre de goût que l'on y rencontre, pour l'urbanité de ses habitants, pour le travail luxueux de ses ouvriers et de ses artistes, Londres est la métropole de l'univers pour l'agglomération de toutes les matières qui servent au grand travail humain. Là, point de petits négoces, point de productions de goût, tout est matériel et sans aucune espèce de voile; la vie même y est soumise aux conditions du doit et avoir du négoce. L'homme se jette à travers une idée ou un commerce, il y met toutes ses forces et toute son énergie, rien ne l'arrête; le flegme dont, en général, le peuple anglais fait montre n'est qu'un masque habilement jeté sur les physionomies et sur les actes de ces acteurs industriels pour mieux cacher les douleurs, les espérances ou les déceptions; un cratère, au contraire, bout dans l'intérieur de chaque cerveau. L'Anglais, sa vie à lui, c'est la lutte, c'est l'acquisition de la fortune pour arriver aux honneurs, c'est l'abus de l'orgueil se cachant sous l'aspect de la bonhomie.

Ici l'homme a vaincu la matière, il l'a rendue sa vassale au point de la faire servir à toutes ses fantaisies, sans cependant l'assouplir assez pour en faire des chefs-d'œuvre. L'Anglais lui-même, le vainqueur de la matière rebelle, devient presque toujours sa victime, et finit par s'abrutir dans ses désirs comme il a abruti tant de ses semblables, qui ont dû servir en aveugles les aspirations des forts et des puissants vers la richesse.

A Londres, vous rencontrerez des milliers d'hommes de génie, des milliers d'intelligences douées d'un feu sacré, seulement; vous ne rencontrez jamais une de ces intelligences préoccupée du beau, du bien, du juste; ces aspirations semblent, du reste, inconnues sous ce ciel gris. Ce que l'homme cherche ici, c'est la satisfaction de l'homme, c'est la jouissance matérielle immédiate, c'est le bien-être du moi sans se préoccuper du préjudice que la satisfaction individuelle peut apporter au bonheur de tous. Au reste, tout concourt, dans ce pays, au résultat de ce grand égoïsme.

La loi première dit : Enrichissez-vous et devenez puissants par l'or. L'on a voulu vainement enter une vertu souvent inerte sur des aspirations d'orgueil et d'avidité plus fortes que tout : le devoir. Ce devoir n'a été au fond qu'une formule banale employée au service des forts et des puissants, qui se sont toujours efforcés de se soustraire eux-mêmes à la règle qu'ils prêchent ostensiblement. Aussi, cette vertu si belle et si capable de produire de grandes choses lorsqu'elle est comprise selon l'acception que l'on doit y donner, n'est-elle pour beaucoup qu'un masque hypocrite qui cache l'égoïsme et la sécheresse du cœur. Mais oublions le côté de la civilisation anglaise qui nous paraît mauvais pour ne nous rappeler au milieu de tout ce qu'il y a de mal, qu'il y a toujours du bien; et puis ai-je peut-être tort de parler ainsi, peut-être que ce que j'ai pris pour des défauts et des vices de la société anglaise sont des mobiles qui entraînent vers le bien; Dieu seul est le juge si mes appréciations sont quelquefois exagérées; Dieu le veuille, j'en demande pardon alors.

Nous ne visiterons de Londres que ce qui a rapport au travail, au négoce, à la puissance de la matière organisée.

Les *docks* doivent d'abord attirer notre attention : c'est dans ces immenses magasins que se déposent les produits bruts ou manufacturés des différentes contrées du globe, et il y en a d'emmagasinées des quantités immenses.

C'est dans les docks que l'on entasse tout ce qui sert à trafiquer et à faire des échanges. C'est là qu'il faut venir étudier les ressources et les éléments du travail et de l'industrie du peuple anglais.

C'est aussi beau à voir sous ses aspects grandioses que c'est quelquefois pénible à envisager lorsque l'on scrute les efforts immenses qu'il a fallu faire pour réunir tant d'objets divers.

Si Londres est la métropole du monde pour ce qui est matière applicable au commerce, c'est aussi la sentine la plus épouvantable de la corruption et de la dissolution.

Mais passons sur ce que nous pourrions dire sur ce sujet, vous êtes trop jeunes encore pour vous faire voir les plaies sociales qui forment la honte d'un grand peuple, et qui seront cause, bien sûr, de l'anéantissement de sa puissance.

Tout en Angleterre est utilisé, c'est la terre du travail et de l'industrie dans toute l'acception du mot. La terre y est cultivée comme nulle part ailleurs ; tout ce qu'elle produit est consommé ou mis en œuvre. Les fabriques y sont innombrables, et les mécaniques ingénieuses, les procédés de toutes sortes y sont en lutte continuelle pour obtenir de plus beaux bénéfices et de plus grands résultats.

Les Anglais les premiers, il faut leur rendre cette justice, ont cherché tous les moyens d'assouplir, de transformer la matière, et de la faire servir, sous mille formes diverses, à remplacer les forces de la créature et à produire les effets les plus étonnants et les plus variés.

C'est en Angleterre, au milieu d'une de ces usines immenses où la fonte incandescente et liquide coule à flots, où le fer, l'acier, le cuivre rougis ou en fusion prennent au gré de l'homme mille formes diverses, et où l'homme, sous le souffle de son génie, fait plier la matière selon ses caprices au moyen des puissants engins qu'il a inventés, qu'il faut aller admirer la puissance de l'intelligence.

C'est au milieu de ces mécaniques ingénieuses qu'il faut voir la matière se fondre ou se tordre, s'aplatir ou se replier sur elle-même selon la volonté de l'ouvrier, et prendre telle forme qu'il plaît à son maître de lui donner.

C'est au milieu de ces travailleurs robustes, mais sans puissance s'ils étaient réduits à leur propre force, qu'il faut venir voir ce que peut le génie de l'homme.

Là, nous vîmes des barres de fer grosses comme deux personnes réduites en feuilles minces comme des feuilles de papier sous la pression de mécaniques d'une puissance inouïe ; là, on nous montra des blocs de métal coupés, dépecés et réduits en fragments imperceptibles, ou taillés en bandes flexibles comme le roseau ; là, nous admirâmes ces mécaniques ingénieuses qui prennent dans leurs engrenages des morceaux informes de métal et qui rendent au bout d'un certain temps des objets luisants et admirablement travaillés, sans que l'homme y ait mis la main ; là, nous vîmes couler ou battre, sans la moindre difficulté, des pièces de fer ou de fonte d'un volume considérable, pour fabriquer des locomotives, des bateaux à vapeur, des mécaniques et des engins de toutes sortes.

Presque effrayés au milieu des bruits assourdissants, des feux toujours allumés, des coups de marteaux gros comme des maisons, des grincements des rouages, des vapeurs étouffantes et des oscillations que nous ressentions dans les lieux où nous étions, je regardai un moment M. Rolland d'un air qui voulait dire : — Mais sortirons-nous vivants de cet enfer?

M. Rolland sourit et me dit :

— C'est ici, mon ami, que le paresseux, le lâche qui perd son temps dans une oisiveté qui est un crime, devrait venir retremper son courage, sa force, son énergie, en voyant combien le génie de l'homme a créé de merveilles, et combien il a réussi à faire servir à son bien-être ces mille forces inertes répandues dans la nature. Alors il se dirait qu'il est bien criminel de rester au-dessous d'une machine qui fonctionne et produit mille merveilles pendant que lui reste à l'état d'automate et d'inutilité.

Nous quittâmes les forges de Sheltenham, emportant dans notre mémoire ce que nous avions vu de ce grand labeur de la matière sur elle-même, dirigée par la volonté de l'homme. Ce spectacle, tout en nous rapetissant à nos yeux, nous avait rendus glorieux, et c'était avec une véritable fierté que nous pensions que l'homme était l'agent, l'architecte de toutes les merveilles que nous venions d'admirer.

— Oui, me dit M. Rolland, l'homme est prédestiné à accomplir de grandes choses ; mais, hélas ! sera-t-il assez sage pour ne plus gaspiller dans la bataille et dans de jalouses rivalités avec ses semblables, les forces et les aspirations qu'il tient du Créateur?

— Espérons-le !

Après avoir visité Londres dans tous ses détails, nous visitâmes Liverpool, Manchester, etc., et toutes les villes manufacturières de l'Angleterre et de l'Écosse. Vraiment, en jetant un voile épais sur les malheureux êtres qui végètent dans ces enfers, l'on est surpris, étonné, émerveillé des résultats de l'industrie humaine, de la puissance que l'homme est parvenu à prendre sur la matière, et des prodiges qu'il lui fait accomplir.

L'OUVRIER EN ANGLETERRE

Nous venions de visiter, dans l'une des villes les plus manufacturières de l'Angleterre, une fabrique où se confectionnent des millions de boutons de cuivre, de corne et de zinc, lorsque nous nous trouvâmes, au détour d'une petite rue boueuse, en présence d'un enfant qui ne paraissait avoir guère plus de onze à douze ans, dont la maigreur et l'air de souffrance faisaient peine à voir. Le jeune garçon tenait un pain rond sous son bras, et avait à ses pieds un petit sac dans lequel se trouvaient quelques pommes de terre. L'œil terne et entouré d'un cercle noir, il regardait d'un air triste et désolé le sac qui était à ses pieds, désespérant sans doute de le porter plus loin.

— Eh bien, lui dit en anglais M. Rolland, que fais-tu là, mon ami; est-ce que ce fardeau est trop lourd pour tes forces d'enfant?

A cette question, le jeune garçon releva la tête comme remué par un ressort.

— Pas si enfant que je vous le parais, dit-il avec tristesse; j'ai eu dix-sept ans le mois passé, et, à cet âge, l'on n'est plus un enfant, l'on n'est plus jeune même, chez nous du moins.

— En effet, à dix-sept ans on n'est plus un enfant, dit M. Rolland; pourtant, à votre complexion si frêle, je ne vous aurais pas donné cet âge; et puis l'on n'est pas encore vieux à dix-sept ans.

— C'est ce qui vous trompe, monsieur, dit l'enfant en s'efforçant de retenir un accès de toux ; oui, chez nous, dix-sept ans c'est le milieu de la vie, car, depuis nombre d'années, personne dans la famille n'a dépassé trente-cinq ans.

— Comment, dit M. Rolland, troublé à cette confidence, comment cela, mon ami ? Vous êtes donc d'une famille dont les membres sont atteints d'une maladie organique ?

— Pas du tout, monsieur ; tous ceux de notre famille qui emplissent le cimetière que vous voyez là, à gauche, sur cette éminence, descendent de parents sains et robustes, forts, et sans aucune affection organique, comme vous appelez cela.

— Alors ?

— Oh ! dit le jeune homme, c'est une chose bien simple, qui, du reste, est commune à tous ceux de notre condition, qui sont obligés de se vouer au travail des fabriques presque en venant au monde. — La vie les tue.

— La vie les tue, la vie les tue. Je ne comprends pas trop, dit M. Rolland.

— C'est bien compréhensible, pourtant, dit le jeune homme en hochant la tête ; l'on vient au monde bien constitué, mais c'est à peine si notre mère peut nous donner quelques soins ; à peine nous soutenons-nous sur nos pieds, que l'on nous occupe à un travail quelconque ; et puis, en grandissant, le labeur augmente et les besoins aussi, le nécessaire manque souvent, et l'existence de privations et de fatigues que l'on mène tue la vie.

Tenez, nous, par exemple, nous étions onze enfants, le père et la mère ; cela faisait treize, et la grand'mère, qui est bien vieille, elle, elle a cinquante-quatre ans : en tout, quatorze. Eh bien, croyez-vous que le prix du travail de nos parents aurait suffi pour nous nourrir tous ? Non, certainement. Alors il a fallu que le père et la mère doublent leurs fatigues pour augmenter le prix de la journée ; puis, dès que l'un d'entre nous était capable de tourner un rouet, d'éplucher du coton ou de la laine, de rendre le moindre service et de gagner la plus petite somme, il était soumis au travail. Qu'est-il arrivé de tout cela? c'est que le père, en travaillant de nuit dans une usine, a été surpris par le sommeil au moment où il passait près d'un engrenage, qu'il a été saisi par ses vêtements et broyé par la mécanique; c'est que la mère, soumise tout le jour dans un séchoir à soixante degrés de chaleur, a pris un refroidissement un jour d'hiver, et qu'elle est morte le septième jour; c'est que l'aîné d'entre nous, qui avait onze ans, est tombé dans une cuve d'acide dont il devait surveiller l'emploi; c'est que son frère jumeau a été cause d'une catastrophe épouvantable, et en a été la première victime : il avait la surveillance d'un bouilloir qui portait de la vapeur dans divers conduits; succombant sous la fatigue, un instant il a oublié sa consigne, et il a été cause d'une explosion qui a fait sauter l'établissement, et où ont péri dix-neuf ouvriers avec lui; c'est que deux de mes jeunes sœurs ont succombé comme ma mère aux influences d'une température trop élevée; c'est qu'une autre de mes sœurs, d'une année plus jeune que moi, épouvantée par tant de catastrophes, s'est sauvée à Londres, — à Londres, où elle a cru un moment trouver l'aisance et la paix parce qu'elle était jeune et gentille, mais où elle n'a rencontré que le déshonneur et la mort dans un hospice; c'est que deux de mes frères, plus jeunes que moi, sont morts dans d'horribles souffrances, parce qu'ils travaillaient dans une fabrique de blanc de céruse où l'on payait la journée un assez bon prix; c'est qu'un autre a été écrasé sous une mécanique; enfin, de toute une famille de quatorze personnes, il ne reste plus que deux petits enfants de quatre ans, si maigres et si chétifs qu'ils ne peuvent se lever de la paille où ils sont couchés, grand'mère, qui vit vieille parce qu'elle a eu un bras coupé dans une mécanique il y a bien longtemps, et que, depuis ce temps-là, elle est restée à nous soigner, et moi, qui sens la vie s'en aller à chaque heure, parce que j'ai travaillé dans une fabrique où l'on emploie le mercure, et qu'il n'y a plus de remède.

— Mais ce que vous dites là, dit M. Rolland, est quelque chose d'effroyable; ce n'est pas possible, vous exagérez bien sûr.

— Exagérer, et pourquoi? dit le jeune homme avec un sourire amer; ce que je vous raconte là n'est pas un fait particulier, une exception, c'est l'histoire à peu près générale des travailleurs de nos manufactures. Si quelques-uns, plus heureux ou plus favorisés par un travail moins meurtrier, sortent victorieux de la lutte que nous impose à tous le devoir, il y a des milliers de familles qui n'ont pas été plus favorisées que la nôtre. Hélas! c'est la loi du travail qui nous tue; et pourtant sans le travail que ferions-nous? il nous faudrait mourir encore; et puis, c'est un *devoir* pour nous de travailler. Je sais bien que beaucoup d'entre nous succombent autant à l'intempérance, à l'ivrognerie qu'à la fatigue; mais, que voulez-vous? il arrive souvent que la tentation de s'étourdir est si forte que le meilleur succombe à la tentation et prend le germe d'une habitude funeste qui le tuera plus sûrement encore que tous les dangers que nous avons à courir et que toutes les fatigues que nous avons à supporter.

— Et les riches propriétaires, et les gros manufacturiers, que font-ils pour vous au milieu d'une semblable misère?

— Mon Dieu! ils font comme tout le monde; ils font leur *devoir*, ils nous secourent. N'est-ce pas notre droit aussi? Mais les aumônes, si fortes qu'elles soient, sont toujours insuffisantes, et la dégradation et la misère, si elles n'en reçoivent pas un surcroît, n'en tirent pas un gros profit.

Et le jeune homme se mit à tousser d'une façon si épouvantable que nous crûmes qu'il allait expirer.

— Pauvre garçon! dit M. Rolland; oui, il a raison, l'industrie est une chose sublime; mais les maux qu'elle fait subir à ceux qui sont employés pour ses besoins, lorsque le droit et le devoir sont les seuls mobiles des rapports des ouvriers et des

maîtres, sont si épouvantables que vraiment c'est quelque chose
de bien triste.

M. Rolland présenta une pièce de monnaie au jeune homme;
celui-ci la repoussa avec fierté : « Merci, dit-il; la paroisse nous
donne de quoi vivre, nous ne recevons pas d'aumônes d'étrangers. Adieu. »

Nous nous retirâmes devant cette susceptibilité et nous nous
remîmes en route.

Après avoir examiné tous les procédés industriels de nos voisins, nous fûmes visiter l'un des produits de leur sol, qui, en
même temps, leur a procuré le plus de richesses et de puissance. Je veux parler de la houille, dont je reparlerai à l'article
Belgique. Puis, nous parcourûmes les montagnes de l'Écosse, et
là nous visitâmes une mine de cuivre.

INTÉRIEUR D'UNE MINE DE CUIVRE

C'est à *** que nous nous rendîmes pour explorer l'une des
mines les plus considérables de la Grande-Bretagne.

En arrivant, nous fûmes introduits dans une grande cour
environnée de murs noirs. Dans cette cour nous vîmes plusieurs
cheminées qui lançaient une épaisse fumée; ce sont les cheminées des fourneaux où se trouvent les machines qui servent à
monter et descendre tout ce qui est nécessaire à l'exploitation.
Puis, d'autres puissantes machines fonctionnent jour et nuit, et
sont occupées à épuiser l'eau qui se trouve en abondance dans
les souterrains. Puis, une autre sert à retirer le minerai de la
mine, à l'apporter, pour ainsi dire, jusque sur les wagons dis=
posés tout près de là.

Ayant marqué le désir de descendre dans la mine, le contre-
maître nous dit qu'il fallait attendre une occasion, mais que,
d'ici à une heure, nous pourrions entreprendre le voyage. Une

petite cloche donna bientôt le signal de descente, et l'on nous
appela.

— L'on peut descendre dans une portion de la mine, nous dit
le contre-maître, au moyen des échelles; mais, outre que ce
moyen est fatigant, il est aussi le plus dangereux pour les gens
inexpérimentés. Aussi allons-nous nous embarquer dans la benne.

Après avoir pris place dans une espèce de grande caisse, sus-
pendue au-dessus d'un profond abîme par des cordes et des
chaînes; le signal de descente fut donné et nous commençâmes
à nous enfoncer sous la terre.

Bientôt une vapeur humide nous entoura, et nous n'eûmes
plus à respirer qu'un air épais qui se raréfiait encore à chaque
moment.

Il y avait longtemps déjà que nous descendions dans le plus
grand silence, sans nous douter à quelle profondeur nous étions,
lorsque des bruits étranges et prolongés se firent entendre.

— D'où vient ce tapage? dit M. Rolland.

— Ce sont les bruits des nappes d'eau qui tombent dans le
fond de la mine, le roulement des wagons, l'éboulement des
rochers et l'action des machines qui fonctionnent dans différentes
parties des souterrains.

— Quoi! dit M. Rolland, il y a des wagons et des machines
dans ces souterrains?

— Mais oui, dit le contre-maître, et vous allez bientôt les
voir.

En effet, nous arrivions au fond du trou.

— Nous voici à cinq cents mètres de profondeur, nous dit
le contre-maître; et vous allez pouvoir vous rendre compte des
travaux qui s'opèrent à cette profondeur.

Une clarté assez vive nous éblouit : des lampes nombreuses
éclairaient le vaste espace où nous venions de mettre pied à
terre. Bientôt nous vîmes des wagons, chargés de minerai,
s'avancer dans la direction de l'un des trous où nous étions

descendus, poussés par plusieurs jeunes enfants qui chantaient sur un ton assez lugubre.

—C'est ici que commence la mine, nous dit le contre-maître; c'est au fond de ces longs corridors que s'opère le travail; si vous voulez, nous allons aller voir les mineurs.

Munis d'une lanterne, inventée par Davis, qui a enfermé la lumière dans un foyer entouré de fils d'amiante pour qu'elle ne se trouve pas en contact avec les émanations de gaz qui parcourent fréquemment les souterrains et causent des ravages épouvantables par leurs explosions, lorsque ces gaz rencontrent une flamme quelconque.

En traversant les longs corridors où nous étions, le contre-maître avait soin de nous faire éviter les rochers et les flaques d'eau qui étaient sur notre route. Enfin, nous arrivâmes à un endroit où les mineurs travaillaient à la lumière de leurs lanternes; les uns, enfonçant des coins de fer dans le rocher, d'autres creusant le sol à coups de pioche ou de pinces de fer, en détachaient des fragments que des ouvriers ramassaient et entassaient dans des paniers pour les porter dans les wagons destinés à conduire le minerai jusqu'à l'endroit où les puissantes machines qui sont en haut les enlèvent dans des caisses faites exprès.

Tout à coup un cri se fit entendre.

— Éteignez! s'écria une voix puissante, et ventre à terre!

Aussitôt le bruit des pioches, des marteaux et des pinces cessa; l'obscurité la plus profonde s'étendit partout, et pas un souffle ne se fit entendre. Nous mêmes, saisis par la main nerveuse du contre-maître, avions été obligés de nous étendre sur le sol humide.

Quelques secondes se passèrent dans des angoisses inexprimables. Puis, tout à coup nous entendîmes comme le frôlement d'une étoffe de soie; une odeur âcre se répandit au-dessus de nos têtes, accompagnée de crépitements étranges et d'une espèce de courant d'air qui passa rapidement.

Quelques instants se passèrent encore; puis, un cri terrible, accompagné d'une explosion épouvantable qui fit détacher plusieurs fragments du rocher, se fit entendre; et puis plus rien que l'obscurité, les émanations d'une vapeur nauséabonde et le silence le plus lugubre.

— Il faut voir ce qui vient de se passer, dit le contre-maître en se soulevant; mais que personne ne bouge.

Et cet homme se dirigea à tâtons vers la partie du souterrain où venait d'avoir lieu l'explosion; enfin il revint au bout d'un instant et nous dit :

— Levez-vous, maintenant, le danger est passé, on va rallumer les lampes.

Les ouvriers, habitués à ces divers événements, se relevèrent tranquillement, rallumèrent leurs lampes et reprirent leurs travaux.

— Ce n'est presque rien, nous dit le contre-maître; le grisou serait passé sans accident sans l'imprudence de l'un de ces enfants que vous avez rencontrés en arrivant dans la mine. Le malheureux avait sa lanterne ouverte, ce qui est expressément défendu.

— Eh bien?

— Eh bien! il a payé son imprudence de sa vie. Ah! c'est qu'ici la moindre imprévoyance peut devenir fatale, non-seulement à celui qui s'en rend coupable, mais encore causer la mort de tous ses camarades; et, pourtant, toutes les précautions sont prises pour éviter le danger.

Quelques ouvriers se détachèrent pour voir le lieu où s'était passé la catastrophe, les autres secouèrent la tête et reprirent leurs travaux comme si de rien n'était.

Pour nous, péniblement impressionnés, nous demandâmes à remonter par la première occasion; et, en attendant, nous nous dirigeâmes sur le lieu du sinistre.

Arrivés là, nous vîmes un pauvre enfant, de douze à quatorze ans, étendu sans vie. Un de ses petits camarades l'avait recouvert d’une vieille toile et restait près de lui comme frappé d’idiotisme.

— Pourquoi restez-vous là? lui dit M. Rolland; ce spectacle n’est pas fait pour vous aider à supporter votre profession.

— Hélas! nous dit l’enfant, c’est mon frère qui vient d’être atteint; je ne puis pas l’abandonner non plus; et puis, voilà le cinquième de la famille qui succombe depuis deux ans; le père d’abord, qui a été écrasé sous une roche; notre oncle, qui s’est brisé le crâne en tombant d’une hauteur considérable; mon cousin, qui a été pris par l’eau dans le trou où il travaillait; mon autre frère, qui a été tué déjà par le grisou, et puis celui-ci qui est mon aîné. Maintenant, il ne reste plus que moi d’homme de la famille; je m’en vais remonter avec mon pauvre frère pour le faire enterrer; puis, je reviendrai dans la mine en attendant mon tour.

— Qu’est-ce donc que le grisou qui est si meurtrier? dis-je au contre-maître qui était avec nous.

— Le grisou se compose tout simplement des différents gaz qui s’accumulent dans certaines cavités ou est formé par des émanations pernicieuses. Ce gaz, lorsqu’il est poussé par un courant d’air, se répand dans les souterrains, et malheur aux ouvriers qui ont eu l’imprudence de ne point prendre toutes les précautions à son approche.

La benne descendit bientôt. Nous y montâmes en compagnie du pauvre mort et de son frère; et nous revîmes la lumière non sans une grande satisfaction.

Nous partîmes pour l’Irlande.

L'IRLANDE

L’Irlande, où nous arrivâmes en traversant sur un superbe bateau à vapeur tout en fer le canal Saint-Georges qui la sépare

de l'Angleterre, est une grande île qui longtemps eut ses souverains
particuliers. Aujourd'hui l'Irlande est sous la domination de l'Angleterre. Sa population, décimée par la misère, est bien diminuée de ce qu'elle était. L'Irlande qui, en 1841, avait plus de
9,000,000 d'habitants, n'en avait guère plus de 6,000,000 dix
ans après.

L'Irlande a une superficie de 280 kilomètres de l'est à l'ouest,
sur 450 du nord au sud.

Le sol de cette île est bon et serait susceptible de rapporter
beaucoup ; mais une mauvaise organisation, des haines religieuses,
des dissensions intestines, des rivalités nationales sont cause que
l'Irlande est la terre de la famine, de la misère et de la plus
abjecte désorganisation sociale.

Nous descendîmes à Dublin, ancienne capitale de l'Irlande ;
Dublin est une grande et belle ville qui a une population d'environ
250,000 âmes ; mais nous nous empressâmes d'en sortir après
avoir visité quelques-uns de ses monuments et nous gagnâmes
l'intérieur des terres.

Je ne dirai rien de ce pays, où tout est en contradiction avec
la nature, les lois comme les hommes qui pourraient rendre quelque vie à ce peuple qui s'étiole sous la misère et la haine.

Nous traversions le comté de *** lorsque nous fûmes surpris
par une averse épouvantable ; la nuit commençait à venir froide
et noire, lorsque tout à coup, au détour d'un chemin, quatre
hommes masqués, déguenillés et armés d'énormes gourdins se
jetèrent sur nous.

— Que voulez-vous ? dit en français M. Rolland.

A ces paroles ces hommes s'arrêtèrent court.

— Qui êtes-vous ? dit l'un des quatre hommes dans un français assez peu intelligible.

— Nous sommes deux Français voyageant pour étudier l'industrie et l'agriculture, les hommes et les choses, dit M. Rolland.

— Oh ! alors, c'est différent, reprit le même individu ; puisque vous êtes Français nous ne vous ferons aucun mal ; mais, si vous m'en croyez, vous écrirez votre titre de Français en grosses lettres sur votre chapeau, car autrement il pourrait vous arriver malheur ; et puis, un conseil. Puisque vous êtes venus visiter l'Irlande pour y étudier les hommes et les choses, eh bien! entrez dans la première cabane venue, et, bien sûr, que vous recueillerez quelques impressions qui vous donneront une idée beaucoup plus nette des misères de ce pays que tous les discours des charlatans qui nous gouvernent. Adieu.

Et aussitôt les quatre hommes disparurent.

— Diable! dit M. Rolland ; nous venons d'en échapper d'une belle, car certainement ces hommes n'avaient point de bonnes intentions ; et pourtant ils nous ont respectés quoique peut-être ils aient bien faim. Mais, suivons leurs conseils, j'aperçois une cabane, entrons et demandons l'hospitalité.

Nous allâmes frapper à la porte d'une espèce de hutte plus misérable que le plus sale wigwam des sauvages de l'Amérique.

Une voix rauque répondit du dedans dans une espèce de jargon que nous comprîmes :

— Poussez la porte et entrez.

Nous fîmes ce que l'on nous disait ; mais une odeur tellement nauséabonde sortit de cette hutte, où régnait l'obscurité la plus profonde, que nous fûmes obligés de nous reculer pour reprendre notre respiration.

— Eh bien! reprit la même voix rude, refermez donc la porte si vous n'entrez pas.

— C'est que l'on n'y voit pas, dit M. Rolland dans un jargon anglais et irlandais.

Aussitôt une espèce de spectre se souleva d'un bond de dessus la paille, ou plutôt de dessus le fumier, où il était étendu, et, saisissant une espèce de pioche en fer, il vint se poser en grinçant des dents entre la porte et nous.

— Que nous voulez-vous encore? s'écria cet homme d'une voix de stentor; ne savez-vous pas qu'il ne nous reste même pas un farthing, ne savez-vous pas que deux de mes enfants sont là étendus morts de faim dans la paille; parce qu'il a plu à lord *** de faire vendre notre pauvre mobilier et de nous chasser de la ferme que nous occupions sur ses terres; parce qu'il ne veut plus de tenanciers et qu'il préfère mettre ses propriétés en bruyère pour y pouvoir nourrir beaucoup de renards et les chasser l'hiver. Quoi! vous savez cela et vous venez me tenter dans le réduit où nous attendons la mort! Oh! c'en est trop; je vais prendre mon talion et Dieu nous jugera ensuite; je ne regrette qu'une chose, c'est que ce ne soit pas lord *** lui-même qui soit venu ici, car j'aurais creusé un trou assez profond pour le mettre vivant avec mes deux enfants morts par-dessus. Oh!

Et des grincements de dents et des larmes se firent entendre.

M. Rolland prit la parole et dit avec douceur à cet homme que nous étions Français et qu'il y avait erreur; qu'égarés dans la campagne nous étions venus frapper à sa porte pour demander notre chemin et non pour insulter.

— Oh! dit le malheureux en laissant tomber le hoyau qu'il tenait. Oh! il était temps que vous parliez, car j'allais vous sacrifier à ma colère; mais, du moment que vous êtes Français, vous pouvez vous retirer.

— Non! dit M. Rolland; je vous vois si malheureux que je voudrais vous assister selon mes moyens. Tenez! lui dit-il, voilà quelque argent dont vous userez pour vos besoins, indiquez-nous notre chemin et calmez votre douleur. Dieu est grand.

— Oh! la France! la France! dit cet homme dans son langage, oh! c'est la terre de la pitié, du bon cœur, de la justice; mais ici... Attendez, ajouta l'Irlandais en se calmant tout à coup. Puis, il prit un morceau de bois résineux, qu'il alluma et nous pûmes voir l'intérieur de la misérable hutte où nous étions. Je me souviendrai toute ma vie de ce tableau.

Dans un coin, étaient entassés dans une paille fétide et sous quelques lambeaux de toile, plusieurs petits enfants presque nus, une vieille femme qui devait être la grand'mère, et une plus jeune qui devait être la mère de cette famille. Puis, poussés dans un autre coin, deux pauvres petits cadavres, maigres, décharnés, étaient déjà roidis par la mort.

— Oh! ne put s'empêcher de dire M. Rolland en joignant les mains, oh!

— Oui, dit l'Irlandais dont la figure blafarde portait la trace des plus terribles ressentiments et des plus grandes souffrances, oui, voici le tableau de l'Irlande entière; dites-le bien dans votre patrie, afin que l'on sache que si nous maudissons nos oppresseurs, ce n'est pas sans causes.

Remis dans notre chemin par le malheureux père, qui ne cessait de nous remercier en répétant : Pauvre Irlande! pauvre Érin! nous nous rembarquâmes le lendemain pour la Hollande.

LA HOLLANDE

La Hollande est un pays conquis par ses habitants sur une mer ennemie.

La Hollande a une populations d'à peu près 3,000,000 d'âmes, et une superficie de 240 kilomètres sur 230.

La Hollande, ancienne patrie des Frisons, n'était autrefois qu'un cloaque insalubre où se retiraient des pirates, ou des peuples à moitié sauvages. La volonté, l'entêtement, dirai-je même, des habitants de cette partie de l'Europe a rendu cette terre féconde et en a fait un pays riche et puissant pendant nombre d'années. Malheureusement, le Hollandais n'est ni inventif, ni suceptible d'absorber son intelligence dans la recherche de systèmes ou d'inventions extraordinaires. Pour lui, tant qu'il ne s'est agi que de lutter contre l'élément qui le menaçait chaque jour, il a réussi. Tant qu'il ne s'est agi que de fabriquer des vaisseaux, de risquer sa vie dans des pays lointains, d'y aller chercher des denrées précieuses au péril de son existence pour venir les revendre avec de gros bénéfices aux riches nations de l'Europe; tant qu'il ne s'est agi que de combiner des opérations simples et de soutenir sa puissance par le canon, tout a réussi, — la Hollande a été puissante et riche; — mais, aujourd'hui, la lutte humaine a changé de théâtre et de base; la plupart des produits rares de la nature ont été remplacés par les produits de l'industrie. Les richesses sociales n'ont plus été seulement pour ceux qui usaient leurs corps dans les fatigues de longs voyages, ou de récoltes de produits rares dans des climats meurtriers. L'intelligence a substitué ses inventions, ses forces puissantes pour apporter des changements immenses dans les rapports sociaux; l'esprit a remplacé la matière; et les nations qui ont produit le plus, qui ont accompli le plus de merveilles avec les ressources de leur sol sont arrivées à la fortune, à la richesse, à la puissance, et elles sont dans la véritable voie.

La Hollande, elle, est en train de descendre de la haute position où son énergie l'avait fait monter.

Amsterdam est la capitale de la Hollande. Cette ville, située au milieu d'un marais, est bâtie sur quatre-vingt-dix îles réunies par deux cent quatre-vingts ponts. Cette ville représente, par sa situation, la Hollande tout entière. Sillonnée de canaux, Amsterdam, dont la population est de plus de 200,000 âmes, fait encore un commerce considérable. L'on y voit de beaux et grands monuments. De nombreux navires couvrent les quais, et servent pour trafiquer avec toutes les nations du globe; ils sont surtout destinés à la pêche du hareng, de la baleine, de la morue, etc.

— Nous n'avons rien à étudier en Hollande, dit M. Rolland, si ce n'est ses digues et ses canaux.

Un vieillard était assis sur le bord d'une barque et fumait sa pipe d'un air insouciant, tout proche de l'endroit où nous nous trouvions.

— Que produit la Hollande? lui demanda M. Rolland.

— La Hollande produit de tout, dit le Hollandais après avoir retiré lentement sa pipe de sa bouche.

— Comment! dit M. Rolland, je croyais qu'en dehors de la construction des navires, de l'élevage du bétail, de la fabrication du fromage et de quelques industries très-restreintes, la Hollande ne produisait rien.

— Et les épices, messieurs, nous dit le Hollandais avec hauteur, et le sucre, et le hareng, et la morue salée; où en trouverez-vous autant qu'en Hollande?

— Oui, au fait, c'est vrai, dit M. Rolland; seulement, ce n'est pas le sol qui produit tout cela; il faut aller chercher toutes ces choses où elles se trouvent.

— Qu'importe! dit le Hollandais. Tant que la Hollande aura des navires, elle produira de tout. Sa flotte, c'est sa pépinière à elle; ses colonies, ce sont ses mines, ses jardins, ses fabriques; et, Dieu merci, il y a encore assez de navires dans nos ports et assez de nos colonies au soleil.

— Vous avez raison, dit M. Rolland; seulement les flots et les vents sont changeants, et, ma foi, si la mer dans ses luttes contre votre rivage gagnait une bataille, cela serait peut-être irrémédiable.

Le pêcheur se rassit sur le bord de sa barque, haussa les épaules et dit :

— Nos pères se sont bien trouvés de leur manière de faire; nous ferons comme eux.

Heureux de voir tant de philosophie chez cet homme qui rendait, du reste, le caractère général du peuple hollandais, M. Rolland sourit, et nous nous retirâmes.

LA BELGIQUE

La Belgique, qui fut violemment séparée de la Hollande après 1830, a une population de plus de 4,000,000 d'âmes.

Bruxelles est la capitale de la Belgique. Cette ville, située sur plusieurs monticules, a une population de plus de 100,000 âmes.

Nous ne parlerons pas des produits industriels du peuple belge : ces produits, en général, sont peu nombreux ; mais les Belges sont imitateurs, et ont dans maintes occasions contrefait avec fruit les découvertes ou l'industrie des autres. Pourtant il n'est pas toujours bon d'abuser de la facilité de copier.

Le seul produit réel du sol belge, c'est le charbon. Mons est l'un des centres du grand bassin houiller d'où l'on tire des quantités considérables de houille.

Cette production de la nature, ou au moins que l'on tire toute fabriquée du sein de la terre, est en ce moment une richesse merveilleuse qui produit plus d'or que les placers de la Californie.

Passant par Mons, nous visitâmes les immenses magasins de charbon de terre qui se trouvent dans cette partie de la Belgique. Arrivés sur l'emplacement d'une mine, nous fûmes témoins d'un tableau qui nous saisit de douleur : une multitude de femmes et d'enfants étaient réunis sur les bords du puits par lequel l'on descendait dans la mine, et à chaque instant éclataient des sanglots et des cris.

— Qu'est-ce que cela signifie? dit M. Rolland à une personne qui se trouvait près de nous.

— Hélas! nous dit cette personne, les eaux se sont répandues dans une partie de la mine ; un éboulement a eu lieu, et l'on retire en ce moment les malheureux ouvriers qui ont péri dans cette catastrophe. Il y en a quatre-vingt-un de morts ; le reste a été sauvé par un miracle et par la courageuse énergie d'un maître mineur, qui a forcé les hommes qui étaient avec lui à se creuser une issue dans un autre puits, où ils sont parvenus après trois jours de travail dans l'obscurité et sans nourriture.

L'industrie est une belle chose, ajouta la personne qui nous parlait ; mais, pour fournir à ses besoins, que de victimes sont dévorées et disparaissent dans la mort !

— Hélas ! dit M. Rolland, nous ne faisons que d'entrer dans la voie du progrès, et notre inexpérience et nos tâtonnements sont pour la plupart du temps cause des malheurs qui nous atteignent. Pourtant, tout en plaignant les victimes de ce temps d'étude, il faut se roidir contre la douleur et les émotions de son cœur. Les heures marchent, et chaque heure apporte une solution nouvelle au grand problème de la puissance infinie de l'homme sur la matière. Déjà les recherches de la science ont résolu des problèmes si étonnants que je ne doute pas que l'avenir ne soit proche où l'homme n'usera plus ses forces et sa vie dans des travaux dangereux. Déjà les besoins de la houille pour beaucoup de choses vont disparaître par la concurrence avantageuse de produits chimiques ; déjà l'on est parvenu à fabriquer un de ces métaux que l'on va chercher dans le fond des mines avec de l'argile. Attendons.

Nous vîmes en passant les manufactures d'armes de Liége, et nous quittâmes la Belgique.

De la Belgique nous gagnâmes la Suisse.

LA SUISSE

Contrairement à tous les voyageurs qui vont visiter la Suisse et la parcourent en détail, nous passerons vite sur cette partie de l'Europe. Les beautés de la nature qu'elle recèle ont été si souvent décrites que nous n'aurons pas grand'chose à en dire.

Suisse.

Espagne.

Nous étions arrivés à Lucerne, après avoir parcouru les riches vallées, les montagnes agrestes de la Suisse, en payant, bien entendu, de larges contributions à ce peuple suisse si renommé autrefois pour son hospitalité, qu'il fait payer si cher aujourd'hui.

Nous étions dans une grande salle obscurcie par la fumée provenant des pipes d'une vingtaine d'hommes qui faisaient grand bruit, et buvaient force chopes de bière ou de petits verres d'eau-de-vie.

— Moi, disait l'un de ces hommes, je me suis vendu au roi de Prusse, pour cinq thalers par mois. Il paye bien, le roi de Prusse; il est vrai qu'il n'a pas beaucoup de gaillards de ma taille dans son royaume.

— Et moi, disait un autre, je vais servir le pape; la paye est bonne aussi.

— Et moi, disait un troisième, j'ai pris du service en Espagne. Les Espagnols payent moins bien; mais c'est égal, l'on amassera toujours quelques petites économies, et...

— Moi, dit un autre, j'étais au service du roi de Naples; mais, ma foi, il n'a plus de quoi me payer. Je l'ai planté là, et je me suis engagé chez Victor-Emmanuel.

— Tiens! dit un des assistants, mais tu seras peut-être obligé de te battre un jour ou l'autre contre ton ancien chef.

— Qu'est-ce que cela me fait? dit l'individu qui venait de se vendre à Victor-Emmanuel; je ne connais que celui qui me paye.

— Eh bien, mon cousin, dit un grand blond à l'air sournois, moi, je m'en vais à Vérone. Je me suis vendu à l'empereur d'Autriche, et un jour ou l'autre, mon cher cousin, nous nous flanquerons des coups de fusil.

— Pourquoi? dit un Anglais présent à cette conversation, puisque vous êtes Suisses, et parents encore...

— Tiens! vois-tu le gros Goddam qui dit : Pourquoi nous nous servirons mutuellement de cible? Mais, gros innocent, c'est parce que l'on nous paye pour cela.

— Oh! dit l'Anglais avec son flegme, oh! moa, je me battrai jamais contre un compatriote, ça n'était pas reçu chez nous. Tous les Anglais se battent à la guerre contre un ennemi de leur pays; mais jamais ils ne vendraient leur peau au premier venu.

— Voyez-vous ça! dit d'un air narquois un nouvel arrivant. Parbleu, non, vous ne vendez pas votre peau, vous autres, vous avez trop peur de la faire trouer, et puis vous avez tout ce qu'il vous faut; mais vous ne vous faites pas faute d'acheter la peau des autres.

— Celui qui vend son peau, dit l'Anglais sans se déconcerter, il être un grand imbécile ou une grande misérable. N'en parlons plus, buvons un coup à la noble Angleterre, c'est moi qui paye.

— Bravo! crièrent tous les individus présents, bravo! Du moment où l'insulaire paye, il a le droit de dire tout ce qu'il veut.

Nous nous retirâmes à l'écart, là nous trouvâmes un vieillard qui fumait tranquillement sa pipe.

— Pourriez-vous nous dire, lui demanda poliment M. Rolland, quelle est la principale industrie du pays?

— Parbleu! dit le vieillard en retirant sa pipe de sa bouche, vous venez de l'entendre dire.

— Comment! dit M. Rolland, la principale industrie du pays consiste à trafiquer de ses forces et de son sang au profit de n'importe quel gouvernement!

— C'est cela, dit le vieillard, il y a déjà longtemps que cette coutume dure, pourtant le commerce est en baisse depuis quelques années; aussi faut-il se rattraper un peu sur les touristes qui visitent le pays.

— Quoi! dis-je, il y a un peuple civilisé qui a pour base de sa fortune le prix du sang de ses enfants sacrifiés, livrés aux caprices des gouvernements des autres pays?

Le vieillard fit un signe de tête affirmatif.

— Sauvons-nous, dit M. Rolland, cette plaie sociale est encore la pire que j'aie rencontrée.

L'une des principales branches de l'industrie en Suisse, c'est la fabrication des mouvements de montres et de pendules ; l'on y fabrique aussi quelques soieries et des étoffes de laine et de coton.

De là nous passâmes en Espagne.

L'ESPAGNE

Quel beau pays ! quel riche pays ! L'Espagne, dont Madrid est la capitale, a une population de 13 à 14,000,000 d'habitants ; sa superficie est de 1,100 kilomètres du nord au sud, et de 600 de l'est à l'ouest. Certes, l'Espagne, si son sol était cultivé d'une manière convenable, pourrait nourrir une population beaucoup plus considérable.

L'Espagne n'a point, à vrai dire, d'industrie qui lui soit propre ; pourtant la culture de la vigne y a fait de grands progrès, et des manufactures, et des établissements industriels s'y élèvent dans quelques grands centres.

Après avoir parcouru toutes les provinces de l'Espagne, nous nous arrêtâmes un moment à Almaden pour visiter les mines de mercure exploitées par M. Rothschild ; ce produit se trouve là avec une abondance extraordinaire.

Le mercure est, comme vous savez, une espèce de métal liquide que l'on emploie à divers usages.

L'Espagne a été une des parties de notre Europe la plus florissante et la plus civilisée pendant un certain temps. D'abord les Romains en avaient fait une province de leur empire ; mais lors des irruptions des barbares qui assaillirent l'Europe, lors de la décadence de l'empire romain, l'Espagne tomba sous le joug des Goths, des Visigoths, des Vandales, etc. Plus tard, les Sarrasins ou Arabes vinrent y fonder un empire puissant, mais les vieux rejetons des anciens Cantabres, alliés aux descendants des Goths et des Visigoths, réfugiés comme eux dans les montagnes, reprirent peu à peu le territoire où leurs aïeux avaient dominé, et ils finirent par chasser tout à fait les Maures d'Espagne. Alors, un moment, l'Espagne fut à l'apogée de sa puissance : Colomb lui découvrait le nouveau monde, et Charles-Quint apparaissait et venait s'asseoir sur le trône d'Espagne avec la quadruple couronne de l'Autriche, de l'Italie, des Pays-Bas et de l'Espagne avec ses vastes colonies nouvellement découvertes.

Depuis ces époques brillantes, l'Espagne, par la facilité avec laquelle l'or arrivait chez elle des Amériques, tomba dans le triste état où nous la voyons depuis plus d'un siècle; pourtant nous devons dire que ce peuple, s'il est vain, orgueilleux même, a quelques qualités qui le relèveront un jour peut-être; cela sera long, sans doute, mais cela pourra arriver s'il se trouve quelque gouvernement à la hauteur des besoins et de la fortune de l'Espagne. Déjà quelques fabriques se sont élevées sur ce sol autrefois si bien livré à la nonchalance, à la paresse, au vaniteux mépris de tout travail. L'Espagne peut encore avoir un grand et glorieux avenir; sa position entre deux mers est admirable; mais pour que l'Espagne redevienne une puissance de premier ordre, il faut qu'elle s'adjoigne le Portugal et qu'elle rachète, coûte que coûte, Gibraltar aux Anglais, ou au moins que cette place de guerre soit désarmée et déclarée port franc.

LE PORTUGAL

Le Portugal est un petit pays partout enclavé entre les provinces espagnoles et la mer.

La population du Portugal est de 3,000,000 et 6 à 800,000 âmes.

Imp. Becquet, Paris.

Montenegro.

Le Portugal, qui a une superficie de 576 kilomètres de long du sud au nord, et 168 en moyenne largeur, devrait être à l'Espagne, mais l'Angleterre en a fait presque une de ses colonies.

Lisbonne, située sur le Tage, a une population d'environ 280,000 âmes. Cette ville a eu à souffrir de nombreux tremblements de terre qui ont, à plusieurs reprises, renversé ses principaux édifices. En 1755 surtout, la ville fut presque détruite entièrement, et puis, aux secousses de tremblement de terre succéda l'incendie, puis à l'incendie la peste. Lisbonne se releva de toutes ces catastrophes, mais la puissance portugaise, qui avait eu un moment de si grandes prospérités, tomba peu à peu et devint ce qu'elle est aujourd'hui.

Le Portugal n'a d'autre industrie spéciale que celle de ses oranges et de ses vins, qui ont un débit immense en Angleterre; aussi presque tous les riches vignobles de ce pays appartiennent-ils à des Anglais.

Du Portugal nous passâmes en Italie.

L'ITALIE

Que dire de l'Italie? Sous le rapport industriel et commercial, cette partie de l'Europe est bien arriérée.

Si nous voulons parler de son climat, rien ne saurait en rendre la beauté.

Quant aux beaux-arts, le progrès s'y est fait sentir autant que cela se pouvait sur une terre si souvent parcourue par des légions étrangères et par les révolutions de ses propres habitants.

L'Italie est la terre d'Europe par excellence, c'est le pays le plus beau et le plus merveilleux du monde.

L'Italie, occupée d'abord par des peuples divers sortis de la

Grèce ou de la Phénicie, croit-on, fut asservie par Rome. Rome elle-même, la grande métropole de l'ancien monde, la ville où le peuple-roi avait accumulé pendant des siècles des richesses immenses arrachées à tous les peuples de la terre, tomba sous l'inondation de barbares qui se ruèrent sur l'Europe au commencement de l'ère chrétienne, et connut à son tour les désastres de la conquête, les misères de l'asservissement; puis les pontifes du christianisme devinrent les souverains de Rome. Ce fut vers ce temps que commencèrent les splendeurs de Venise, de Gênes, de Florence, de Pise et de Milan.

La terre italienne, divisée en petits royaumes, en principautés ou en républiques aristocratiques, redevint à travers les révolutions, et malgré des guerres civiles sans cesse renouvelées, la terre des arts et du progrès. Les sciences sérieuses et capables de renouveler le monde n'y progressèrent guère, il est vrai; qu'importait au peuple si bien partagé de l'Italie l'amélioration de la condition du plus grand nombre, il avait, lui, le soleil, l'abondance et la vie facile...

Aussi, les arts purement de luxe et d'agrément furent-ils les seuls qui prirent un essor vraiment extraordinaire dans ce pays.

Ainsi, Florence, Pise, Padoue, eurent des peintres sans rivaux, des sculpteurs inimitables, des ciseleurs, des poëtes, des artistes de toutes sortes. Le pays n'avait pas besoin d'autre chose pour bien vivre.

Mais, à côté, il y avait Venise, créée par des fugitifs et des proscrits, vers l'an 425, au milieu des lagunes de l'Adriatique, et Gênes, qu'une superbe position sur la mer et la richesse de ses négociants poussaient à des rivalités qui devaient se traduire par d'incessantes jalousies et des guerres cruelles.

Venise devenait puissante par ses flottes, par ses expéditions sur toutes les rives du littoral de la Méditerranée, et donnait l'essor à une foule d'inventions et de découvertes nouvelles rapportées par ses marins des bords du Bosphore, où existait encore un crépuscule des grandeurs de l'ancienne capitale de l'empire romain, de la Grèce, où s'étaient réfugiés quelques peuples qui avaient conservé les traditions de ce qui avait été, et de l'Égypte et de l'Espagne, où commençait à grandir la puissance des Arabes.

Gènes, de son côté, ennemie intraitable et insatiable de la reine de l'Adriatique, faisait des efforts incroyables pour atteindre à la splendeur de sa rivale, sinon pour la surpasser.

Ce fut de ces deux villes, on peut le dire, et grâce à leur antagonisme, que nous vint l'aurore de toutes les lumières qui commencèrent à inonder les parties occidentales de notre Europe.

Plus tard, les guerres, les dissensions, les rivalités amoindrirent les cités italiennes; mais les progrès qu'elles avaient fait faire aux sciences et aux arts n'étaient point perdus. La Hollande, la France, l'Angleterre et l'Allemagne en recueillaient les fruits, et grandissaient à leur tour dans la voie d'une civilisation qui doit être le chemin qui conduit aux grandes choses, aux découvertes utiles à l'humanité, aux satisfactions si longtemps attendues des peuples, et promises par le Rédempteur des hommes.

Nous visitâmes Naples, qui se trouve au pied du Vésuve qui lance toujours de son cratère des flammes, des laves et de la fumée; c'est une ville admirablement située. Son climat est si doux, son ciel si beau, que, vraiment, s'il y avait un royaume de la Paresse à créer, l'on pourrait en faire sa capitale.

A quelques pas seulement de Naples gisent, enterrées sous la cendre et la lave du Vésuve, deux villes, Herculanum et Pompéi, qui furent aussi autrefois le séjour du luxe et de l'oisiveté.

Toute l'industrie de Naples consiste dans le moulage de quelques figurines.

Naples est une belle ville qui a une population d'environ 400,000 âmes.

Nous visitâmes aussi Rome.

Rome est aujourd'hui une ville de 170,000 à 180,000 âmes.

Si la grande cité est un peu déchue, elle retrouve encore dans les splendeurs de la cour du pontife de notre religion, dans le concours des nombreux pèlerins qui viennent retremper leur foi près du chef du catholicisme, des jours de grandeur.

Rome est toujours la ville des beaux-arts ; ses palais, ses temples, ses monuments sans nombre, ses ruines grandioses, les peintures et les sculptures qui ornent ses églises et ses musées lui donneront toujours la suprématie sur toutes les capitales du monde.

Nous vîmes Florence et ses magnifiques palais. Florence a une population d'environ 90,000 âmes.

Pise, qui n'a guère qu'une vingtaine de mille âmes, et sa tour penchée.

Padoue et ses vieilles églises, dont la population est d'environ 50,000 âmes.

Nous visitâmes ensuite Turin, ville sinon nouvelle, du moins qui n'a pris de l'importance que depuis peu d'années, qui a 150,000 à 160,000 habitants.

Nous vîmes Milan, qui, malgré la longue occupation étrangère, a une population de près de 200,000 âmes. Nous y visitâmes la splendide cathédrale, qui n'a pu être achevée depuis dix siècles.

Et, enfin, nous vîmes Gênes et ses palais de marbre, bâtis en amphithéâtre sur les bords de la mer. Gênes a une population d'environ 90,000 à 100,000 âmes.

Quant à Venise, il ne nous fut pas permis d'y aller ; les Autrichiens qui l'occupaient nous refusèrent un sauf-conduit.

Mais, en dehors des richesses du passé, nous n'eûmes rien à visiter dans l'incomparable Italie. L'industrie y est arriérée, sans doute ; pourtant une nouvelle ère s'ouvre ; les destinées des populations italiennes sont livrées à elles-mêmes : comprendront-elles le rôle qu'elles peuvent jouer dans la grande croisade de l'esprit humain contre les ténèbres ? Je l'ignore. En tous cas, l'Italie aujourd'hui s'appartient. Peut-être n'est-elle pas encore contente de ce qu'il reste de son territoire entre des mains étrangères ; mais le temps et la patience sont deux grands maîtres qui apportent tant de changements divers, qu'il n'y a qu'une chose à faire en pareille circonstance : attendre. Et puis, les Italiens doivent méditer et mettre en pratique la maxime : « Aide-toi, le Ciel t'aidera. »

Retraversant une partie de l'Italie, nous entrâmes dans le Tyrol.

Nous visitâmes le Tyrol, qui est à l'Autriche, et sa capitale, Inspruck, qui a une population d'environ 11,000 à 12,000 habitants.

Nous trouvâmes là des populations plus italiennes qu'allemandes, qui vivaient de la vie des pasteurs montagnards, sans trouver parmi les indigènes ni un caractère national bien tranché, ni une industrie particulière, sauf la fabrication des violons, des basses, etc., etc.

Nous visitâmes aussi la Carniole et la Carinthie, et enfin la Croatie.

Ces provinces, qui font partie de l'empire d'Autriche, n'ont point non plus d'industrie qui leur soit propre. Les Croates seuls, à l'exemple des Suisses, font trafic de leur corps et de leur sang ; ils se vendent ; seulement ils ne se vendent qu'à l'Autriche, qui a le monopole de leur dévouement.

Toutes ces nations, retenues par je ne sais quels liens dans les ténèbres de l'ignorance, restent asservies à mille préjugés. Pourtant ce sont des peuples virils ; mais nous en reparlerons lors de notre passage en Autriche.

Bientôt nous atteignîmes les montagnes de la Dalmatie et du Monténégro.

LE MONTÉNÉGRO

Après avoir parcouru une partie du pays des Dalmates, nous partîmes pour Cettigne, capitale du Monténégro. Là, nous ne trouvâmes rien de ce qui pouvait nous instruire et servir aux recherches que nous faisions sur l'état où se trouve l'industrie dans chaque pays ; mais nous trouvâmes des hommes dans toute leur force et dans la plénitude de la virilité.

Le Monténégro n'est qu'un coin de terre, n'ayant guère qu'une population d'environ 90,000 à 100,000 âmes, et pourtant ce petit peuple est resté libre et indépendant au milieu de ses montagnes, malgré les piéges sans cesse tendus par l'Autriche pour le confisquer à son profit, ou de la Turquie, dont il brave à chaque instant la puissance et dont il bat souvent les armées.

En traversant les rochers incultes où sont situés les villages où perchent les Monténégrins, nous étions accueillis par les plus pauvres comme par les plus riches avec la plus cordiale hospitalité ; seulement les mœurs à moitié sauvages de ces peuples nous donnaient à réfléchir.

Là, tous les hommes sont soldats, et il n'y a pas d'âge qui dispense de se rendre à l'appel des chefs pour la défense de la patrie. Aussi tous les hommes sont-ils belliqueux et toujours armés et prêts au combat ; les femmes elles-mêmes ne dédaignent pas de prendre le cimeterre et le mousquet, et les enfants, tout jeunes, s'exercent avant toute chose au maniement des armes.

Le Monténégro est divisé en plusieurs najas ou clans dont le commandement appartient à des serdars ou chefs, reconnus par les guerriers des najas, et aux knez ou chefs de chaque village. Le chef suprême ou souverain est nommé vladika, et est soumis à l'élection d'une espèce d'assemblée composée des hommes les plus influents des najas.

Les Monténégrins, anciens Slavons, parlent la langue serbe. Tout Monténégrin doit avoir ses armes toujours prêtes, et ne jamais marcher sans être armé.

Chaque chaumière du Monténégro a ses trophées et ses légendes.

Ici, ce sont des mains turques qui sont clouées sur la façade de la maison; plus loin, ce sont des crânes dépouillés qui ornent une poutre de la chaumière, ou même des têtes de morts attachées à des poteaux.

— Sois le bienvenu, me dit un riche habitant de l'un des villages où nous passions; tu es Français, et nous aimons la France et ses fils. Vous êtes loyaux, vous autres; vous ne nous attirez jamais dans des piéges, comme le Turc ou l'Autrichien. Aussi, tu ne verras pas une seule chaumière sans un petit souvenir de la France : les uns ont des armes françaises qu'ils ont fait venir à grands frais de chez vous; d'autres gardent le portrait de votre grand empereur comme une relique; quelques-uns même ont des statues de plâtre de vos grands hommes de guerre, de Masséna, de Lecourbe, etc., et ils les invoquent lorsqu'ils sont sur le point d'entreprendre une expédition. Si tu veux voir quelque chose qui te prouve la vérité de ce que je te dis, eh bien, suis-moi.

Nous suivîmes le montagnard jusqu'à l'entrée d'un souterrain immense taillé dans le rocher. Là se trouvaient réunies des femmes qui priaient, agenouillées devant un buste posé dans un renfoncement. Je reconnus tout de suite ce buste pour être celui de Masséna.

— Tu vois? dit le Monténégrin; mais, attends.

Bientôt arrivèrent plusieurs hommes armés de leurs longs fusils.

Ces hommes s'assirent sur de grosses pierres préparées à l'avance, sans doute. Le plus âgé, un vieillard à barbe blanche, fut chargé de la présidence de cette espèce de conseil. Alors l'on apporta le buste de Masséna sur une pierre, en face du président; tous les hommes se levèrent et le saluèrent, puis se rassirent. En ce moment entra un jeune homme d'une taille avantageuse, à l'air martial, qui s'avança vers l'aréopage, se découvrit dès qu'il aperçut le buste et s'arrêta.

— Parle, Andréowitch, dit le vieillard en s'adressant au jeune homme, parle en présence de la statue d'un grand guerrier, et dis-nous, sans faiblir un instant sous la crainte ni déguiser la vérité, ce qui t'amène ici; parle, nous t'écoutons.

— J'allais épouser Amattitcha, ma fiancée, dit le jeune homme d'un air sombre, vous le savez tous, lorsque, il y a deux jours plusieurs étrangers vinrent dans nos montagnes; nous leur donnâmes l'hospitalité comme à des frères, mais, loin de nous rendre le bien pour le bien, ils s'introduisirent la nuit dans la demeure d'Amattitcha, la bâillonnèrent, la lièrent malgré sa résistance et l'emportèrent. Ces étrangers étaient des traîtres vendus aux *chiens* de la Turquie. Ils enlevèrent ma fiancée pour la livrer au pacha de Janina.

En apprenant le matin ce qui venait de se passer, je me suis armé de mon fusil, j'ai été chercher mon frère, mes deux cousins et mon oncle, et nous sommes partis sur les traces des traîtres.

Ayant fait toute la diligence possible et pris des chemins de traverse, nous sommes arrivés au bord d'une rivière profonde. Là, nous avons aperçu les ravisseurs entraînant ma fiancée dans le seul petit bateau qui fût sur le rivage.

La barque avait déjà quitté le bord, les Albanais étaient encore assez proches pour que nous puissions leur envoyer une balle dans la tête. Armant nos fusils, nous nous préparâmes à tirer sur les misérables qui avaient violé les lois de l'hospitalité.
Le jeune homme s'arrêta.

— Eh bien? dit d'un air sombre et sévère le président.

— Un moment, reprit le jeune homme, nous restâmes indécis. Les lâches, comptant que nous n'oserions pas tirer sur la barque s'ils opposaient Amattitcha à nos coups, se couvrirent de son corps.

Nouveau silence du jeune homme.

— Eh bien? dit encore le président avec un tremblement dans la voix.

— Eh bien! que fallait-il faire?

— Prendre son talion d'abord, dit le vieillard avec énergie, et ne s'occuper de la femme qu'après.

— C'est ce que nous criait Amattitcha elle-même : « Tirez, tirez, disait-elle, une femme de plus ou de moins, ce n'est rien; mais si vous laissez échapper les traîtres, vous serez déshonorés. »

— Eh bien? dit de nouveau le vieillard, dont les yeux lançaient des éclairs.

— Eh bien! dit le jeune homme, pardonne-nous, Cassidowich. nous avons tué ta fille...

— Ma bien-aimée Amattitcha... Et les traîtres? dit le vieillard, les traits décomposés.

— Nous avons vu couler leur sang, mais ils se sont échappés après avoir lancé ta fille, morte déjà, dans le torrent.

— Malédiction! dit le vieillard, des traîtres ont souillé mon toit et ont pu se sauver impunis!

— Pardonne-nous, Cassidowich.

— Non, dit le vieillard d'un air sombre, je vous garderai sous le coup de ma colère tant que vous n'aurez pas vengé ma fille et que vous ne m'aurez pas apporté les têtes des traîtres, ou au moins leur main droite.

— C'est ce que nous ferons, crois-le bien, Cassidowich, dit le jeune homme en étendant la main sur la tête du buste; oui, je le jure, je ne coucherai plus sous le toit de mon père tant que je n'aurai pas vengé Amattitcha.

— Va, dit le vieillard en se soulevant, va, et s'il le faut, fais-toi accompagner par tous ceux de notre famille; mais tue les deux traîtres, ou je te tuerai toi-même, je le jure à mon tour!

— J'accomplirai ma vengeance seul, dit le jeune homme ; je ne veux pas armer tout le monde pour une cause qui m'est personnelle. Adieu.

Le jeune homme jeta son long fusil sur ses épaules et disparut.

Nous sortîmes du souterrain à notre tour, et alors notre guide nous dit :

— Vous voyez le respect que l'on porte à vos guerriers.

Nous quittâmes notre hôte pour retourner à Cettingne.

Après avoir admiré la vie agreste des montagnards, nous prîmes le chemin de la Serbie, province limitrophe, habitée en grande partie par des chrétiens grecs, mais soumis aux Turcs.

Il y avait plusieurs jours que nous avions quitté le Monténégro, nous voyagions sous la conduite d'un guide pour gagner l'Albanie et la Grèce, lorsqu'en traversant une forêt remplie de précipices et de rochers, nous trouvâmes étendu dans une mare de sang un homme qui tenait encore son fusil d'une main crispée, et qui de l'autre serrait contre lui un sac assez volumineux.

Nous nous arrêtâmes, et notre guide se baissa sur le blessé.

— Ce n'est rien, dit cet homme, c'est un chien de Monténégrin qui s'est fait trouer la peau quelque part, et qui est venu mourir là.

En ce moment même le blessé rouvrit les yeux et fixa notre guide avec un regard si terrible, que celui-ci se réfugia derrière nous, frappé de stupeur.

Le blessé, lui, en nous apercevant, poussa un long cri de triomphe, et dit d'une voix à peine intelligible :

— Je meurs content, puisque quelqu'un pourra dire à Cassidowich que j'ai pris mon talion.

Mais, affaibli par le sang qu'il avait perdu, le blessé retomba sans connaissance.

Notre guide alors tira froidement son sabre et s'approcha du moribond.

— Qu'allez-vous faire? dit M. Rolland.

— Parbleu! je vais lui couper la tête, dit le guide.

— Mais puisqu'il n'est pas mort.

— Raison de plus, reprit cet homme; d'abord je n'aurai plus rien à craindre de lui, et puis le pacha me donnera vingt-cinq piastres.

M. Rolland arma ses pistolets et dit au guide :

— Si tu touches à cet homme en ma présence, je te brûle la cervelle.

Aussitôt notre guide remit le sabre au fourreau en disant :

— Vous avez tort, vraiment, car ce chien va mourir là après bien des souffrances, et bien sûr que ce serait un service à lui rendre que de lui couper la tête, et puis moi j'y gagnerais vingt-cinq piastres. Au reste, je reviendrai plus tard, et si les loups n'ont pas dévoré sa carcasse, j'en emporterai quelque chose.

Malgré cela M. Rolland exigea que l'on donnât quelques soins au moribond, et le fit transporter dans une hutte de paysans, qui firent toutes les difficultés pour nous aider à soigner le blessé. Bientôt le Monténégrin revint assez à lui pour s'apercevoir que l'on avait oublié son sac sur le lieu où nous l'avions trouvé. Aussitôt il frémit, parut frappé d'une douleur immense, et nous supplia de le tuer ou de lui rendre son sac. Je me chargeai de retourner sur les lieux, et fus assez heureux pour lui rapporter l'objet de sa sollicitude.

Les paysans serbes ne paraissaient pas satisfaits de garder un pareil hôte, et fort heureusement plusieurs compatriotes du blessé arrivèrent fort à point et se chargèrent de lui.

Avant de nous quitter, le Monténégrin nous tira à part et nous pria d'ouvrir son sac.

— Regardez, nous dit-il; que voyez-vous?

Un sentiment d'horreur saisit M. Rolland ainsi que moi en apercevant deux têtes d'hommes fraîchement coupées.

— Ce sont les têtes des ravisseurs, nous dit le Monténégrin ; j'ai vengé Amattitcha, et j'ai pris mon talion. Adieu.

Nous quittâmes les paysans serbes et les Monténégrins, qui emportèrent leur compatriote mourant, et nous continuâmes notre voyage.

Le Monténégro, la Serbie, l'Herzégovine, la Bulgarie, l'Albanie, etc., etc., ne furent visités par nous que pour étudier comme spécimen les peuples qui habitent ces parties presque inconnues de notre Europe. Nous savions par avance que les sciences ni l'industrie n'y avaient fait aucune apparition depuis de longues années ; nous savions que les habitants de ces contrées, situées aux portes mêmes et dans le domaine de la civilisation, étaient restés à l'état presque sauvage des temps primitifs. Par un de ces phénomènes difficiles à expliquer, des peuples vivant au milieu de pays excellents pour l'agriculture, et ayant toutes les ressources possibles pour faire partie de la grande famille européenne civilisée, qui essaye avec tant d'énergie à faire sortir la lumière des ténèbres, est restée dans l'anarchie et la plus triste misère.

Mais voici un souffle vivificateur, qui semble venir de Dieu lui-même, qui remue ces peuples si longtemps affaissés sous le joug, le fanatisme ou les préjugés ; l'heure de la rédemption serait-elle arrivée enfin ! Dieu seul le sait, mais, en attendant, un long cri d'alarme a retenti au milieu de ceux qui les tiennent asservis dans la misère et l'abrutissement.

LA SERBIE

La Serbie est une province tributaire de la Turquie, habitée par des chrétiens grecs, qui se trouve enclavée entre la Bulgarie, la Bosnie, le Danube, la Hongrie et l'Albanie. D'immenses forêts couvrent le pays, qui possède aussi quelques mines de fer et d'argent.

Les Serbes, en général, sont des hommes superbes, ils parlent la langue slave.

Plus doux, plus polis que les Bosniaques, les Serbes sont tout aussi braves que leurs sauvages voisins.

Les Serbes professent la religion grecque. La population est d'environ 1,200,000 à 1,400,000 âmes.

Saint-André est la ville où résidaient les chefs du gouvernement serbe; mais Belgrade, dont la citadelle était restée aux mains des Turcs, jusqu'à ce qu'enfin les Serbes les en aient expulsés, en est par son importance la véritable capitale.

Le gibier, l'ours, etc., sont communs en Serbie, et le pommier couvre des contrées entières. Les Serbes payent un tribut d'environ 460,000 francs à la Turquie.

LA BULGARIE

La Bulgarie, qui confine à la Serbie, est habitée par des peuples assez paisibles, qui se livrent à l'élevage du bétail. La superficie de la Bulgarie est de 550 kilomètres de long sur 120 de large; le chiffre de la population n'est guère connu.

L'ALBANIE

L'Albanie, située au milieu des montagnes qui bornent l'Adriatique, est encore une province de l'empire turc.

Limitrophe du Monténégro, dont les habitants, chrétiens, grecs ou musulmans, sont très-remuants; le chiffre de la population de l'Albanie n'est pas connu.

Nous traversâmes encore quelques pays, et nous fûmes dans l'Épire.

LA GRÈCE

L'Épire est une partie de l'ancienne Grèce qui appartient aujourd'hui en grande partie à la Turquie.

Enfin nous arrivâmes à Athènes, capitale de la Grèce moderne.

Que dire d'Athènes? Que ce n'est pas même l'ombre de ce qu'était cette ville dans les temps anciens. Pourtant, depuis qu'Athènes est devenue la capitale du petit royaume de Grèce, la ville s'est peuplée, agrandie et embellie. L'argent des puissances occidentales a aidé à cette transformation.

Que dire de la Grèce que l'on ne connaisse déjà? Rien dans ce pays ne pouvait nous arrêter que ses ruines, mais ce n'était pas ce que nous cherchions, nous qui ramassions des notes pour coordonner quelques chapitres sur la puissance de la science et de l'industrie chez chaque nation, l'assimilation des produits de chaque pays avec les besoins de l'humanité, les ressources dont la nature a doté chaque partie du globe, et surtout le parti que chaque peuple a tiré des biens dont il a été doté par le Dieu tout-puissant.

La Grèce ne nous fournissait rien à part de son ciel bleu, de ses souvenirs des temps héroïques; il n'y avait donc rien à étudier pour nous. Le peuple grec est un peuple mixte qui a quelques reflets de la civilisation et beaucoup des vices de la barbarie ou de la décadence. Que peut faire un pareil peuple? Il vivra, sans

Types et Costumes de divers peuples de l'Empire d'Autriche.

doute ; se relèvera-t-il ? Voilà le grand problème. Aujourd'hui les nations, comme les individus, sont tenues, sous peine de déchéance, de prendre part à la grande lutte sociale que l'intelligence livre chaque jour à la matière, au travail d'une transformation qui s'opère sous l'œil du Créateur, et qui profitera plus, sans doute, aux ouvriers de la première heure qu'à ceux qui resteront en arrière de ce grand travail.

Les peuples de la Grèce viennent de se soulever, et ont chassé leur roi. Que va devenir ce petit pays qui a élu pour son souverain un prince anglais qui refuse de régner, puis un prince de Danemark qui a consenti à essayer de gouverner les Grecs ?

De la Grèce nous passâmes à Constantinople.

LA TURQUIE D'EUROPE

Constantinople, ancienne Byzance, qui fut un moment la reine du monde, et supplanta la superbe Rome, est une grande ville posée dans la plus belle situation du globe, destinée, sans doute, si de jalouses rivalités n'aimaient mieux en faire un amas de ruines, une nouvelle Ninive, à devenir l'une des plus grandes capitales de la terre.

Là encore, nous savions ne rencontrer ni sciences, ni industries, ni rien de ce qui peut servir d'enseignement à l'homme pour faire avancer le progrès.

Tant que le peuple turc, imbu de son fatalisme énervant, et qui tue par avance toute aspiration de la créature pour sortir des errements où elle se trouve, sera le maître de la grande cité, toute perspective de progrès sera trompeuse, rien ne pourra faire sortir les Osmanlis de leur torpeur que la voix de la guerre et des sanglants sacrifices ; tant qu'ils seront les maîtres quelque part, ils répéteront le cimeterre levé : « Ce qui est écrit est écrit ; nous n'avons rien à faire pour changer ou diriger ce qui est. » Le travail de l'intelligence ne sera pour eux qu'une occupation vile et au-dessous de leur orgueil.

Et pourtant le coin du monde qu'ils occupent sur les rives du Bosphore est indispensable à l'accomplissement des grandes destinées des nations travailleuses de l'Europe. Que d'avenir ! que de richesses ! que de débouchés nouveaux et immenses offre cette mer Noire enfermée dans un espace considérable dont Constantinople tient les clefs !

Que d'étonnants changements dans les destinées d'une multitude de peuples si la libre circulation était établie sur ces mers, que de ressources et de bien-être pour les riverains du Danube, de ce magnifique fleuve qui devrait porter sur ses eaux des phares lumineux, et qui reste fermé au monde entier !

La Turquie d'Europe se compose de la Bulgarie, la Bosnie, la Croatie, la Roumélie, l'Albanie, la Macédoine et de la Servie, la Valachie, la Moldavie, qui ne sont que tributaires.

Les Turcs proprement dits, c'est-à-dire les sectateurs de Mahomet, ne se trouvent guère en Europe, dans les contrées appartenant à l'empire turc, qu'au nombre de quatre millions, pendant qu'il y a plus de quatorze millions de grecs, chrétiens, catholiques ou juifs, races totalement ennemies des Turcs, et qui sont forcés de leur être soumis.

Après avoir visité Constantinople en détail, après avoir admiré l'étonnante organisation des chiens sauvages, qui sont en nombre considérable à Stamboul, et montrent vraiment plus de sagacité que les Osmanlis, nous nous embarquâmes sur le Bosphore, nous traversâmes une partie de la mer Noire, qui devrait être un lac européen, et n'est, à vrai dire, qu'une pièce d'eau appartenant aux Russes et aux Turcs, qui empêchent les autres peuples d'y pénétrer, nous entrâmes par l'une des bouches du Danube nommée la

Sulina, et bientôt nous pûmes admirer les sites grandioses et les belles provinces qui bordent les rives de ce fleuve-roi.

D'abord nous longeâmes les rivages de la Moldavie et de la Valachie, curieux de visiter ce nouvel État, qui doit en partie sa constitution actuelle à la France ; nous descendîmes sur le territoire des principautés, qui formeront bientôt un royaume, et nous parcourûmes une partie des grandes savanes qui forment une portion du territoire du nouvel État. Hélas ! qu'il se tromperait celui qui jugerait de la civilisation d'un peuple sur les rapports de quelques voyageurs ou de quelques journaux.

En face de la Serbie, de l'autre côté du Danube, se trouve la Valachie, ancienne patrie des Gètes et des Daces. Les peuples valaques, mélangés des anciens aborigènes avec différents peuples, et surtout avec les anciennes colonies militaires des Romains, ont une langue particulière, une nationalité à eux, ils s'appellent Roumains. Les Roumains répandus sur les bords du Danube peuvent former une population d'environ 4,000,000.

Vers 1350, les Valaques occupèrent la Moldavie, et s'y établirent en grand nombre.

Les Turcs conquirent les deux principautés en 1526, seulement ils se contentèrent d'imposer un tribut annuel aux hospodars ou princes qui gouvernaient le pays.

Les peuples valaques et moldaves sont des peuples très-doux et très-sociaux. La position qu'ils occupaient entre quatre puissances toujours en guerre : la Pologne, la Russie, l'Autriche et la Turquie, les rendait les victimes de ces peuples, qui les pillaient sans cesse ; aussi le peuple de ces contrées est-il un peu apathique, craignant toujours que le fruit de son travail ne lui soit enlevé, aussi ne travaille-t-il guère.

Ce pays possède des mines de sel, de fer et de cuivre, quelques rivières qui charrient des paillettes d'or, et il y a des forêts superbes dont on pourrait tirer un grand profit.

Pendant qu'une partie des populations de notre vieille Europe va chercher au loin des terres à cultiver, une existence plus assurée, et que le sol manque ou est à un prix exorbitant dans nos pays civilisés, il y a à notre proximité d'immenses territoires du sol le plus fécond qui reste désert et inculte; seulement il serait nécessaire d'opérer dans ces pays de grandes réformes.

Un tiers des terres dans les principautés appartient au clergé, les boyards en ont un tiers et demi, et le demi-tiers qui reste est aux mains de quelques propriétaires, qui payent à eux seuls tout l'impôt et supportent toutes les charges.

Le pays est parcouru par les bohémiens ou zingaris, qui semblent se complaire dans ces contrées.

Bucharest est la capitale de la Valachie; les maisons de cette ville sont presque toutes construites en bois.

La Valachie à elle seule a une population de près de 3,000,000 d'habitants.

La Moldavie, bornée par le Pruth, s'avance entre les possessions autrichiennes, russes et turques comme un promontoire entre trois mers prêtes à l'engloutir.

La Moldavie est sujette au fléau des sauterelles qui, lors de leur irruption, détruisent tout sur leur passage.

Yassy est la capitale de la Moldavie.

Galatz, sur le Danube, est une ville qui a pris un accroissement considérable, et deviendra une cité importante.

Plusieurs historiens et quelques voyageurs nous font un tableau bien lugubre des mœurs de la société moldave. D'après eux, et Démétrius Kotimer en particulier, les Moldaves en général n'auraient que des vices et peu de vertus. Je crois ces récits fabriqués plutôt par des motifs de haine que par la vérité. Les Moldaves ont des défauts, cela est vrai, mais ils ont aussi quelques qualités. Au reste, je n'ai rencontré parmi tous ces peuples qu'un désir unique, immense : le désir de sortir de l'état précaire et d'abrutissement dans lequel ils vivent depuis si longtemps.

Le tribut que payait autrefois la Moldavie à la Porte était de deux cent trente mille francs.

La Moldavie et la Valachie ont une population brave, sans contredit; plusieurs des jeunes boyards ou nobles qui prennent part au gouvernement sont vraiment et sincèrement libéraux; leurs discours montrent combien ils ont horreur de la position abjecte dans laquelle ils ont vécu sous le joug des différents despotismes qu'ils ont eus à subir; mais tous ces élans de patriotisme s'arrêtent au bord des fossés qui bornent leur patrimoine; rentrés chez eux, tout en étant libéraux, ils sont boyards et veulent être maîtres, et souvent régner avec une autorité indiscutable sur leurs nombreux vassaux. Il est vrai qu'une grande partie des paysans de ce pays seraient bien embarrassés d'une somme de liberté plus grande si on leur retirait la tutelle de leurs boyards.

Pourtant, il faut l'avouer, tous ces peuples à demi sauvages, à demi abrutis sont l'espoir de l'avenir des nations, c'est l'élément probable qui servira un jour à revivifier les peuples abâtardis ou étiolés par les débordements d'une fausse civilisation.

Les provinces danubiennes s'étendent du Danube aux monts Karpathes, qui les séparent de la Hongrie et d'autres provinces de la Russie et de l'Autriche. Ce petit pays semble destiné à devenir la proie de l'une de ces deux grandes puissances, à moins que l'Europe, honteuse de supporter plus longtemps le cancer turc, ne rejette les Osmanlis de l'autre côté du Bosphore, et ne forme un nouvel État des provinces riveraines du grand fleuve.

Toute l'industrie des habitants des provinces danubiennes consiste dans l'élevage du bétail et la culture des champs; jusque-là les besoins de luxe ont été servis et satisfaits par l'industrie étrangère. Pourtant, il y a chez ces peuples nouveaux toute l'étoffe nécessaire pour organiser une société sérieuse, forte et digne d'un bel avenir.

Nous passions dans un village après avoir visité Yassi, qui est une ville de trente mille âmes environ, et Bucharest, dont la population s'élève à 80 ou 85,000 âmes, lorsque nous rencontrâmes un paysan qui ramenait un pope qu'il tenait par l'oreille.

Les deux hommes se chamaillaient au sujet du baptême d'un enfant du paysan que le pope refusait de faire, à moins d'une rétribution qui paraissait trop forte au villageois.

Nos deux individus s'animaient et allaient probablement en venir aux mains, lorsque survint le boyard.

Le boyard, s'étant enquis de la cause de la querelle, rendit de suite une sentence exécutoire sans appel et sur-le-champ. Il condamna le paysan à lui donner la petite somme qu'il proposait au pope, et il ordonna à celui-ci de baptiser l'enfant sur l'heure et sans rétribution, attendu qu'il était son vassal et qu'il recevait une redevance suffisante pour remplir tous les devoirs de son état sans rien demander. Mais, sur ces entrefaites, l'on vint annoncer que l'enfant était mort pendant l'altercation, sans avoir reçu le baptême. Alors le seigneur roumain ordonna au pope de lui payer la somme qu'il exigeait du paysan, et lui fit prendre l'engagement d'accepter à sa charge le péché que pouvait avoir commis l'enfant en mourant sans être baptisé.

De tout cela le profit fut pour le boyard, qui menaça ses deux sujets de les faire fustiger s'ils n'étaient pas entièrement satisfaits.

LA HONGRIE

Nous traversâmes les monts Karpathes et nous entrâmes en Hongrie. Oh! là ce fut difficile d'avancer. Nous étions en Autriche; on nous demanda nos papiers. Fort heureusement nous étions en règle, et l'on nous laissa passer, non sans mettre à nos trousses plusieurs espions. C'est l'usage de l'autorité autrichienne.

La Hongrie a une superficie de 660 kilomètres de l'est à l'ouest, et 490 kilomètres du nord au sud.

La population de la Hongrie est d'environ 11,000,000 d'habitants, y compris les Croates et les Transylvains ; mais les Madgyards seuls ne forment guère qu'une population de 6 à 7,000,000.

Remontant les rives de ce beau fleuve que l'on nomme le Danube, si délaissé depuis les temps anciens, et qui doit, croyons-nous, servir un jour les destinées brillantes de tant de peuples divers, nous étions enfin au cœur de l'antique et célèbre royaume des Madgyards.

Nous étions sur le sol du peuple hongrois, de ce peuple si brave dont le passé est une suite d'actions héroïques ; seulement la méfiance de la méticuleuse Autriche, devenue, par la ruse et non par la force, la suzeraine d'un vassal qui fut toujours son maître et son vainqueur, nous forçait à être sans cesse sur nos gardes ; mais à cela près des tracasseries de quelques employés subalternes et de la morgue boursouflée des hauts fonctionnaires allemands, nous n'eûmes pas à nous plaindre de l'hospitalité hongroise.

Pesth, capitale de la Hongrie, y compris Bude, a une population de plus de 100,000 âmes.

La Hongrie proprement dite se trouve en grande partie traversée par plusieurs plaines immenses parcourues par le Danube ; l'une de ces plaines, la plus vaste de l'Europe, a 120 lieues de long sur 80 de large ; une autre a 40 lieues sur 24. Les monts Karpathes environnent ces plaines au nord et à l'est.

La Transylvanie se rattache à la Hongrie par trois vallées considérables qui s'abaissent et viennent se fondre dans le territoire hongrois.

A l'ouest de la Hongrie sont les Esclavons, peuples encore à demi barbares, mais qui ont toujours, depuis nombre d'années, fait partie de la Hongrie ; puis, du même côté, dans les mêmes parages, se trouvent les Croates, dont le territoire se confond avec la Dalmatie autrichienne, sur les confins militaires, dans les gorges des **Alpes Juliennes** et sur les bords de l'Adriatique. Tous ces peuples divers, autrefois soumis à la Hongrie, forment comme une annexe à la grande famille madgyare, malgré que l'Autriche en ait formé des gouvernements et des districts séparés. La Hongrie est un des pays du monde les plus curieux et les plus instructifs à étudier.

Le peuple hongrois fut presque toujours vainqueur des maîtres qui l'oppriment à cette heure ; comment se fait-il qu'il ait perdu ou qu'il soit sur le point de perdre sa nationalité? Ce problème si étrange est bien simple à résoudre : c'est que le peuple hongrois a toujours été brave, généreux, honnête et confiant!...

La Hongrie, au point de vue du progrès et de l'industrie, se trouve bien en arrière des autres nations de l'Europe, malgré les immenses ressources qui couvrent son sol, malgré les dons de toutes sortes dont la nature a été prodigue envers elle, malgré tous les éléments imaginables pour marcher à la tête de la grande croisade humaine, à la conquête de tout ce que Dieu a permis à l'homme de connaître pour améliorer son sort, s'élever jusqu'à la dignité de son origine et des grandes destinées qui l'attendent, malgré même le bon vouloir et l'aptitude du peuple hongrois.

Mais si Dieu et la nature ont favorisé la Hongrie sans pourtant que le peuple hongrois ait fait un pas en avant dans la voie de l'industrie et du progrès, c'est que ceux qui le gouvernent se complaisent à arrêter ses aspirations et à confisquer pour ainsi dire les produits de toutes sortes de ce bon pays ; c'est que, loin de favoriser l'industrie, ou le commerce, ou l'agriculture, les maîtres de la Hongrie se sont sans cesse étudiés à élever des barrières pour empêcher les Hongrois de s'enrichir et de tirer parti des produits qui abondent sur leur sol.

La Hongrie pouvait devenir un État riche, puissant, et on la retrouve aujourd'hui déchue, amoindrie, bien loin enfin de ce qu'elle pourrait et de ce qu'elle devrait être. Le peuple hongrois est un peuple doux, bon, généreux, hospitalier, comme je l'ai dit, mais il est encore sous le joug de bien des préjugés. Le sol de la

Hongrie produit tout ce que l'homme peut désirer pour ses besoins. L'intérieur de la terre recèle des mines de toutes sortes : l'or, l'argent, le fer, la houille et même le sel.

Nous sortions de visiter une mine de sel, dans le comitat de X..., lorsque, en passant dans un village, nous nous trouvâmes tout à coup au milieu d'une foule d'hommes, de femmes et d'enfants qui criaient tous à tue-tête.

— Qu'est-ce qu'il y a? dit M. Rolland à notre guide.

— Ce n'est rien, dit celui-ci ; c'est l'enterrement d'un paysan qui vient de mourir d'avoir été piqué par une mouche. C'est un accident assez commun dans le pays, parce que les mouches, ici, sont nombreuses pendant les grandes chaleurs, et que ces insectes se posent souvent sur des animaux en putréfaction, et alors malheur à l'animal ou à l'homme sur lequel les moucherons iront poser leur trompe ; la piqûre est mortelle : le charbon se déclare, et c'est fini.

— Mais pourquoi ces gens crient-ils si fort?

— C'est l'habitude du pays, nous dit notre guide. Les proches, les parents et les amis du mort se rappellent à haute voix ce qu'il était, combien il avait d'enfants, de vaches, de chevaux, de moutons, etc., etc.; combien il aurait mieux fait de ne pas mourir, puisqu'il avait de quoi être heureux.

Mais, ajouta notre guide, ce tapage n'est rien auprès de celui que nous allons entendre, si vous voulez vous arrêter un instant près du cimetière. On va tout à l'heure déterrer un individu mort il y a trois ou quatre ans, que l'on suppose revenir toutes les nuits dans les villages environnants, pour sucer le sang de ceux chez lesquels il s'introduit.

— Comment, dis-je, un homme mort depuis trois ou quatre ans peut-il revenir toutes les nuits?

— Oui, nous dit en secouant la tête d'une manière affirmative notre guide, oui, c'est un vampire.

— Comment, un vampire? dit M. Rolland.

— Écoutez-moi, nous dit notre guide; vous allez en savoir plus long.

Il a été un temps où toute la Hongrie a été affligée du fléau des vampires; mais depuis quelques années cela est devenu plus rare; pourtant l'on a cru s'apercevoir qu'un ancien berger, mort depuis plusieurs années, qui passait de son vivant pour être sorcier, sortait de sa fosse toutes les nuits, surtout lorsqu'il y avait des morts nouvellement enterrés dans le cimetière où il est; car vous saurez que les vampires se jettent principalement sur les cadavres nouvellement descendus dans la tombe pour leur dévorer le cœur.

— Ah! dis-je d'un air mécontent, pourtant...

Mais M. Rolland m'ayant fait signe de ne pas en dire davantage, je m'arrêtai.

— Ne dites rien qui puisse blesser les croyances de ces braves gens, me dit à l'oreille M. Rolland; il est inutile de les contrarier, puique nous ne pouvons rien fa're pour leur instruction.

Bientôt le mort que l'on apportait fut descendu dans la fosse au bruit des cris furieux de l'assistance, puis, lorsque le trou fut comblé, chacun vint fouler la terre, et ensuite on apporta une pierre que l'on posa sur la tombe, et chacun cessa ses cris.

Le pope qui avait conduit le mort à sa dernière demeure se dirigea ensuite vers une autre partie du cimetière, et deux hommes, après différentes cérémonies, se mirent à creuser la terre; ils arrivèrent bientôt à l'endroit où était couché un cadavre. Ce cadavre n'était point décomposé du tout. A cet aspect, tous les assistants poussèrent des cris sauvages. Le mort était bien et dûment reconnu pour être un vampire.

— A quoi reconnaissez-vous que c'est un vampire? dit M. Rolland à notre guide.

— Mais ne voyez-vous pas, nous dit celui-ci, que ce scélérat est tout conservé et a l'air très-heureux dans sa fosse? S'il ne suçait pas le sang des vivants, croyez-vous qu'il pourrait se conserver comme cela?

Mais nous n'eûmes pas le temps de causer davantage. Le cadavre du berger fut tiré du trou ; aussitôt on lui coupa la tête, et le pope lui-même, après mille contorsions, lui enfonça un pieu dans la poitrine, à l'endroit du cœur ; puis on attacha tous ces restes à des cordes, et on les traîna hors du cimetière, au bruit des hurlements d'une multitude exaspérée qui ne cessait d'injurier le mort.

Enfin, arrivés à un certain endroit, l'on amassa du bois sec, l'on mit les restes du cadavre sur ce bois que l'on alluma, et bientôt il ne resta plus qu'un amas de cendres.

Alors notre guide, qui avait pris part à tout cela, revint vers nous l'air satisfait et en disant dans son langage :

— Ah! le gueux! le brigand! Il ne reviendra plus manger le cœur des morts et sucer le sang des vivants.

La partie éclairée de la nation ne croit pas à ces superstitions, mais le peuple des campagnes est toujours sous le joug de ces croyances.

Après avoir visité les montagnes de la Transylvanie, qui font partie des Karpathes, après y avoir rencontré une foule d'indices qui annoncent de grandes richesses minérales, nous traversâmes les plaines de la Hongrie et nous vîmes en courant l'Esclavonie, la Dalmatie et une partie de la Croatie, ainsi que les confins militaires de l'empire, où l'Autriche est obligée d'entretenir des colonies de soldats pour tenir en respect aussi bien ses propres peuples qui se trouvent sur ces frontières, que les différents peuples de la Bosnie, de l'Albanie, du Monténégro, etc., etc.

De là nous revînmes par le Tyrol, et nous gagnâmes l'Autriche proprement dite :

L'AUTRICHE

L'empire d'Autriche est un grand État; il n'y a aucun doute à ce sujet, jusqu'à présent. Mais l'Autriche, qui n'était qu'un simple duché et qui a donné son nom à un empire, n'est, à proprement dire, qu'un très-petit pays; sans l'adjonction des peuples divers dont les princes qui ont possédé l'Autriche ont grossi leur apanage, cet État ne serait qu'une puissance de vingtième ordre.

Aujourd'hui, le gouvernement autrichien se trouve dans un grand embarras.

Les neuf dixièmes des peuples qui sont sous l'autorité de l'Autriche ne sont pas Allemands et ne veulent pas le devenir. Quel rôle va jouer l'Autriche en cette occurrence? Se fera-t-elle franchement allemande en prenant en main le drapeau de l'unité rêvé par les peuples de l'Allemagne, ou ne vaudrait-il pas mieux pour elle, pour l'avenir de sa puissance, abandonner ses prétentions allemandes et s'unifier loyalement avec la Hongrie, absorber dans son centre les cent peuples divers qui bordent les rives du Danube, se faire puissance initiatrice et civilisatrice, et tendre la main à tous ces peuples révoltés contre le pouvoir éteint, ou bien près de l'être, de la Porte Ottomane; constituer un vaste empire avec des peuples nouveaux qui ont certainement une grande mission à remplir, et un rôle à jouer dans les destinées futures de l'Europe?

Mais ne nous occupons pas de ces questions brûlantes. Cependant je ne puis m'empêcher de dire que si j'étais empereur d'Autriche, plutôt que d'être parqué dans une impasse entre l'Allemagne, jalouse de son teutonisme; la Prusse envieuse, qui voudrait absorber une partie de l'Allemagne; la Russie, qui veut s'agrandir à tout prix sur les rives du Bosphore, et la Turquie, qui se meurt, je voudrais commander sur le Danube et la mer Noire et dans l'Adriatique ; ou bien, alors, il faut que l'Autriche se fasse entièrement allemande, qu'elle entre tout à fait dans le mouvement qui s'opère à cette heure, qu'elle abandonne ses desseins sur la Hongrie et les autres peuples riverains du Danube.

L'Autriche a une population d'environ 33,000,000 d'âmes ; sa capitale est Vienne. Les différentes provinces de l'empire sont : le Tyrol, l'Illyrie composée de différents peuples ; la Bohême, la Moravie, la Silésie, la Gallicie, les provinces vénitiennes, la Hongrie, la Transylvanie, la Dalmatie et les confins militaires.

Vienne, capitale de l'Autriche, a une population d'environ 360,000 à 400,000 âmes.

La Bohême, dont Prague est la capitale, a une industrie spéciale, dont aucun peuple jusqu'ici n'a égalé les produits : c'est la verrerie. Les objets de toutes sortes fabriqués en verre de toutes nuances, qui sortent des fabriques de Bohême, sont incomparables.

L'Autriche possède des populations industrieuses ; les arts et les sciences fleurissent à Vienne.

Mais les élans de cette industrie, étouffés faute de débouchés, resteront stériles jusqu'à ce que l'Autriche ait trouvé la voie nouvelle où elle doit s'avancer.

Quant aux possessions italiennes de l'Autriche, nous n'en parlerons pas, pas même de la Vénétie, dont les destinées dernières s'accompliront bientôt sans doute.

Les ouvriers autrichiens, à Vienne surtout, sont assez habiles pour la confection des meubles, des pianos et des orgues, et pour une foule d'autres objets, mais pourtant il existe toujours une certaine lourdeur dans ce qu'ils font, un quelque chose que l'on ne remarque pas dans les productions de nos ouvriers parisiens.

En quittant l'Autriche, nous nous dirigeâmes vers la Russie ; mais avant d'arriver au cœur de l'empire russe, nous traversâmes la Pologne.

LA POLOGNE

La Pologne fut autrefois un puissant État; les arts, les sciences fleurissaient sur les bords de la Vistule, et les Polonais, les Lithuaniens et les Ruthéniens, etc., unis par un lien fédératif, formaient une grande nation.

Aujourd'hui la Pologne, la Lithuanie et toutes les provinces de cette monarchie autrefois florissante ne forment plus que des annexes à trois puissances qui n'étaient, au temps où la Pologne était déjà grande et glorieuse, que des États barbares ou infimes. La Russie, l'Autriche et la Prusse coalisées se sont partagé la Pologne, et aujourd'hui il n'y a plus véritablement de la Pologne que le nom. Pourtant le peuple polonais est toujours vivace et rempli d'amour et de patriotisme pour sa nationalité. Dieu réserve-t-il à son héroïsme et à son courage de nouvelles et glorieuses destinées? Attendons... Déjà le cri de la révolte s'est fait entendre d'un bout à l'autre des anciennes possessions polonaises. Le sang coule, la bataille a commencé! Que va-t-il advenir de cette résurrection d'un peuple qui veut, bon gré mal gré, et à tout prix, ressaisir son autonomie? Hélas! si l'héroïsme et le bon droit faisaient quelque chose dans la balance des destinées des peuples, sans doute que le succès couronnerait les efforts des Polonais.

L'industrie du pays n'est que l'industrie des pays qui l'ont englobé. Or donc nous ne chercherons pas le rôle industriel et scientifique du peuple polonais dans la grande lutte du travail et du progrès.

Varsovie, ancienne capitale de la Pologne, est une grande ville; sa population est de 125 à 130,000 âmes.

Imp. Becquet, Paris.

Intérieur d'une Mine de l'Oural.

LA RUSSIE

De Varsovie nous fûmes à Moscou.

Moscou est une immense cité qui n'a pas conservé la moindre trace de l'incendie qui la dévora en 1812, lors de l'occupation française.

Le Kremlin est un palais d'une construction assez bizarre, qui ne laisse pas que d'être curieux et assez original par son architecture. Les cent petits clochers qui s'élèvent de toutes parts en font quelque chose de pittoresque.

Moscou ne nous offrit rien que l'on ne retrouve dans toutes les grandes villes ; seulement, là, nous étions au cœur de l'empire russe. Tout ce qui habite l'ancienne capitale des tzars a le cachet de la nationalité russe mélangée avec un peu de kalmouck.

Malgré les nombreux étrangers·qui habitent Moscou et tous les efforts des grands dignitaires de l'État pour donner le cachet de la civilisation à ce grand centre de population, Moscou aura toujours un aspect asiatique. Cette ville a une population d'environ 360,000 âmes.

En Russie, la religion chrétienne grecque est la religion de l'État. Le chef de la religion est l'empereur lui-même, qui a sous ses ordres toute une hiérarchie de fonctionnaires : ecclésiastiques, patriarches, popes, etc., etc.

De Moscou nous passâmes à Saint-Pétersbourg, actuellement capitale du puissant empire russe. Cette ville toute nouvelle, construite sous le règne et par l'ordre de Pierre Ier et de Catherine, est située sur la Néva qui se jette, à quelques lieues de là, dans la mer Baltique. C'est une ville toute moderne qui possède quelques beaux édifices, des monuments grandioses, de riches collections artistiques, de belles promenades, et jouit de tout le luxe des grandes capitales européennes; seulement tout ce qui s'y trouve, tout ce que l'on y voit n'est que le pastiche des grandes inventions des autres peuples de l'Europe. Saint-Pétersbourg a une population d'environ 500,000 âmes.

La Russie, jusqu'ici, n'est pas encore parvenue à se créer une industrie à elle, une littérature à elle; elle a cependant des artistes, des industriels, des littérateurs; mais, à part quelques exceptions, ces artistes, ces littérateurs et ces industriels ne sont pas Russes; les Russes n'ont fait jusqu'ici que copier les découvertes et les inventions des autres.

Pourtant il se fabrique en Russie des tissus de laine et de coton, des étoffes grossières et différents objets de consommation pour le pays. Le commerce d'exportation se résume en grains de toutes sortes, en bois de construction, en peaux d'animaux pour la sellerie et en fourrures.

Cependant, nous l'avouons, le peuple russe, tout en étant un peuple neuf, n'en est pas moins destiné à recueillir l'héritage et le souffle créateur des autres peuples qui se sont abandonnés ou qui s'éteignent dans la paresse.

Le peuple russe, composé de nations à demi sauvages, d'hommes ignorants pour la plupart, a reçu du Créateur le don d'acquérir facilement les notions les plus diverses de la civilisation. Ce peuple, dont l'intelligence est restée engourdie depuis des générations, semble avoir accumulé pour ainsi dire les facultés nécessaires à l'apprentissage de toute chose; seulement, jusqu'ici, il n'a été qu'imitateur; deviendra-t-il créateur? Nous le croyons.

Dieu sans doute a voulu ménager à l'espèce humaine une pépinière où elle retrouvera un jour les ressources nécessaires pour rendre la force à des générations abâtardies, étiolées et incapables de continuer l'œuvre civilisatrice.

Je ne décrirai pas l'empire russe province par province, ma tâche serait trop difficile. L'empire russe est trop grand; il s'étend à lui seul sur près de la moitié de notre globe, et n'a pas moins

de 14,000 kilomètres de long sur 5,600 de large ; et puis ce n'é-
tait pas le but de notre voyage. Nous voulions connaître où en
étaient les arts, les sciences et l'industrie chez les peuples divers
de l'Europe, et la Russie, en général, avait bien peu de choses à
nous offrir comme comparaison avec ce que nous connaissions
déjà. La Russie, avec ses immenses provinces, a une population
qui dépasse 70,000,000 d'âmes.

La Russie est une grande puissance, et pourtant elle pourrait
l'être davantage, si, au lieu de tourner sans cesse ses regards vers
l'Occident, elle s'occupait principalement de s'agrandir, de conquérir et de civiliser vers l'Orient ; elle aurait déjà réussi à absorber des multitudes de peuples qui vivent ou à l'état sauvage, ou
sont un obstacle à la grande unification de l'espèce humaine, et
à son travail universel vers des destinées qui sont encore inconnues.

L'heure du peuple russe, pour rivaliser de science et d'industrie avec les peuples de l'autre partie de l'Europe, n'est pas
encore arrivée ; son rôle n'en sera, croyons-nous, pas moins glorieux, et sa part dans le grand travail de l'humanité moins belle.
Mais les champs immenses de l'Asie lui sont ouverts ; ses mille
peuples divers, qui ont joui autrefois d'une civilisation avancée et
qui se sont étiolés par la corruption, sont sa proie irrévocable. Dieu
a donné la mission à la Russie, nous en avons la conviction, de
relever tous ces peuples et de les rendre à la grande famille humaine. Malheur à la Russie si elle méconnaît les voies qui lui ont
été tracées par l'Éternel !

Le centre de l'Asie, presque inconnu aujourd'hui, une partie
de l'Inde et la Chine surtout, la Chine entière elle-même, qui a
accumulé depuis des siècles des trésors immenses, tout cela doit
être le partage du peuple russe, s'il ne méconnaît pas sa mission.

Les nations ambitieuses et jalouses de l'Occident se récrieront
peut-être contre de pareilles prétentions ; peut-être se coaliseront-
elles pour empêcher cette œuvre ; tant pis pour elles. Leur voca-

tion, à elles, a été le grand travail de l'intelligence, l'enfantement des grands problèmes, les découvertes plus étonnantes les unes que les autres; qu'elles accomplissent l'œuvre qu'elles ont commencée, le doigt de Dieu est partout. A chacun sa tâche; malheur à qui ne la comprend pas!

Mais la Russie, avant de réaliser le travail qui lui est imposé, devrait rendre à quelques peuples vaincus leur nationalité, pour en faire une barrière contre le mauvais vouloir de quelques jaloux, et se constituer quelques amis. Mais passons.

Une seule partie de l'empire russe nous appelait; cette partie, c'était le pays qui sert d'épouvantail au reste du monde : c'était la Sibérie.

Après avoir traversé une foule de provinces, toutes habitées par des hommes robustes qui n'avaient pas besoin, comme chez nous, de se disputer des bribes de terrains incultes, car les neuf dixièmes des terres n'étaient pas même cultivées, nous arrivâmes dans le centre de la Sibérie. Là, les peuples n'étaient plus les mêmes; des races abâtardies, des êtres étiolés vivaient dans la plus pénible ignorance comme dans la plus ignoble misère, et pourtant ces misérables ne changeraient pas d'existence pour tout au monde; rivés à des habitudes de malpropreté, ils vivent et meurent dans le cloaque où ils sont nés.

Mais ces peuples, d'où viennent-ils? Ce ne sont certes pas des peuples nouveaux; leurs types usés portent la marque de la dégénérescence.

Au reste, la Sibérie, située aujourd'hui sous une zone glacée, semble avoir autrefois été favorisée par un climat meilleur. Des quantités considérables de ruines que l'on a découvertes et que l'on découvre chaque jour dans les déserts de cette partie du monde, des spécimens d'animaux qui n'ont jamais vécu que dans des climats chauds ou tempérés qui se trouvent sur un très-grand nombre de points, sembleraient indiquer qu'une cause inconnue a changé tout aussi bien l'aspect du pays que le climat.

Le seul commerce, la seule industrie des habitants de ces contrées consiste dans le trafic des fourrures, que d'intrépides chasseurs se procurent dans ces déserts au péril de leur vie. Les monts Ourals étaient le lieu de notre destination. Ces montagnes, situées aux confins de notre hémisphère, sont dotées de richesses minérales considérables.

Nous y visitâmes des mines de toutes sortes : l'or, l'argent, le platine, le cuivre, le fer, la houille s'y trouvent en abondance.

Malheureusement cette chaîne de montagnes, si riche en métaux précieux, est située dans une contrée si dénuée de tout, si horriblement froide pendant les hivers, qui durent plus des trois quarts de l'année, que l'on a été obligé d'employer au travail des mines les malfaiteurs ou les malheureux condamnés pour politique ou pour toute autre cause. C'est là, au milieu de ces enfers glacés, qu'il faut venir visiter jusqu'où l'homme peut porter la cruauté pour assouvir sa soif de richesse ou de vengeance ! Pauvre humanité ! Là tous ces êtres, libres autrefois, n'ont plus de nom, plus d'initiative, plus de libre arbitre ; un être humain n'est plus qu'une chose soumise au bon plaisir de ceux qui commandent ou dirigent les travaux dans ces gouffres.

Nous entrâmes dans une mine d'or ; là nous rencontrâmes des hommes à l'air découragé, au regard triste et pourtant au maintien noble et distingué, puis quelquefois, côte à côte de ces types à l'aspect sympathique, se trouvaient des êtres à figures repoussantes et ignobles.

Les uns représentaient quelque membre de l'aristocratie ou quelque noble génie tombé dans cet état d'infortune sous une influence fatale ; les autres représentaient les bandits, les scélérats les plus féroces et les moins dignes de pitié ; et pourtant, s'il y avait une faveur à accorder, c'était plutôt à ces derniers qu'elle était acquise.

Un vieillard à longue barbe blanche, au dos voûté par le travail, mais à l'air noble et fier encore, nous regarda passer en s'ap=

puyant sur le manche d'une pelle de fer qui lui servait à ramasser le minerai.

M. Rolland, attiré par la belle et vénérable physionomie de ce vieillard, s'arrêta devant lui; moi-même, surpris de trouver tant de noblesse et d'air de grandeur dans un condamné aux mines, je restai frappé d'étonnement.

— Qui êtes-vous, brave homme? dit M. Rolland au vieillard.

Le vieillard tourna sans répondre son œil cave vers notre guide.

— Vous pouvez parler, dit le guide, personne ne nous écoute; et puis vous n'irez pas vous en vanter, ajouta-t-il en caressant un nerf de bœuf suspendu à sa ceinture.

— C'est que, voyez-vous, nous dit cet homme, ici les prisonniers ne doivent parler à personne sans une autorisation des chefs.

Il y a longtemps, ajouta le vieillard, qu'un être humain ne m'a adressé la parole; et pourtant cela fait tant de bien de causer avec quelqu'un! Je ne suis point un criminel, comme vous pourriez le croire. Jusqu'à l'âge de trente-cinq ans j'ai été riche, heureux, comblé de toutes les faveurs de la fortune. En 1828, j'étais lié avec plusieurs officiers comme moi, qui avaient su m'inspirer le plus vif attachement. Initié un jour à leurs idées d'émancipation et de révolte, je n'eus pas le courage de les trahir. Alexandre Ier venait de mourir. Ces jeunes hommes, poussés par des idées que je n'approuvais qu'en partie, voulurent faire une révolution pour appeler au trône l'un des frères de l'empereur défunt, qui, malgré ses droits à la couronne, en avait été éloigné par un motif que nous ne connaissons pas. Constantin était-il dans le complot? voulait-il revenir sur une promesse arrachée par la nécessité, voilà ce que je n'ai jamais su; mais ce que je sais, c'est que Nicolas, qui avait été choisi pour régner, trouva une partie des régiments de l'armée en pleine révolte lorsqu'il voulut se faire reconnaître comme souverain.

Le nouveau tzar vainquit les insurgés. Presque tous ceux qui avaient pris part à la révolte furent passés par les armes ; les plus favorisés furent envoyés dans les mines de Sibérie ; je fus de ce nombre. Hélas ! voilà plus de trente-deux ans que je suis confiné dans ces affreux souterrains. J'ai vu périr la plupart de ceux que le sort m'avait donnés pour compagnons d'infortune, et moi je traîne la vie la plus misérable qu'il soit possible d'imaginer, en attendant ma dernière heure.

Nous ne pûmes que plaindre le malheureux vieillard, et nous le quittâmes affligés nous-mêmes de son triste sort.

Depuis, nous avons appris que le nouvel empereur, Alexandre II, avait gracié la plupart des infortunés que des causes politiques avaient fait envoyer en Sibérie, et j'ai su avec bonheur que le comte Ok..., le vieillard que nous avions rencontré dans les mines, avait été au nombre de ceux qui étaient sortis vivants de ces enfers.

Après avoir visité les extrémités de l'Europe, nous fîmes une excursion jusque chez les Lapons.

LA LAPONIE

La Laponie russe et suédoise est située sous le cercle polaire ; rien n'est affreux comme le climat de ces contrées, où l'hiver est presque éternel, où les jours et les nuits ont plusieurs mois.

L'existence des Lapons est un véritable problème pour l'observateur ; ces malheureux, d'une taille qui ne dépasse presque jamais plus d'un mètre, vivent au milieu des glaces, des frimas et des ténèbres, comme si la terre n'était pas assez grande pour leur offrir une retraite moins horrible dans une autre partie du globe. Pourtant le Lapon est idolâtre de sa patrie ; transportez-le ailleurs, il meurt de consomption et de nostalgie. Il est vrai qu'il a reçu de la Providence un bienfait inappréciable, c'est le renne, qu'il a su domestiquer. Le renne est un animal de la taille de nos chevreuils, qui vit de mousse et d'écorces d'arbres, et qui donne un lait excellent, une fourrure des plus chaudes et sert encore à traîner tous les fardeaux.

Cet animal, dont les Lapons ont des troupeaux nombreux, est la ressource des habitants de ces rudes climats. Le renne nourrit son maître, le vêtit et le transporte dans son traîneau à des distances considérables.

Les nuits qui, dans ces contrées, durent des mois entiers, ne sont pas sans un certain charme pour ces peuples. D'abord, la nuit est diaphane, et presque toujours éclairée par la lune et par les étoiles; et puis, à chaque moment, l'horizon se colore de lueurs merveilleuses, de clartés multicolores, dont le reflet donne la lumière la plus douce et la plus féerique qu'il soit possible d'imaginer; ce sont les aurores boréales, qui, dans ces contrées, existent presque à l'état permanent.

Nous laissâmes les Lapons, en compagnie de leurs rennes, dans leurs huttes enfumées ou dans leurs souterrains creusés dans la neige, et nous visitâmes la Suède et la Norvége.

Nous assistâmes sur les côtes de Norvége à la pêche de la morue; cette pêche, lorsque l'on tombe sur un banc de poissons, est vraiment merveilleuse. Impossible de se faire une idée du nombre de ces poissons qui habitent le fond de la mer.

LA SUÈDE ET LA NORVÉGE

La Norvége est l'une des grandes provinces de la Suède, qui a cependant conservé son autonomie.

La population de la Norvége est d'environ **1,200,000** âmes. Christiania, qui a une population d'environ **25,000** âmes, est la capitale de la Norvége.

La Norvége n'a point, pour ainsi dire, d'industrie qui lui soit propre, sauf l'agriculture et la récolte des plumes d'aigles et d'autres oiseaux, qui fournissent un duvet très-recherché que l'on recueille dans les hautes falaises.

Au reste, c'est l'Angleterre qui alimente la Norvége d'une partie des choses qui lui sont nécessaires.

La Suède est habitée comme la Norvége, du reste, par une race d'hommes forts et énergiques, quoique doués d'un grand calme et d'un grand sang-froid. Nous visitâmes les mines de cuivre et d'étain de la *Dalécarlie*. Là, au moins, nous ne vîmes pas de malheureux, élevés dans les douceurs d'une vie de luxe, forcés de s'ensevelir vivants dans les entrailles de la terre. Là, le travail est libre; libre aussi est l'homme qui arrache à la terre ses trésors. Les *Dalécarliens* sont des hommes robustes qui sont doués d'un grand courage.

La Suède est un pays assez accidenté et montueux; sa population est d'environ **3,000,000** d'habitants. La Suède possède une marine et de nombreux navires qui font le commerce de transit.

Stockholm est la capitale de la Suède; cette ville, assez commerçante, renferme une population d'environ **100,000** âmes. Les Suédois, sans être ni inventeurs, ni industriels, ont assez perfectionné les arts et l'industrie chez eux pour pouvoir se suffire ou au moins fabriquer toutes les choses les plus nécessaires aux besoins de la vie. L'importation chez eux ne porte que sur des choses de luxe ou sur les matières premières dont ils manquent.

Le Suédois est travailleur, honnête et intelligent.

LE DANEMARK

Le Danemark, que nous visitâmes ensuite, est un pays à peu près semblable à la Suède. Au reste, les Danois ressemblent beaucoup aux Suédois sous tous les rapports.

Le Danemark a une population d'environ 2,100,000 âmes, plus les deux duchés situés en Allemagne : le Schleswig et le Holstein, dont on a fait si grand bruit depuis quelques années.

Copenhague, capitale du Danemark, est une fort belle ville; brûlée par les Anglais, en 1807, mais reconstruite depuis; sa population est d'environ 130,000 âmes.

Le Danemark, comme la Suède, n'est point un pays de production; seulement son industrie nationale suffit à peu près aux besoins de ses populations.

Les Danois, comme les Suédois et les Norvégiens, sont des peuples bons, hospitaliers et remplis de jugement.

La rigueur du climat où ils vivent est, sans doute, cause du peu d'extension qu'ils donnent à leurs inventions, car ces peuples sont ingénieux et inventeurs, et ont assez de facilité pour créer. Pourtant, jusqu'ici, leurs découvertes et leurs travaux ne se sont guère portés que sur des choses d'agrément.

Le Danemark possède, comme la Suède, de nombreux navires montés par d'intrépides marins; elle a aussi quelques colonies dans le nouveau monde.

Nous repartîmes de Copenhague pour venir débarquer à Hambourg, une des villes anséatiques.

Les villes anséatiques, soi-disant libres sous la tutelle de la confédération allemande, sont, en réalité, sous l'autorité des puissances au milieu des territoires où elles se trouvent enclavées; ces villes sont Hambourg, Brême et Lubeck.

Types et Costumes de divers peuples de l'Allemagne.

Le commerce des villes anséatiques n'est qu'un commerce de transit; rien n'est le fait de la propre industrie de leurs habitants, dans les échanges ou les transports de marchandises qui s'opèrent sur ces places. L'Angleterre, l'Allemagne, la France, la Hollande, la Belgique et la Russie sont les véritables trafiquants dont les négociants de ces cités ne sont que les courtiers. Pourtant il s'y fait un négoce considérable, mais sous les influences des vieilles idées. Le commerce est tout entre les mains des naturels. Les étrangers s'y naturalisent difficilement, et sont longtemps en but au mauvais vouloir des maîtres et patrons.

De Hambourg nous partîmes pour visiter l'Allemagne.

L'ALLEMAGNE

L'Allemagne se compose de l'agglomération d'une foule d'États petits et grands gouvernés par des souverains, et occupés par des populations qui se jalousent et se desservent mutuellement, en se caressant, en se faisant de grands compliments et en répétant à satiété : « Vous êtes Allemands, nous sommes Allemands, ils sont Allemands, nous sommes tous Allemands. » Mais ces symptômes d'union n'existent qu'à la surface. Le Saxon jalouse le Prussien, le Bavarois déteste le Hanovrien et le Wurtembergeois; les Badois n'aiment guère plus les autres peuples de l'Allemagne, y compris les sujets des États autrichiens, et ainsi de tous ces peuples qui forment le peuple allemand.

L'Allemagne se compose de quarante États petits et grands, qui, à eux tous, ont une population de 37,000,000 d'habitants.

Comme je le disais, l'Allemagne en général est un beau et bon pays. Les peuples qui l'habitent, pris en masse, sont doués d'intelligence et d'énergie. Seulement ils se laissent trop entraîner à la métaphysique, au rêve.

Ils discutent mille théories, parmi lesquelles il y en a quelques-unes de rationnelles, mais qui restent improductives pendant que les nations voisines mettent en pratique et profitent de toutes les belles choses qu'ils ont entrevues, et qu'ils continuent à regarder à travers la lunette de leur imagination.

Les Allemands, en général, sont honnêtes, hardis et doués d'une imagination vive.

Peut-être que la bière et le tabac, dont on use avec prodigalité dans cette partie de l'Europe, ont une action mauvaise sur le cerveau des peuples de l'Allemagne.

Enfin, avec tous les éléments de force, l'Allemagne est faible; avec toutes les ressources de l'intelligence et de la volonté, elle se contente de discuter, et reste sans produire et sans rien consolider.

Il faut sans doute aimer son pays avant toute chose, jusqu'à ce que les temps soient venus où les diverses nations auront le monde pour patrie, mais il ne faut être ni jaloux, ni injuste...

Pourtant l'Allemagne est un pays où la civilisation a fait de grands progrès; là, les études les plus fortes en philosophie se joignent à d'autres études plus nécessaires au bien-être de l'espèce humaine. Seulement les peuples de l'Allemagne, comme je le disais, vivent plus dans le rêve que dans la réalité.

Ses maîtres parlent et discutent pendant assez de temps pour que l'objet, cause de la discussion, soit passé à l'état de chose usée ou inutile avant d'avoir produit, ou que les peuples des autres pays s'en soient emparés. Que de grandes et belles choses ont vu le jour au milieu des riches pays de l'Allemagne; mais toutes ces créations sont pour la plupart restées, sinon improductives, du moins bien peu utilisées.

L'Allemand est entêté, routinier; s'il a adopté une chose bonne ou mauvaise, il l'abandonne rarement, lors même qu'il devient victime de sa foi.

L'industrie n'est point sans jeter un vif éclat en Allemagne ; pourtant le plus important de ses négoces consiste dans la vente de ses bestiaux, de ses eaux plus ou moins minérales et de ses jambons.

Le peuple allemand est un grand peuple ; seulement, il faudrait qu'il soit juste envers les autres peuples pour arriver à se juger et à juger les autres sans partialité.

Pour que l'Allemagne devienne une puissance de premier ordre, pour que le peuple allemand puisse concourir, avec toute l'énergie dont le Créateur l'a doué, au grand labeur universel, il faudrait que les Allemands commencent par faire taire leurs petites jalousies de clocher, et qu'ils ne forment plus de cœur qu'une nation homogène ; il faudrait qu'il n'y ait plus en Allemagne ni barrières, ni entraves entre toutes les provinces ; il faudrait que le littoral de la mer soit à l'Allemagne, à tous et pour tous, et qu'il n'y ait plus ni maîtrises, ni monopoles, ni trente-six sortes de monnaies, de poids et de mesures, ni trente-six mille lois et cinq cents petits souverains.

Il faudrait à l'Allemagne unie une *loi*, un *pouvoir* ; alors, mais seulement alors, l'Allemagne deviendrait un grand État et les Allemands un grand peuple.

Sans doute l'Allemagne est moins bien partagée que la France, l'Angleterre ou l'Espagne sous le rapport de la situation territoriale, mais cela pourrait se racheter par une sage politique et de bonnes relations avec ses voisins.

Nous partîmes pour la Prusse.

LA PRUSSE

Berlin, capitale de la Prusse, est une ville presque entièrement neuve. Cette ville a une population de 400,000 habitants.

Les arts et l'industrie fleurissent assez à Berlin comme dans le reste du royaume de Prusse, royaume de nouvelle date, grâce à l'influence et aux capitaux de quelques riches particuliers nobles ou bourgeois ; mais la Prusse, avec sa population de 14 à 15,000,000 d'habitants, reste et restera longtemps une puissance d'un ordre inférieur sous le rapport du commerce et de l'industrie ; d'abord à cause de sa position géographique, enclavée qu'elle est au milieu d'une foule de territoires dont les gouvernements et les populations lui sont antipathiques, et puis la configuration de son territoire, étroit et morcelé sur une longueur considérable, et le peu de débouchés des produits de ses manufactures, formeront toujours une barrière insurmontable à l'accroissement de ses relations commerciales et à l'extension de son industrie.

La Prusse est sans contredit la première puissance allemande ; cet État, qui se montre libéral et veut faire croire qu'il tient à marcher à la tête de la grande nation allemande, est assez puissant pour imprimer une direction avantageuse aux aspirations du peuple allemand, mais sa position géographique l'arrête.

La Prusse aurait besoin de s'arrondir par quelque annexion de territoire ; l'osera-t-elle? Pourtant ce n'est qu'à ce prix qu'elle consolidera sa propre prospérité et la prospérité de l'Allemagne.

LA SAXE

La Saxe, dont Dresde est la capitale, est un excellent pays qui possède une population intelligente et travailleuse ; mais, réduite à ses propres ressources, la Saxe meurt de consomption.

La Saxe, dont Leipsick est la ville la plus importante et la plus commerçante, n'a guère qu'une population de 2,000,000 d'habitants.

LA BAVIÈRE

La Bavière, passée à l'état de royaume en 1806, est un bon

pays; le commerce et l'industrie y fleurissent; sa population est d'un peu plus de 4,000,000; sa capitale, Munich, est l'une des plus belles villes de l'Allemagne; la population de cette ville est d'environ 150,000 âmes.

LE WURTEMBERG

Le Wurtemberg, est un petit royaume qui a une population de 1,700,000 à 1,800,000 âmes; le sol y est bon, et le peuple, quoique d'un aspect rude, est laborieux.

LA HESSE

La Hesse se compose de trois États ou principautés distinctes; les habitants de ces principautés sont, comme tous les Allemands, travailleurs et honnêtes; la population des trois États réunis peut s'élever à 1,700,000 ou 1,800,000 âmes.

LE HANOVRE

Le Hanovre, situé sur le littoral de la mer du Nord, semblerait devoir s'élever, par les facilités commerciales qu'offre sa position géographique, au premier rang des États commerçants de l'Allemagne; je ne sais si cela arrivera, mais, quant à présent, les entraves et les vieilles coutumes qui s'y rencontrent sont cause, je crois, que le Hanovre n'occupe pas parmi les nations le rang qu'il devrait occuper; pourtant l'industrie et le commerce y ont une certaine extension.

Le Hanovre a une population d'environ 1,700,000 âmes.

LE GRAND DUCHÉ DE BADE

Le grand-duché de Bade, qui est limitrophe de la France, est un excellent et bon pays, dont la population est d'environ 2,000,000 et quelque cent mille âmes.

Les habitants du grand-duché sont industrieux et se livrent au commerce, à la culture de la vigne et des céréales avec succès.

Je ne vous parlerai pas d'une foule d'autres petites principautés; l'Allemagne en général se ressemble partout.

Nous avions mis près de sept ans à visiter en détail toutes les parties de l'Europe dont je vous ai parlé; bien souvent M. Rolland s'était senti le vif désir de revoir sa fille, son enfant chérie; pourtant il n'avait point voulu interrompre l'étude des industries et des éléments de puissance de tous les peuples de l'Europe, qu'il avait entreprise.

Cette étude, où j'avais puisé moi-même les quelques notions que je vous ai citées, était finie; nous allions revoir la France, M. Rolland, sa fille bien-aimée, moi, ma vieille mère et mes frères et sœurs.

Pour abréger le temps de la séparation, M. Rolland avait invité sa fille à venir au-devant de nous jusqu'à Mayence, et c'était là que nous devions la retrouver.

Nous avions quitté le grand duché de Bade pour visiter encore les ruines des bords du Rhin, lorsque, surpris par la nuit dans une de nos excursions pédestres, nous fûmes forcés de continuer notre route à travers champs, sans autre guide que la lumière de quelques éclairs.

La pluie tombait par torrents, la foudre s'élançait à chaque instant des nuages en longs zig zags lumineux, et nous ne rencontrions aucun endroit habité; pourtant nous marchions toujours, M. Rolland avec sa philosophie accoutumée, moi moins calme et donnant au diable les mauvais chemins et le mauvais temps

La Récompense.

qui nous poursuivait. Nous traversions une plaine remplie de broussailles, lorsque tout à coup M. Rolland, qui avait pris les devants pendant une courte halte que je venais de faire, poussa un cri qui fut suivi d'un bruit sourd, comme le son d'un corps qui tombe dans l'eau.

— Charles, Charles ! cria M. Rolland, mon ami, ma fille !

Saisi d'épouvante, je précipitai le pas et j'arrivai sur le bord d'une espèce de précipice, au fond duquel se trouvait une grande pièce d'eau ; M. Rolland se débattait au milieu de ces eaux noires, en prononçant mon nom et celui de sa fille.

Je n'hésitai pas un instant, et je me précipitai à son secours, sans même savoir comment nous nous en tirerions tous les deux. Enfin je parvins à saisir cet excellent homme par un bras, je lui posai la main sur mon épaule et je le priai de s'aider un peu de l'autre bras pour se maintenir sur l'eau.

Je suis très-bon nageur, et grâce à cette heureuse circonstance, je pus nous diriger vers les bords de l'espèce d'abîme où nous étions ; nous abordâmes sur la rive non sans difficulté, il est vrai, mais enfin avec assez de bonheur pour que je pusse prendre M. Rolland, épuisé par l'émotion, suffoqué par l'eau qu'il avait avalée, dans mes bras et le transporter dans une cabane que je venais d'apercevoir à la lueur d'un éclair.

Les soins les plus empressés furent prodigués à M. Rolland, et grâce au bon accueil des braves gens chez lesquels nous étions, il revint peu à peu ; dès qu'il ouvrit les yeux il me tendit les bras et me dit :

— Charles, mon bon Charles, sans vous j'étais perdu, et pourtant je n'osais vous appeler, car je sentais que le péril était grand pour venir à mon secours ; Dieu soit loué, nous voici tous les deux hors de danger ; et ma pauvre enfant, que serait-elle devenue, si je m'étais noyé ? Allons, vous avez sauvé la fille, je m'en souviens, vous venez de sauver le père, c'est une double dette que j'ai contractée, que puis-je faire pour vous ?

— Rien, dis-je, la rougeur sur le front, me continuer vos bontés, me rendre un homme utile en me donnant les moyens de prendre part à cette belle et glorieuse lutte du travail et de l'intelligence contre la matière, afin que je puisse, moi aussi, apporter un jour mon petit grain de sable à l'œuvre de la régénération de l'homme par son propre labeur.

M. Rolland se mit à sourire avec bonté.

— Ma fille saura ce que je vous dois, dit-il, et elle-même fixera la récompense de votre noble conduite.

A ces paroles, une vive émotion me saisit et j'eus à peine assez de voix pour dire merci.

Quelques jours plus tard, nous étions réunis à Mayence avec la fille et la sœur de M. Rolland.

Là, le bon, l'excellent homme raconta nos voyages et le dernier service que je lui avais rendu, en laissant sa fille juge et maîtresse de la récompense que l'on pouvait m'offrir.

La jeune fille rougit. Mademoiselle Héléna avait vingt et un ans alors ; elle était belle, de cette beauté qui sied si bien aux grandes âmes, aux cœurs nobles et généreux ; sa taille était au-dessus de la moyenne, ses traits étaient réguliers et doux, ses yeux limpides et tendres ; elle était belle, enfin, comme l'idéal dont l'homme souvent repaît son imagination.

Après avoir rougi, la jeune fille devint pâle et sérieuse, puis, après un moment de réflexion, elle s'avança vers moi et me tendit la main.

— Monsieur Charles, dit-elle, je n'ai que bien peu de chose à vous offrir comme récompense de vos nobles qualités, de votre dévouement, mais ce peu de chose je vous l'offre, avec la ferme conviction que je resterai encore votre obligée, si vous voulez l'accepter ; c'est ma main : la voici, prenez-la, si toutefois, ajouta-t-elle en rougissant de nouveau et en baissant les yeux, vos affections ne sont pas déjà fixées ailleurs.

Que vous dirai-je, mes amis? La noble démarche de la fille fut ratifiée par le père, ce qui me rendit le plus fortuné des hommes. Devenu l'heureux époux de cette charmante jeune fille, je me suis livré avec bonheur aux travaux de l'industrie; j'ai fait plus d'une découverte utile ou j'ai amélioré la découverte d'autrui. J'ai mis les miens en position de se suffire, et Dieu, je l'espère, bénira les efforts que je fais pour féconder autant que je le puis le champ où je cultive les facultés qu'il m'a données.

Tous les amis de Charles le félicitèrent du bonheur qui lui était échu en partage.

Le jeune homme continua, et leur dit :

Je vous ai raconté mon odyssée des dix années passées depuis que nous ne nous sommes vus; ce que j'avais à vous raconter se serait réduit à bien peu de chose, si je ne vous avais parlé que de ce qui m'est arrivé personnellement; mais, au contraire, j'ai cru devoir m'effacer devant le tableau que j'ai essayé de vous faire des merveilleux résultats du travail et de l'industrie, et encore je ne vous ai pas dit la millionième partie des belles choses que l'homme a su tirer du néant et appliquer à son usage. Maintenant, je vous écoute à mon tour, mes chers camarades, bien désireux de savoir si vous avez trouvé, comme moi, un port assuré contre les défaillances et les mauvais penchants dont nous avons tous plus ou moins une certaine dose à notre service, et dont nous devons nous garantir par tous les moyens possibles.

Ils sont très mal accueillis par les Arabes.

Fort mal reçus par les Kurdes.

III

L'ASIE

— Écoutez, dit alors un grand jeune homme maigre, au teint bilieux, à l'air hardi; je vais, si vous voulez, vous raconter à mon tour mes pérégrinations à travers le monde; seulement j'ai vu d'autres contrées, d'autres peuples, d'autres climats que notre ami. J'ai parcouru l'Asie, la partie du monde la plus anciennement civilisée, dit-on, la plus peuplée autrefois, la plus favorisée des dons de la nature. Malheureusement je n'ai rencontré partout sur cette partie de l'ancien monde que dégénérescence, abâtardissement des races, ignorance des hommes. Hélas! la belle et puissante fécondité du sol, la richesse inouïe de quelques-unes de ses parties, les étonnantes facilités que la nature a mises de toutes parts au service de l'homme pour qu'il puisse s'élever vers son créateur et travailler au grand édifice de la réhabilitation et du rachat de la créature, tout cela n'a servi à rien; tout est méprisé ou même insulté comme chose inutile ou nuisible par ceux qui jouissent de ces bienfaits. Les peuples abâtardis, dégénérés, s'amusent à détruire ou à rendre inféconds les biens dont Dieu a doué les belles contrées où ils vivent. Je vais donc vous parler de l'Asie, où j'ai vécu pendant huit années, que j'ai parcourue dans tous les sens, que j'ai étudiée au milieu des périls de toutes sortes, et que j'ai quittée avec dégoût, parce que je n'y ai vu poindre nulle part le germe d'une résurrection quelconque, d'un sentiment juste ou d'un raisonnement selon la véritable loi.

L'Asie est la plus considérable des trois parties de l'ancien monde. C'est la partie du monde enfin qui fut la plus favorisée sous tous les rapports par le Créateur. C'est en Asie que Dieu, selon la Genèse, plaça le paradis terrestre; que Noé construisit l'arche qui renfermait les destinées humaines et qu'il aborda après le déluge. C'est aussi en Asie que les hommes se réunirent le plus anciennement en société. La tour de Babel fut bâtie en Asie. Puis, après la dispersion des hommes, lors de la diffusion des langues, c'est dans la même partie du monde qu'ils se groupèrent encore, qu'ils bâtirent des villes considérables comme Babylone, Ninive, etc., et qu'ils fondèrent des empires puissants.

L'Asie fut aussi le berceau de toutes les sciences, de la littérature et des religions diverses, qui se répandirent dans les autres parties du globe.

L'Asie aurait donc dû rester le centre de la civilisation, et les peuples qui l'habitent devenir les initiateurs des autres peuples, dans la voie du progrès. Il n'en a point été ainsi; les habitants de l'Asie, comme poussés par le vertige, se sont complu dans la bataille, l'anarchie et la destruction. Les villes si considérables et les empires si puissants des Mèdes, des Assyriens, des Perses, etc., n'ont existé que sous l'influence d'un despotisme qui a tout absorbé, tout anéanti; et aujourd'hui la plus anciennement peuplée comme la plus belle partie du monde n'est plus qu'un champ désert où finissent de s'étioler ou de se pervertir quelques races encore organisées en corps de nation, mais qui jettent leur dernier souffle dans les horreurs de la barbarie ou de la mollesse et de l'abandon d'eux-mêmes, comme les Turcs, les Perses, les Indiens et les Chinois.

Quant au reste des peuples divers qui habitent l'Asie, comme les Arabes, les Tartares et les mille peuples qui se sont isolés de tout mouvement civilisateur, retombés dans le chaos, ils ne compteront plus désormais parmi les nations civilisées; leurs races usées comme le sol qu'ils habitent, privées de la séve qui rend l'homme, aussi bien que la terre et la plante, apte aux conditions de la fertilité et de l'existence; ils s'éteindront dans l'anarchie, l'abandon et l'oubli. Inutile de penser jamais à rallumer le flambeau des sciences et des connaissances indispensables à l'humanité parmi eux. Le vent de la mort a passé sur le sol qu'ils habitent. Ils se sont oubliés et perdus. Dieu les a délaissés.

L'Asie aujourd'hui a encore une population de plus de 600,000,000 d'habitants, répandus sur une superficie de 9,700 kilomètres du nord au sud, et de 12,000 de l'est à l'ouest.

L'Asie est destinée en partie à devenir la proie de quelque grande puissance européenne.

L'Angleterre y a mis le pied, et s'est emparée du meilleur morceau, de l'Inde; la France y a bien quelques parcelles de territoire, indignes de sa puissance; les efforts qu'elle tente sur les côtes de la Cochinchine auront-ils quelques résultats? Dieu le sait, mais, pour sûr, la nation appelée à saisir la presque totalité de ce grand héritage, c'est la Russie. Si cette puissance ne méconnaît pas les facilités qu'elle a de s'emparer de tous ces empires vermoulus et démolis qui sont à sa portée, sous sa main, et que nulle force humaine ne peut l'empêcher de conquérir; si elle le veut, l'Asie entière sera un jour sous sa domination. Tous les chemins lui sont ouverts. Quelques efforts dans un moment opportun, et elle prend ce que la Providence a mis sur son chemin. Que la Russie laisse les nations européennes suivre leur politique et se disputer la possession ou la conservation du Bosphore. Constantinople n'est rien à côté de l'empire de l'Asie, et l'empire de l'Asie n'est point à Constantinople.

Je venais d'atteindre mes vingt ans, j'avais, comme vous le savez, fait quelques études sérieuses sur les langues asiatiques : l'arabe, le persan, le sanscrit, etc., etc.

Fils d'une blonde anglaise, ma vie avait été destinée aux voyages ou aux solitudes d'un comptoir. Mon père, employé depuis nombre d'années dans une agence maritime, avait pensé, lui, que je pourrais un jour le suppléer dans ses occupations, mais un frère de ma mère vint déranger ses plans. Mon oncle John, excellent gentleman, venait d'être chargé d'une mission toute particulière pour visiter l'intérieur de l'Asie, surtout l'Asie centrale. Il demanda à mon père de m'emmener avec lui, en promettant de s'occuper de ma position et de mon avenir.

Mon père, après m'avoir consulté, consentit à cet arrangement, malgré les larmes de ma mère. Pourtant, ma bonne mère, confiante dans l'affection de son frère, ne fit pas trop d'opposition, et nous partîmes.

Nous nous embarquâmes à Marseille.

Vous connaissez tous Marseille, mes amis; c'est, selon moi, l'une des villes du monde qui a le plus grand avenir. Cette ville, qui ne comptait guère, il y a trente ans, qu'une population de cent et quelques mille âmes, en a près de 400,000 aujourd'hui, mais que je ne m'écarte pas de mon sujet.

— Eh bien! Gaston, me dit mon oncle John, dès que nous fûmes embarqués, nous allons donc parcourir le monde ensemble comme deux amis. Pour mon compte, je suis heureux que ton père se soit décidé à te laisser m'accompagner, et, pour ton intérêt et ton instruction, c'était ce qui pouvait t'arriver de plus heureux, un voyage, et un voyage comme celui que nous allons faire est le plus grand bonheur qui puisse arriver à un homme jeune et qui a quelque conscience du but que doit atteindre chaque indi-vidu sur cette grosse boule que l'on nomme la terre. Nous serons longtemps partis, nous aurons quelques dangers à courir, mais tant mieux, tu mûriras plus vite et tu jugeras plus sainement les hommes et les choses. Jusqu'ici, je ne t'ai dit que le but apparent de mon voyage, mais le côté sérieux, le véritable motif de mes excursions à travers l'Asie, c'est d'étudier plus particulièrement les relations des peuples entre eux, les produits de chaque con-trée, les débouchés que chaque partie de cette portion du monde peut offrir aux produits de mon pays, et les choses diverses que l'on peut prendre en échange. Peut-être aurais-tu préféré consul-ter les ruines et les antiquités, l'histoire des siècles écoulés et les grandeurs éteintes des anciens peuples de l'Asie. Tu pourras, si tu veux, fouiller dans le passé pour le faire servir comme enseigne-ment pour le présent; mais, je te le répète, je dois bien plus m'occuper de ce que l'avenir peut nous promettre sur la terre asiatique que de l'histoire des peuples anciens. Cela convient-il à ta manière de voir.

J'assurai mon oncle John que je serais heureux de le suivre dans ses études, et de profiter de ses remarques et de ses leçons.

— C'est bien, dit mon oncle, mais surtout prends, dès à présent, la ferme volonté de rester calme et de sang-froid dans toutes les cir-constances qui se présenteront, car une fausse démarche, un signe quelconque peut souvent chez les peuples jaloux et ombra-geux que nous allons visiter, perdre son homme et tous ceux qui sont avec lui.

Le navire sur lequel nous fîmes la traversée marchait toujours, et nous étions déjà en pleine mer que c'était à peine si je m'étais aperçu que le bâtiment eût remué.

— C'est bien dommage, dit avec un gros soupir l'oncle John, que mon pays ne puisse pas trouver le moyen de creuser un ca-nal à travers le continent pour faire passer en tout temps ses flottes dans ce beau et grand lac que l'on nomme la Méditerranée, car, il ne faut pas se le dissimuler, les destinées du monde de l'avenir sont sur les bords de cette mer et de la mer Noire; et le canal de Suez et le passage libre de l'Hellespont porteront certainement un coup funeste à notre domination des mers. Pourtant nous avons des positions inattaquables au milieu de la Méditerranée : Gibraltar d'abord, Malte ensuite, les îles Ioniennes, et puis ce que nous convoitons; mais le temps d'y arriver, les frais causés par le transport, etc., etc.; tout cela nous gêne. Ah! la France est bien mieux située que nous. Enfin, il faut en prendre son parti; qui sait ce que l'avenir apportera de modifications dans la manière de franchir les distances et de communiquer avec les nations les plus éloignées. Le télégraphe électrique est déjà une belle chose, et l'aérostation n'a pas dit son dernier mot. La science marche à pas de géant. L'aérostation surtout, qui nous permettrait de franchir les distances sans avoir à faire les détours que nous impose notre position géographique. Enfin, nous verrons.

La Méditerranée contient plusieurs îles importantes qu'il est utile que tu connaisses, me dit mon oncle; nous en visiterons quelques-unes; quant aux autres, nous nous contenterons d'en parler.

D'abord, il y a la Corse, qui appartient à la France, c'est un beau joyau.

La Corse a une population de 225,000 habitants environ; ses produits, jusqu'ici restés presque insignifiants, peuvent devenir un jour d'une grande richesse. Ah! si l'Angleterre possédait la Corse. Ah!

Il y a la Sardaigne, qui appartient au Piémont. Cette île, qui est assez bien située, n'a rien de merveilleux à présenter aux voyageurs; mais il y a la Sicile. Ah! la Sicile avec son Etna, avec ses mines de soufre, dont on fait un si grand emploi dans l'industrie. Ah! si la Sicile appartenait à l'Angleterre. Ah!..... Nous y aborderons.

Il y a encore les îles Ioniennes, qui sont sous le glorieux protectorat de l'Angleterre ; mais ces îles ne produisent que des figues et des raisins. Pourtant c'est une bonne position stratégique. L'Angleterre fait bien de les protéger.

Il a été question d'annexer ces îles à la Grèce; mais il faudra voir; nous ne ferons cela qu'avec quelques bonnes petites conditions.

L'île d'Elbe, où votre empereur fut confiné un moment, et une foule d'autres petites îles, qui ne méritent pas que nous en parlions. Il y a Malte, dont je te parlais, où nous nous arrêterons peut-être.

Malte, située sur un rocher, fut occupée et fortifiée par les chevaliers de Rhodes, qui s'y retirèrent après la prise de l'île de ce nom par les Turcs.

Les Anglais s'emparèrent de Malte en 1800 ; ils promirent de rendre cette ville après le traité d'Amiens, mais ils se gardèrent bien de commettre cette bêtise, et ils en firent une place forte de premier ordre, au beau milieu de la Méditerranée. Cette île nous est très-utile.

Ah! ah! les Anglais ont là un bon port pour abriter leurs flottes, et c'est une grande consolation pour l'Angleterre de ne pouvoir communiquer avec la Méditerranée autrement que par le détroit de Gibraltar.

Malte a une population d'environ 125,000 habitants ; son commerce n'est guère qu'un commerce de transit, car ce que produit cette île suffit à peine aux besoins de ses habitants.

Il y a les îles Baléares, Majorque qui a une population d'environ 200,000 habitants, et Minorque, qui a une population de 50,000 âmes.

Ces deux îles aussi appartiennent à l'Espagne, mais les Anglais y sont nombreux, et l'Espagne ne voudrait pas contrarier l'Angleterre.

Il y a quelques îles de la Grèce : Rhodes, Candie, etc. Rhodes, Candie, Chypre appartiennent à la Turquie.

Nous descendîmes à Palerme. l'une des principales villes de la

Sicile. Palerme a une population de 180,000 âmes ; et nous fîmes une excursion dans l'île, où nous visitâmes le fameux volcan, l'Etna, qui rugit si souvent et envoie ses cendres et ses laves avec tant de fureur.

— Gaston, me dit sir John, attention, mon ami, car je puis te le dire, à toi, je ne suis pas venu ici seulement pour boire du vin de Syracuse ou admirer la campagne, qui est pourtant fort belle. Il y a des mines de soufre à visiter. C'est là le plus important de mon affaire. L'Angleterre a besoin de ce produit, et l'on ne sait pas ce qui peut arriver, si l'occasion se présentait de s'arranger pour en avoir le monopole, ou, si, par hasard, les habitants de l'île voulaient s'annexer à notre glorieuse Angleterre, tu comprends, on ne sait pas.

Je compris d'autant mieux combien la Sicile était déjà chère aux Anglais, car j'en rencontrai un bon nombre qui s'étaient établis dans le pays, et je m'aperçus que presque tout le commerce était entre leurs mains.

La Sicile est une île d'une superficie de 27,000 kilomètres carrés ; sa population est d'environ 2,000,000 d'habitants. Après avoir visité la Sicile, nous partîmes pour Alexandrie, où nous débarquâmes bientôt sans accident.

— Nous allons traverser l'isthme de Suez, me dit sir John ; nous verrons en passant le *four* que creusent MM. les ingénieurs français ; car ce prétendu canal de jonction, de la mer Rouge à la Méditerranée, n'est qu'une mauvaise plaisanterie, à ce qu'assurent nos ministres ; c'est impossible, c'est contraire aux intérêts du commerce anglais, et bien certainement ce percement ne peut se réaliser.

Je regardai mon cher oncle en souriant, et nous partîmes.

Arrivés à Suez, sir John fut vraiment stupéfait des travaux accomplis.

— Ah diable ! diable, disait-il à part lui ; est-ce que ces coquins d'ingénieurs parviendraient à..... Mais non, c'est impossible, c'est contraire à la nature et aux intérêts de notre commerce.

— Pourtant, oncle John, dis-je, il me paraît que l'affaire marche bien, et que la réalisation du projet est loin de rencontrer les obstacles que l'on supposait en Angleterre.

— Allons-nous-en, dit l'oncle John; pour moi, j'affirme que la chose sera très-difficile à terminer.....

Nous nous embarquâmes sur la mer Rouge pour nous rendre à Moka; sir John voulait visiter l'Arabie.

L'ARABIE

L'Arabie est une partie de l'Asie, qui se trouve entre la Syrie et l'Algescreh, et est bornée de tous côtés par le golfe Persique, la mer d'Oman et la mer Rouge.

L'on distingue trois parties de l'Arabie sous différentes dénominations :

Il y a l'Arabie Heureuse, l'Arabie Déserte, l'Arabie Pétrée.

L'Arabie Heureuse est la partie où nous abordâmes; elle se trouve située en partie sur le littoral de la mer Rouge.

— Oh! me dit sir John en débarquant, s'il est possible que ces coquins d'ingénieurs réussissent à percer leur canal de jonction de la mer Rouge à la Méditerranée, il est probable que cette partie du monde changera totalement d'aspect. Mais nous avons Périm, ajouta-t-il en se parlant à lui-même; Périm, petite île déserte, qui se trouve vers la jonction de la mer Rouge avec l'Océan, sera bientôt un véritable Gibraltar; et puis, nous avons Aden; oui, c'est bien, c'est de la prévoyance; mais la position géographique sera toujours un obstacle; enfin, nous allons étudier le canal qui pourrait nous conduire à travers la Syrie, la Mésopotamie et jusqu'à l'Euphrate...

L'Euphrate pourrait être rendu navigable jusque dans l'Inde, et alors... Oui, mais c'est toujours vers la Méditerranée que cela nous conduit, et l'Angleterre en est séparée par la France. Diable, diable; enfin, nous verrons.

J'avais laissé mon cher oncle faire ses réflexions sans l'interrompre; mais, lorsqu'il eut terminé son soliloque, je lui dis :

— Mais, mon oncle, puisque tu crois à la réussite de l'aérostation, alors il n'y aura plus besoin de traverser la France.

— Oh ! dit sir John en me regardant, tu m'as donc entendu ; oh ! cette diable de France pourrait bien encore trouver un moyen pour nous barrer le passage; enfin, nous verrons.

.   .   .   .

Rien n'est curieux comme l'Arabie; là, plus l'ombre de nos mœurs d'Europe, plus le moindre semblant de notre civilisation. Dans les grandes villes, il y a bien un mélange de marchands de toutes les nations qui apportent avec eux quelques-uns des usages des pays où ils ont vécu, mais sortez de la ville tout de suite et sans transition, vous rencontrez les types, les mœurs, les habitudes des Arabes primitifs.

Les Arabes ont une imagination très-ardente, mais ils sont changeants et peu ingénieux; aussi ne faut-il pas chercher d'industrie nationale chez eux, et puis ces peuples ne pourraient s'astreindre à un travail uniforme. Aussi ne faut-il rien espérer, en Arabie, autres que quelques mauvaises couvertures de poils de chameau, fabriquées par les femmes, et quelques ouvrages de fer grossièrement faits.

Peuple hospitalier, l'Arabe est voleur, tracassier, fanatique; s'il vous a donné sa parole, il vous protégera; mais il ne promet rien que contre des avantages, à moins que ce ne soit dans un moment d'élan, de générosité inusitée.

—Ah çà, me dit mon oncle, je ne suis pas venu ici pour m'amuser à entendre brailler tous ces fanatiques; mon intention n'est pas de séjourner longtemps dans ces lieux. J'ai bien autre chose, ma foi, qui m'occupe. Le café, sa manière de le cultiver et d'avoir les meilleures qualités, voilà l'objet de mon voyage; mais pas un mot là-dessus. Pourtant, je veux te parler de l'Arabie et de Mahomet, qui joua un si grand rôle dans les destinées de l'Orient.

En l'an 610 de notre ère, l'Arabie était ce qu'elle est; seulement le monde était bouleversé par mille guerres intestines.

L'Europe et une partie de l'Asie continuaient leurs luttes avec des peuples barbares; et puis, les docteurs du christianisme se disputaient eux-mêmes et créaient des schismes dans l'Église. Ce fut le moment où Mahomet, qui était né en 550, se mit dans la tête de créer une nouvelle religion, basée sur des dogmes assez en rapport avec les habitudes, les mœurs ou même les vices des peuples orientaux. Il débuta par prêcher ses proches et ses concitoyens; en 622, il fut obligé de se sauver à Yatreb, qui, depuis, a pris le nom de Médine. Mais cet homme, que la nature avait doué d'un caractère énergique, d'un esprit fin et délié, surmonta tous les obstacles, et finit par s'imposer à ses concitoyens. Alors, il flatta la cupidité des uns et les instincts grossiers des autres, s'enveloppa de mystère et organisa la terrible croisade qui devait conquérir à ses dogmes la moitié du monde.

Mahomet, après avoir établi les bases de sa religion, mourut à Médine en 632, et légua à des lieutenants fanatiques le soin de continuer son œuvre.

Ce fut la belle époque de l'Arabie; les lumières et les connaissances des peuples vaincus éclairèrent dans ce pays quelques hommes de génie. Les dépouilles et les richesses enlevées sur tous les points de la terre amenèrent un certain luxe, et créèrent des besoins et une civilisation qui eut ses grandeurs. Mais les successeurs de Mahomet ayant transporté le siége de leur empire loin du berceau du prophète, les Arabes retombèrent dans la barbarie.

Les Arabes sont jaloux et ombrageux; et nous eûmes toutes les peines du monde à résider quelques jours à Moka, et surtout à nous rendre dans les vallées de l'intérieur de cette province où se cultive le café.

Moka est une ville petite, sale et mal bâtie, qui n'a guère qu'une population de 7,000 à 8,000 habitants. Si cette ville n'était le lieu de dépôt et de commerce des cafés et des productions de l'intérieur, elle serait à peine habitée.

Mais ce n'était pas Moka qui nous attirait dans le pays; sir John, comme il disait, avait bien autre chose à faire que de compter les chameaux de tous ces pillards d'Arabes.

Nous parvînmes enfin à nous introduire dans les cantons où se cultive le café. C'était là le but de notre course dans le pays.

Le caféier est un arbuste qui pousse à une hauteur de cinq à six pieds, et qui se plaît dans les terres légères et à l'abri des rochers.

Ce sont les fruits, qui succèdent aux fleurs que donnent cet arbuste, qui produisent ce que nous appelons le café, dont on fait un si fréquent usage.

Le café, cultivé sur un grand nombre de points de l'Arabie Heureuse, est un produit qui rapporte de gros bénéfices, malgré que le Brésil et différentes parties de l'Amérique du Sud, la Martinique et la Guadeloupe, et même quelques contrées de l'Inde, etc., cultivent aussi cette précieuse plante.

La découverte des propriétés du café est diversement racontée. Les uns l'attribuent à un pauvre fugitif, qui, le cœur contrit et rempli de chagrin, fuyait les persécutions de ses ennemis, qui l'avaient ruiné. Arrivé dans un certain endroit, le voyageur s'étant trouvé dans la nécessité de manger les baies du caféier, faute d'autres aliments, se trouva si bien, si gai, si dispos après s'être restauré, qu'il crut véritablement que le fruit du caféier était ensorcelé. Après avoir fait des sauts et des cabrioles, et aperçu l'avenir, si triste un moment avant, couleur de rose, il se persuada qu'il devait faire fortune avec une pareille découverte; aussi s'empressa-t-il de se rendre dans la tribu la plus prochaine, où il raconta ce qui lui était arrivé.

Les Arabes, toujours amis du merveilleux, crurent le fugitif, et recueillirent les petits fruits du caféier, dont ils se régalèrent à leur tour. Alors, convaincus tout à fait par les étonnants effets qu'ils éprouvèrent eux-mêmes des vertus du café, ils en récoltèrent les graines, et se mirent à le cultiver et à en faire commerce.

Un autre chroniqueur raconte tout différemment cette découverte. Il prétend qu'au temps où le christianisme s'étendait en Arabie, où de nombreux monastères s'élevaient dans les solitudes, il advint qu'une certaine incommodité s'empara des moines de l'un des couvents les plus peuplés de la contrée. Tous les solitaires, à une certaine heure du jour, étaient pris de sommeil sans pouvoir y résister. Les pratiques religieuses, la prière même étaient négligées ; dès que l'espèce de torpeur qui attaquait tous les habitants du lieu se faisait sentir, les bons frères tombaient comme anéantis.

Le père abbé se désolait de ne pouvoir découvrir un remède contre cette maladie, lorsqu'un jour où il se promenait dans la campagne, en réfléchissant à ce qui se passait dans son couvent, il se trouva tout à coup en présence d'un troupeau de chèvres, de quelques chameaux et d'un certain nombre d'ânes qui s'ébattaient dans la plaine, sautant, gambadant et ayant l'air d'être sous l'influence d'une espèce d'ivresse.

— Pourquoi ces bêtes sont-elles si vives et si gaies? dit l'abbé au gardien du troupeau, lorsqu'il rencontra celui-ci.

— Dam, dit le berger, c'est quelque chose de bien étonnant, vraiment, car, lorsque nous sommes mes bêtes et moi de l'autre côté de la montagne, elles sont accablées par la chaleur et dorment toujours, mais aussitôt qu'elles sont ici, elles ne pensent plus à dormir,

— A quoi attribues-tu ce changement?

— Sauf votre bon plaisir, dit le berger, je crois que cela provient de ce que ces vilaines bêtes mangent des petits fruits rouges qui poussent aux nombreux arbustes qui se trouvent de ce côté-ci de la montagne ; pourtant, c'est amer comme tout.

Le père abbé réfléchit longtemps ; puis il s'en alla ramasser des petits fruits rouges que lui avait indiqué le berger, et s'en fut tout songeur au monastère. Alors, il fit bouillir les fruits qu'il avait rapportés et ordonna, comme pénitence, à quelques-uns de ses moines, d'avaler le breuvage qu'il avait préparé.

C'était l'heure où le sommeil se faisait ordinairement sentir chez tous les moines ; l'abbé lui-même, dans ces moments-là, était sous l'influence d'une torpeur qu'il ne pouvait vaincre.

Ce jour-là, tous ceux qui avaient bu du breuvage préparé avec les baies du caféier, ne s'endormirent pas. Le bon abbé bien étonné, glorifia Dieu et vit combien les voies de la Providence étaient souvent simples et nombreuses.

En effet, depuis ce jour, l'abbé fit ramasser des baies de caféier et en fit prendre des infusions à ses moines, qui ne dormirent plus jamais qu'aux heures accoutumées.

Il est certain toutefois, que le café nous est venu d'Arabie, que c'est là où il a été le plus anciennement cultivé et qu'il est originaire de cette contrée. Il est, je crois, bien difficile de préciser l'époque où l'on commença à en faire usage en Orient.

Discuter les effets plus ou moins salutaires du café, serait, je crois, fort difficile ; le café est inoffensif pour certains tempéraments et nuisible à certains autres ; et puis l'habitude y est pour beaucoup, aussi ne discuterai-je pas la thèse si souvent controversée, de savoir si l'on doit s'abstenir de prendre du café ou en faire usage ; je crois que l'homme n'adopte pas sans motif et sans cause, une chose ou un aliment quelconque ; seulement il arrive de tout, des meilleures choses comme des plus mauvaises, ce qui est arrivé pour le tabac, etc., c'est que l'abus devient pernicieux et nuisible.

M. Duclieu introduisit le café à la Martinique, et l'on raconte que cet honnête citoyen, préféra souffrir de la soif, pendant une longue traversée à bord d'un navire ou l'eau manquait, pour pouvoir arroser quelques pieds de jeunes caféiers qu'il transportait dans notre colonie.

Lorsque l'oncle John eut bien vu tout ce qu'il voulait voir, bien pris ses notes en cachette, il me dit que nous allions pousser plus loin, et nous partîmes avec une caravane qui allait à la Mecque où nous arrivâmes après de grandes fatigues.

Plus d'une fois pendant la route nous fûmes en grand péril, malgré la précaution que nous avions eue de prendre le costume des habitants du pays, mais nous avions été découverts et reconnus pour des chiens de mécréants, et alors c'était à qui nous dirait des injures. Pourtant, l'oncle John parvint à calmer quelques fanatiques comme par enchantement, avec certains signes ; je lui demandai où il avait acquis la puissance mystérieuse qu'il avait montrée en cette occasion. Il se mit à rire, et m'avoua qu'il avait été reçu franc-maçon dans sa jeunesse, et que c'était grâce aux signes qu'il avait appris, qu'il avait réussi plus d'une fois à calmer nos ennemis.

J'ignore, me dit-il, si la franc-maçonnerie est répandue sur toute l'Asie, mais dans tous les cas, je me suis assuré qu'elle est pratiquée par beaucoup d'Arabes et je profite de mes petits secrets.

La Mecque est l'une des villes saintes des Mahométans ; c'est le siége du grand pontife de la religion ; c'est le lieu où est né Mahomet, et les mahométans croient que la maison d'Abraham, qu'ils nomment Caaba, s'y trouve.

La Mecque a une population fixe de plus de 100,000 âmes ; mais aujourd'hui il n'y a guère que 40 à 50,000 âmes.

Nous fûmes poliment mis à la porte de la Mecque, malgré les lettres de recommandation de mon oncle et nous fûmes même sur le point d'être assassinés ; fort heureusement, nous partîmes pour Médine avec une nouvelle caravane. Arrivés en cette ville, nous

courûmes un grand danger, une foule de pélerins fanatiques,
ayant découvert qui nous étions, voulaient absolument que nous
fussions empalés pour avoir osé souiller la ville sainte de notre
présence ; fort heureusement, nous trouvâmes un scheik du désert
qui voulut bien nous prendre sous sa protection et nous emmener
avec lui, moyennant la promesse d'une forte récompense en
arrivant à Damas où nous nous rendions.

Médine, bien moins considérable que la Mecque, est la seconde
ville sainte des musulmans ; c'est là où le Prophète a trouvé un
refuge, c'est là où il est mort et enterré.

La population ordinaire de Médine, n'est guère que d'environ
1,200 familles, mais plusieurs fois par an, il arrive des caravanes
nombreuses de pèlerins qui quadruplent ce nombre.

Nous partîmes donc sous la garde de notre scheik et de quelques
bandits de sa tribu, qui nous traitèrent assez mal, malgré la
récompense qu'ils attendaient de nous. Après une course à travers
le désert, nous arrivâmes enfin en Palestine, et mon oncle John,
malgré qu'il fût presser d'aller étudier le terrain entre la Méditerranée et l'Euphrate, voulut bien s'arrêter dans la ville sainte.

LA PALESTINE — JÉRUSALEM

Jérusalem, entourée de hautes murailles, flanquée de hautes
tours, n'est plus la ville de Salomon ; son temple splendide, ses
monuments, sa population, tout cela a disparu. Sa population
qui a été autrefois de plus de 125,000 âmes, est réduite aujour-
d'hui à une quinzaine de mille habitants.

Jérusalem, à vrai dire, n'est plus qu'une bourgade où vivent
quelques milliers de juifs, de chrétiens de toutes les sectes et des
musulmans fanatiques, qui insultent et martyrisent les pieux
pélerins qui viennent visiter le tombeau du Christ.

Pourtant, il y a encore à Jérusalem, quelques belles églises qui conservent intérieurement quelques-unes des splendeurs dont on les avait revêtues autrefois et dont les pieuses offrandes des pèlerins les enrichissent chaque jour.

Mais le rôle que quelques misérables Turcs font jouer aux chrétiens est tellement indigne, que j'en suis encore mortifié ; et dire, qu'il ne faudrait que quelques milliers de soldats à l'Europe chrétienne, pour écraser ces insolents profanateurs?...

Après avoir visité Jérusalem en détail, ses rues sinueuses, ses ruelles taillées à pic, ses maisons sordides, qui semblent plutôt destinées à recéler des bêtes immondes que des êtres à figure humaine, après avoir été insulté deux ou trois fois par des Arabes fanatiques ou des Turcs insolents; après avoir parcouru le mont des Oliviers et les endroits où nous espérions trouver quelque souvenir de la grande époque de Salomon ou de la venue du Fils de l'homme, nous sortîmes de la ville, sous l'escorte de quelques soldats fournis à prix d'argent par le gouverneur, nous fûmes visiter les bords du Jourdain, puis les rives maudites de la mer Morte. C'était surtout le lac Asphaltite qui était l'objet des remarques et des recherches de l'oncle John.

— Vois, Gaston, me dit mon oncle, en arrivant sur les rives du lac Asphaltite, c'est ici que furent les villes de Sodome et de Gomorrhe, que Dieu précipita dans l'abîme; vois cette eau épaisse et couverte de morceaux d'asphalte, ne semble-t-elle pas imprégnée d'un poison fatal ; pourtant, je serais bien aise de savoir s'il est vrai qu'il existe des animaux vivants dans ces eaux empoisonnées.

Un Arabe, sur ces entrefaites, vint nous proposer quelques poissons, et une nuée d'oiseaux aquatiques s'éleva des roseaux qui bordent la mer Morte et se répandit sur sa face.

— Oh ! dit l'oncle John, nous pourrions, au besoin. diriger notre canal de l'Euphrate à travers cette pièce d'eau, puisque le poisson y vit et que les oiseaux y sont assez nombreux ; rien n'empêcherait une flotte d'y rester à l'ancre, et mon cher oncle prenait ses notes.

Après avoir bu de l'eau du Jourdain, nous repartîmes pour Damas.

Damas est une grande ville qui fut pendant un temps, le siége de l'Empire de quelques-uns des successeurs de Mahomet.

Cette cité est encore un grand centre commercial.

Damas est une ville considérable, sa population se monte encore à plus de 140,000 âmes.

A quelques lieues de Damas, s'élèvent les rochers du mont Liban.

LE LIBAN

Nous allons visiter ces montagnes, me dit l'oncle John, car on les dit couvertes de bois de cèdre propre à la marine, et l'on y cultive la soie. Si un jour l'Angleterre creuse son petit canal jusqu'à l'Euphrate, pour aller dans l'Inde, il est bon de savoir sur quoi compter. L'empire turc est bien vieux, bien usé, et puis nous avons des amis dans la montagne.

— Oh ! oui, dis-je, les Maronites, les restes de nos vieux chrétiens qui se sont réfugiés là après les victoires des Turcs.

— Mais non, mais non, dit sir John, les Maronites sont trop mous et trop attachés à leurs coutumes, ce serait difficile de jamais en obtenir quelque chose, nous avons mieux que cela ; nous avons les Druses qui exècrent les Maronites et qui abhorrent les Turcs, ce sont ceux-là dont nous ferons nos amis ; ils ne sont ni trop puissants, ni trop faibles, et puis, soutenus par nous ils peuvent nous aider dans nos projets.

Je ne répondis rien à cette confidence et nous continuâmes à nous avancer dans la montagne.

C'est vraiment curieux de visiter ces rochers et ces vallons où vivent 300 ou 400,000 individus toujours armés, toujours obligés de vivre sur le qui-vive. Hélas ! nous trouvâmes les villages et les bourgs dans un triste état ; les populations maronites, naguère si actives et si industrieuses, étaient réduites à la plus grande pauvreté ; les hommes et les femmes paraissaient frappés de stupeur et de crainte, et l'agriculture et l'industrie de la soie semblaient mortes.

C'est qu'aussi plusieurs milliers de ces malheureux avaient été assassinés, brûlés, mutilés par les Druses, les amis en expectative de l'Angleterre.

Les puissances européennes étaient intervenues, mais l'ancien ordre de choses si profondément troublé, avait été remplacé par une nouvelle organisation non moins désastreuse. Autrefois les Maronites et les Druses, leurs adversaires, à peu près à force égale dans la montagne, se respectaient en s'abhorrant ; mais, depuis, les puissances européennes ont cru les rendre d'accord en établissant, au milieu d'eux, les Turcs, qui n'avaient jamais osé le faire. Les Turcs ont rempli tout simplement le rôle du voyageur dans la fable de l'huître et des plaideurs. Les Turcs ont pris pour eux tout ce qu'ils pouvaient prendre, selon leur habitude, et aujourd'hui il ne reste plus qu'une chose en expectative aux Maronites et aux Druses, c'est de s'accorder un instant entre eux, quitte à se battre plus tard, pour chasser les oppresseurs qu'on leur a imposés.

Après avoir visité les superbes cèdres qui restent encore, mais en petite quantité, sur la montagne, sir John prit toutes ses dispositions pour faire un long voyage.

Des chameaux furent achetés, des cheiks arabes payés pour nous conduire à travers les déserts de la Mésopotamie jusqu'aux bords de l'Euphrate, que nous devions suivre, un assez long espace de temps, pour traverser le désert et nous rendre en Perse.

LA MÉSOPOTAMIE — LA PERSE

Nous partîmes donc, accompagnés, précédés et suivis par quelques Arabes à l'air aussi misérable que hargneux.

Nous éprouvâmes bien des vissicitudes avant d'arriver à l'Euphrate. Diverses tribus errantes nous arrêtèrent; de grandes discussions eurent lieu entre nos protecteurs gagés et les chefs de ces différentes hordes, au sujet du tribut que chacun voulait que nous payions. Nous sortîmes pourtant de tous les périls, grâce à l'intervention de l'oncle John, et surtout à sa patience, qui fut souvent mise à une rude épreuve.

Rien n'est voleur et fanfaron, fanatique, grossier et sans connaissances aucunes, comme les peuples qui habitent les vastes solitudes que nous franchissions.—Ce ne sont plus les Arabes qui vivent dans ces déserts, ce sont les Kurdes, peuples aussi ignorants que féroces. — Enfin, après avoir visité les bords de l'Euphrate, qui parut d'une navigation difficile, sinon impossible à l'oncle John, à cause des rochers et des cataractes ou chutes d'eau qui existent dans son cours, nous partîmes pour Ispahan.

Ispahan, ancienne capitale de la Perse, est une assez belle ville, dont la population est d'environ 100,000 âmes. Cette ville fait encore un assez grand commerce et possède diverses fabriques de coton et de brocarts d'or et d'argent.

L'empire persan n'est plus ce qu'il était autrefois. Aujourd'hui l'indolence asiatique, la corruption et le fanatisme musulman, ont atrophié la nation persane, qui, au fond, est destinée à être absorbée par la Russie.

La Perse, dont la capitale aujourd'hui est Téhéran, compte une population d'environ 9,000,000 d'âmes.

Téhéran est une ville des plus insalubres l'été; mais, dans cette

saison, tout le monde fuit cette cité, qui, l'hiver, a une population
d'environ 130,000 âmes. Cette ville, comme Ispahan et bien d'autres villes de l'Asie, a subi de nombreuses vicissitudes et est bien
déchue.

Après avoir vécu quelque temps à Téhéran, pour nous délasser
des fatigues du voyage à travers le désert, nous nous préparâmes
à poursuivre notre route pour Samarcand.

Toutes les horreurs et toutes les dévastations de la conquête
ont bouleversé les anciens monuments de ces cités et couvert de
ruines l'emplacement qu'elles occupaient.

— Cette nation persane, me dit un jour l'oncle John, ne me
satisfait pas du tout, mais du tout. L'Angleterre croit que c'est une
barrière insurmontable à opposer aux envahissements des Russes,
vers l'extrême Orient.— Eh bien! franchement, la barrière ne tient
à rien; une poignée de sequins, et tout le monde se vend. Il faut
que l'Angleterre soit sur ses gardes de ce côté, fort heureusement
qu'il y a les Afghans et d'autres peuples assez barbares, il est vrai,
qui nous serviront; mais il est temps, je crois, de protéger notre
grand empire de l'Inde.

— Gaston, mon ami, ajouta l'oncle John, il faut te préparer à
vivre pendant quelque temps encore en société de gens tout aussi
peu policés que les Kurdes et les Arabes. La Tartarie, que nous
allons parcourir, s'étend sur plus de la moitié de l'Asie centrale.
C'est du milieu des contrées que nous allons visiter que sont
sortis les Gengis-Khan, les Tamerlan, etc., etc. Rien ne nous
prouve que ces millions d'hommes qui vivent dans l'abandon et
les horreurs d'une vie sauvage ne se regrouperont pas un jour
pour déborder encore, non pas sur l'Europe, l'Europe a ses canons rayés et ses armes perfectionnées, mais sur l'Inde.

— Comprends-tu, Gaston, toute l'attention que je dois apporter
dans mes relations avec les gouvernements de ces pays. Hein! si
un million ou deux de ces gueusards-là s'élançaient un jour à la
conquête de notre empire indien. Ah!

Nous partîmes pour visiter l'Asie centrale et étudier les différents peuples qui vivent dans ces contrées si peu connues.

LA TARTARIE

Le nom de Tartarie a été donné à une foule de pays de l'Asie centrale, que l'on aurait pu nommer autrement.

Ainsi, au lieu de désigner par un nom quelconque diverses parties de l'Asie peu connues et habitées par des peuples presque sauvages, l'on a préféré nommer tous ces peuples Tartares. Il est vrai que beaucoup parlent le même langage, ont les mêmes mœurs, le même genre de vie, que presque tous sont misérables, grossiers, enclins à tous les vices, aussi peu sociaux que les autres peuples en général qui occupent l'Asie centrale.

La plus grande partie des peuples de ces contrées n'ont aucune industrie, aucun commerce, et n'ont de ressources que dans l'élevage du bétail ou le pillage de leurs voisins.

La Russie a mis un certain frein aux pillarderies des Tartares qui occupent les contrées qui lui sont limitrophes, et les a forcés à se livrer à l'agriculture, à la chasse ou à l'élevage des bestiaux. Mais pour les autres Tartares qui vivent dans le désert ou sous l'influence de la Chine et dans le voisinage du Caboul, du Turkestan, etc., etc., ils sont restés ce qu'ils étaient lors des grandes migrations sous Tamerlan ou Gengis-Khan.

Ils sont pillards, ivrognes, paresseux et gourmands, leurs femmes sont les créatures les plus malheureuses qu'il soit possible d'imaginer ! Les hommes boivent, mangent, se grisent, se querellent, s'en vont piller à droite et à gauche. Pendant ce temps-là, les femmes doivent préparer la terre, l'ensemencer, avoir soin du bétail, confectionner les vêtements et organiser les repas, et leur récompense, presque toujours, se compose de coups de bâton.

Les Tartares sont aussi laids qu'ils sont vicieux, et cela n'est pas peu dire ; s'ils étaient aussi braves qu'ils sont vantards et avides, ils recommenceraient leurs excursions contre les peuples civilisés ; mais les Tartares n'aiment pas à se compromettre contre nos soldats et nos armes perfectionnées.

En somme, l'Asie centrale en général est habitée par de vilains peuples, au moral comme au physique. Ce que ces peuples deviendront un jour, Dieu seul le sait.

Après mille fatigues, après avoir surmonté mille dangers, nous arrivâmes enfin à Caboul.

CABOUL

Caboul est la capitale d'un royaume qui s'étend sur plusieurs provinces et sur tout l'Afghanistan.

Caboul est une grande ville fortifiée, dont la population varie de 60 à 70,000 âmes.

Cette ville, située au milieu de déserts considérables, serait assez commerçante, si les despotes qui règnent sur la contrée donnaient quelques sécurités aux négociants ; mais là, tout est sous le bon plaisir de fonctionnaires cupides et ignorants qui tuent l'industrie et le commerce.

De Caboul nous partîmes pour Samarcand.

SAMARCAND

Samarcand, ville commerçante, possède quelques fabriques de soieries, de toile, de coton, de papier, etc. Sa population n'est guère que d'environ 50,000 âmes.

Cette ville fut la capitale des États de Tamerlan, et eut un moment de splendeur inouïe. Sa population s'élevait alors à 150 ou 180,000 âmes.

Aujourd'hui, comme dans toute l'Asie centrale, le manque de

moyens de communication et de sécurité empêche le commerce et l'industrie de prendre de l'extension dans cette ville.

De Samarcand, nous prîmes la route de Boukhara, où nous arrivâmes à travers les pays les plus affreux et les plus désolés.

BOUKHARA

Boukhara est la capitale d'un assez grand État de l'Asie centrale, qui porte le même nom ou Boukharie.

Boukhara est une grande ville fortifiée, qui a une population de plus de 150,000 âmes. Cette ville est très-commerçante et possède de nombreuses fabriques de toiles, de coton, de soieries, de papier et d'armes, mais tout cela dans des conditions telles, que les produits européens feront toujours une concurrence mortelle à l'industrie du pays; malheureusement, comme dans le reste de l'Asie centrale, il n'y a ni voies de communication ni sécurité ; aussi les populations de ces contrées seront-elles encore longtemps réduites aux ressources du pays; la Russie seule fait un grand trafic avec ces contrées.

— Les périls que nous courons, les fatigues que nous subissons chaque jour, me dit à Boukhara l'oncle John, te paraîtront, à toi, qui ne réfléchis pas comme moi, bien peu en rapport avec les profits ou les agréments que nous en tirons ; eh bien, c'est ce qui te trompe. Ainsi, ami Gaston, je travaille, moi, pendant que tu regardes et portes attention à tout ce qui te semble nouveau, je creuse ma petite mine, j'organise la résistance aux empiètements de notre ennemi. — Va, va, garçon, j'ai fait une fameuse besogne sans que cela paraisse.

— Allons, tant mieux, dis-je à mon cher oncle, où allons-nous maintenant ?

—Ah ! notre corvée n'est pas finie, il nous faut continuer le travail dont on m'a chargé ; nous avons encore bien des fatigues à

supporter, peut-être bien des périls à courir, car il est à craindre
que les espions de notre ennemi ne nous surprennent; si cela
arrivait, certainement que personne ne rendrait compte de ma
mission.

— Oui, dis-je à mon oncle, et nous avons, je crois, encore pas
mal de cheval cru à digérer, car vos affreux Tartares ne mangent
que de la chair de cheval, et sans la faire cuire, encore; et puis
ils sont si laids, si méchants et si bêtes, que vraiment il faut
avoir le diable au corps pour quitter les bons pays d'Europe, avec
toutes les commodités que l'on y rencontre, pour venir au milieu
de ces déserts, risquer à chaque instant d'être assassiné par ces
butors ou de mourir de faim et de misère.

Mon oncle se mit à rire, puis il me dit :

— Allons, allons, garçon, l'on voit bien que tu n'as jamais
mangé de la vache enragée, comme l'on dit en France, autrement
tu trouverais un bon filet de cheval bien pétri sous la selle d'un
cavalier qui a fait une dizaine de lieues avant de vous livrer le
morceau, d'un goût exquis ; et puis, Gaston, tu n'apprécies pas
les beautés diverses dont les pays que nous parcourons sont
dotés comme le reste de l'univers ; et puis encore, tu ne comprends
pas assez la grande et belle mission que tu partages presque avec
moi. — Ne vois-tu pas, garçon, que le voyage que nous faisons
est tout à fait providentiel pour les nations ignorantes où nous
passons. — Ces nations, qui ne connaissent rien, ni aux usages
de l'Europe, ni aux bienfaits de la civilisation, reçoivent de notre
contact comme une espèce d'initiation aux satisfactions d'une vie
autre que celle qu'ils mènent ; c'est un grain que nous semons, qui
portera ses fruits.

— Je suis heureux de l'apostolat que vous m'avez fait partager
avec vous, cher oncle, dis-je en riant, mais vraiment je crois plus
volontiers aux premières confidences que vous m'avez faites,
qu'aux dernières. — Vous êtes venu tout simplement voir ce
qu'il y avait à faire ici pour empêcher la Russie d'avancer vers

vos possessions indiennes, et puis pour juger de quelles étoffes et de quelles denrées ces sauvages usent le plus.

L'oncle John se mit à rire comme d'habitude quand il ne voulait pas répondre, pourtant il me dit :

— Allons, allons, petit neveu, tu es un garçon perspicace.

Nous partîmes de Boukhara, sous l'escorte de quelques soldats déguenillés, armés de lances, et dans la compagnie d'un certain nombre de marchands, qui s'en allaient en Chine pour y .chercher du thé, etc., etc.

Ce fut le plus triste et le plus pénible des voyages que nous eussions encore entrepris.

Le désert de Cobi, que nous eûmes à traverser, est bien le morceau de terre le plus affreux qui existe sous le soleil.

Le grand désert de Cobi, a une étendue de plus de 400 lieues.

Là, au milieu de plaines immenses et arides, rien, jamais rien pour vous récréer la vue ; des tempêtes continuelles, des nuages de sable qui engloutissent souvent les caravanes, et une disette d'eau continuelle ; bon nombre de nos chameaux périrent en route, plusieurs marchands y trouvèrent la mort, et nous-mêmes, au bout de quelques jours, étions passés à l'état de squelettes ; notre peau tombait par fragments, nos habits étaient couverts d'une poussière sèche et humide causée par les exhalaisons salines et malsaines qui existent partout le désert ; enfin, nous n'étions pas reconnaissables.

— Vraiment, dis-je un jour à l'oncle Jonh, il faut avoir tué père et mère, et être maudit de Dieu pour s'aventurer dans ces régions.

— Gaston, me dit sir Jonh d'un air triste et sérieux, sache, mon ami, que l'humanité ne peut avancer dans le progrès, et la civilisation suivre son cours que par le perpétuel sacrifice de quelques hommes courageux. Sans Christophe Colomb, l'Amérique serait peut-être encore à découvrir. Aujourd'hui, sans la persévérance de mille voyageurs, comme nous, des quantités de routes, battues à cette heure et utiles aux relations des peuples, seraient encore ignorées. L'art, l'industrie, la science, n'avancent qu'à force d'abnégation, de sacrifices et de courage. Perdus au milieu de ces déserts, nous irons, si Dieu nous permet d'arriver au but, dire aux nôtres ce qu'il y a de mieux à faire pour pénétrer chez les nations que nous avons visitées, et comment ils doivent s'y prendre pour être bien accueillis et porter aux autres un peu des lumières dont Dieu a permis qu'ils fussent dotés. Cette tâche est assez belle pour ne pas se désoler des fatigues du voyage.

— Oui, et si nous laissons nos os dans le désert?

— Eh bien, c'est que nous n'aurons pas été jugés dignes d'être les initiateurs, ou que l'heure de la conquête n'est pas fixée encore.

A bout de forces, épuisés, réduits à un état vraiment pitoyable, nous n'attendions plus que la mort, lorsque nous rencontrâmes quelques misérables Mantchoux qui voyageaient avec toute leur famille.

A notre aspect, leur première pensée, sans doute, fut de nous piller, la loi du plus fort étant la loi de ces peuples nomades; mais l'oncle Jonh tira un pistolet, fit feu en l'air, et aussitôt les misérables, qui s'apprêtaient à nous égorger, se mirent à brailler et à courir dans tous les sens comme des gens frappés de vertige.

L'un des malheureux marchands qui avait survécu aux fatigues de la route nous dit :

— C'est heureux que vous ayez conservé votre arme, sans cela c'en était fait de nous; mais, laissez-moi faire, pendant que ces coquins sont effrayés, il faut leur dicter nos volontés.

Aussitôt le marchand sauta à bas de son malheureux chameau qui le portait avec une peine infinie, et courut vers les Mantchoux. Je ne sais trop ce qu'il leur dit, mais nous fûmes agréablement surpris de les voir venir vers nous avec toutes sortes de marques de respect; bientôt même ils nous invitèrent à partager leur re-

pas, qui consistait en sauterelles séchées au soleil et en une bouil-
lie noire et quelques tranches de cheval desséchées.

Nous acceptâmes, bien entendu, l'invitation des Mantchoux.
Nous mourions de faim, ayant consommé pendant la route même
les malheureuses bêtes de notre escorte qui étaient tombées de fatigue ou de privations, les unes après les autres, et nous n'avions
plus que chacun le chameau qui nous transportait.

Pendant que nous nous reposions un peu et que nous prenions l'abominable repas que l'on nous offrait, les quelques marchands qui étaient avec nous s'étaient éloignés avec plusieurs
Mantchoux pour aller ramasser, à quelques lieues de là, les marchandises que nous y avions abandonnées.

Il ne revint qu'un seul de ces marchands, qui nous apprit que
ses confrères avaient été surpris par une trombe de sable et qu'ils
étaient restés enterrés dans le désert. Était-ce vrai? Ne les avait-
on pas égorgés pour avoir leurs marchandises? Voilà ce que nous
ne sûmes jamais.

Nous repartîmes le lendemain avec les Mantchoux qui nous
avaient rencontrés, et nous arrivâmes enfin, après un mois de
souffrances, à l'une des portes de la fameuse muraille qui sépare
la Chine de la Mantchourie.

Nous fûmes assez mal accueillis par les Chinois, qui nous traitèrent d'abord assez durement. Pourtant l'on finit par nous laisser
passer; l'oncle John ayant promis de récompenser les gardiens de
la porte, lorsque nous aurions pu faire usage des lettres de crédit
dont nous étions pourvus.

LA CHINE

Que vous dirai-je de la Chine que vous ne sachiez déjà, car l'on
a publié des milliers d'ouvrages sur cette partie du monde, et puis

la récente guerre, qui vient de se terminer si glorieusement pour
nos armes, a donné la facilité de rectifier bien des erreurs et de
constater bien des faits nouveaux.

Nous arrivions, fort heureusement, au moment où la paix venait d'être conclue, car autrement nous ne serions jamais sortis
vivants des mains des Chinois, mais la présence de nos soldats
à Pékin les a frappés de stupeur; ils sont toujours arrogants,
vantards et faux, mais cependant ils ont pris une haute opinion
de nos armées et de notre discipline.

La Chine est un vaste empire qui contient plus de 300,000,000
d'habitants. Il faudrait vivre quelque temps au milieu des Chinois pour juger sainement la position sociale des différents individus qui habitent sur cette terre de l'immobilité; mais, dans
tous les cas, je vous dirai que la Chine est le pays du monde
où il existe le plus abominable despotisme, la plus lâche servi-
lité, la plus honteuse lâcheté.

Le peuple chinois, en général, est un grand enfant méchant,
qui vit sans trop chercher à secouer l'affreuse tyrannie dont il
est la victime. Le peuple chinois naît avec des instincts vicieux,
comme la hyène et le chacal.

Sa religion, qui prêche ostensiblement toutes les vertus, toutes
les qualités, n'est qu'un masque dont il fait usage pour cacher
ses turpitudes. Ne vous fiez jamais à un Chinois; sa nature même
s'oppose à la reconnaissance ou à la bonne foi; ses passions peuvent se traduire ainsi : mensonge continuel, même à ses faux
dieux; avarice sans limites; cruauté sans remords.

Que voulez-vous faire avec un pareil peuple? D'innombrables
siècles l'ont vu ce qu'il est, et l'avenir ne le verra pas autrement. Les Tartares du désert ont eu beau s'imposer à ce peuple
abâtardi, il est resté ce qu'il était; aujourd'hui même une partie
des populations de ce vaste empire sont en insurrection contre
les dominateurs tartares. Mais ne croyez pas qu'ils se révoltent
pour changer ou améliorer ce qui est; non, au contraire, ils

trouvent que leurs vainqueurs sont trop libéraux. Les Tartares mantchoux trop libéraux!... Comprenez-vous cela? Aussi cette guerre intestine se fait-elle avec du sang ; partout est le meurtre.

Mais, selon notre règle, occupons-nous bien moins de ce que les peuples sont que de ce qu'ils ont fait et de ce qu'ils peuvent encore réaliser dans la grande lutte du travail et de l'industrie.

La Chine, il paraîtrait, possède, depuis des siècles, une civilisation, des arts, des industries, qui ne sont pas sans avoir fourni une carrière, sinon brillante, du moins des plus utiles.

La plupart des arts industriels, dont nous tirons un si grand parti aujourd'hui dans notre Europe, existaient déjà depuis des siècles en Chine, lorsqu'il n'en était pas encore question chez nous.

L'art de fabriquer des tissus, de les teindre, de les mettre en œuvre ; la culture de la soie, du coton, l'imprimerie, la poterie, presque tous les arts manuels enfin étaient connus en Chine bien avant que la civilisation ait pris racine en Europe.

Une chose qui a manqué et qui manque au Chinois, c'est la mécanique. Tout chez eux se fait par la main de l'homme; la matière, loin d'être secouée brutalement comme chez nous, est prise par les Chinois avec toutes sortes de précautions; aussi les arts, les sciences et l'industrie restent-ils ce qu'ils étaient aux temps anciens. Et l'on serait porté à croire que ce que ce peuple étrange fait chaque jour n'a jamais été inventé par les Chinois et que toutes les connaissances qui sont acquises aujourd'hui chez eux ont existé de toute éternité.

Confucius est un de leurs grands législateurs.

Confucius ou Kong-fou-tseu est né vers l'an 551 avant Jésus-Christ. A vingt-quatre ans, il commença la prédication de la réforme des mœurs chinoises, ce qui prouve que les Chinois étaient déjà vicieux. Un instant élevé à la suprême puissance par le roi, il fut bientôt exilé par le prince que sa morale ne satisfaisait pas.

Le grand Désert de Cobi.

Sir Jonh et son neveu en Chine.

Alors il se retira dans une retraite, et composa ses ouvrages *les Kings* et *les Schoukings*, qui ont immortalisé son nom.

Il mourut en 479 avant Jésus-Christ.

Nous parcourûmes la Chine d'une manière assez ennuyeuse, car ce peuple astucieux et rempli de duplicité ne veut pas que l'on connaisse les ressources précises dont il peut disposer, et les moyens dont il se sert pour fabriquer les objets qu'il livre au commerce.

Après que l'oncle John eut fait connaître les lettres de recommandation dont il était porteur, que l'on eut demandé des ordres à Pékin, ce qui dura un temps assez long, pendant lequel nous fûmes continuellement surveillés, nous fûmes placés dans une espèce de boîte immense posée sur deux roues. Cette boîte, dans laquelle l'on montait avec une échelle, avait ses rebords si élevés, qu'il nous était impossible de rien voir au dehors que le ciel qui était au-dessus de nos têtes, même en nous tenant debout.

— Oh ! dit l'oncle John en voyant la réclusion que l'on voulait nous faire subir jusqu'à Pékin, où nous avions demandé à aller ; oh ! cette manière de voyager n'est pas du tout commode à mes petits projets ; diable, je veux voir la campagne, je ne suis pas venu pour autre chose, et ces coquins qui nous mettent dans une espèce de ratière ; oh ! oh ! il faut aviser à ce que cela change. — Attends, viens ici, Gaston, me dit-il lorsque nous fûmes dans la campagne ; te crois-tu assez fort pour me permettre de monter sur tes épaules ?

— Dame, mon oncle, dis-je en me tâtant le dos, nous pouvons essayer.

— C'est cela, mon garçon, essayons ; et si nous n'arrivons pas par ce moyen, eh bien ! nous en essayerons un autre.

Après être grimpé sur le siége que l'on nous avait improvisé dans l'espèce de puisart où nous étions confinés, je m'appuyai contre l'un des côtés de la boîte, et mon oncle put grimper sur mes épaules. Mais dès que sa tête dépassa les rebords de notre prison, il reçut un nuage de sable dans les yeux. Notre moyen de voir dans la campagne était prévu par nos geôliers.

Mon oncle dégringola au plus vite.

— Oh! dit-il, les coquins m'ont aveuglé; oh! ils avaient deviné le cas; ils sont pourtant bien bêtes, puisqu'ils s'empoisonnent tous les jours avec notre opium; pourtant ils ont de l'astuce; enfin, nous verrons; je veux connaître leurs plantations de thé; c'est là le but principal de mon voyage, et je saurai ce que je veux savoir; attendons.

Nous restâmes tranquilles pendant plusieurs jours; l'on nous descendait des provisions au moyen d'un panier; la nuit, l'on posait une échelle contre notre voiture, et nous étions invités poliment à satisfaire nos besoins et à remonter dans notre prison.

Enfin, l'oncle John entendit dire que nous étions dans le canton où se récolte le thé le plus estimé.

— Attention, Gaston, me dit mon oncle; il nous faut pouvoir être libres quelques instants. Je vais tenter le grand coup, ne t'effraye pas.

La nuit étant venue, mon oncle me dit de demander à descendre, et surtout de ne pas remonter de suite.

Au bout d'un instant, l'oncle John vint me rejoindre dans le coin où nous étions gardés à vue par plusieurs Chinois rébarbatifs. Tout à coup, je vis s'élever une petite colonne de fumée de l'intérieur de notre voiture.

— Oncle John... dis-je en voyant la fumée.

— Chut! dit sir John; attends.

Les Chinois, qui voyaient comme nous la fumée qui montait de l'intérieur de notre boîte, se mirent à nous interroger avec vivacité; mais ils n'eurent guère le temps de parler, car en ce moment même une explosion terrible se fit entendre; la voiture et tout ce qu'elle contenait sauta en l'air; et, ma foi, moi, tout le premier, je tombai à terre sous la pluie d'éclats de bois qui nous pleuvait sur la tête.

— Ce n'est rien, me dit l'oncle John avec le plus grand sang-froid; c'est ma poudre qui s'est allumée.

Nos gardiens, épouvantés, avaient disparu en poussant des cris horribles, et se croyant sans doute poursuivis par les cinq cent mille diables qui sont peints ou sculptés dans leurs pagodes.

— Oh! dit l'oncle John, lorsqu'il vit que nous étions seuls; oh! les coquins ont eu peur. Filons, nous arriverons quelque part, bien sûr; et pendant que l'on nous cherchera, nous aurons le temps de visiter les plantations de thé, ainsi que les fours où on le prépare.

Nous prîmes notre course dans une direction opposée à celle où nos gardiens étaient disparus, et bientôt nous eûmes le plaisir de nous trouver au milieu des rochers, dans le centre de plantations considérables.

— Oh! oh! dit sir John, je ne croyais pas avoir si bien réussi.

Aussitôt l'oncle John se mit à examiner la terre où poussaient les arbustes, l'exposition du lieu où ils étaient plantés, la manière dont ils étaient conduits. Puis, ayant avisé une espèce de grand hangar, qui se trouvait à l'extrémité de l'endroit où nous nous trouvions, nous nous empressâmes de nous rendre de ce côté.

C'était une fabrique de thé; déjà plusieurs Chinois étaient à l'ouvrage; quelques-uns, presque nus, enfournaient les feuilles de thé sur de grandes plaques de cuivre dans des espèces de fours ou séchoirs.

— Oh! c'est là tout le secret, dit l'oncle John; il faut connaître la préparation et le degré de chaleur que l'on fait subir aux feuilles; malheureusement, je n'ai pas de thermomètre; enfin, nous allons voir.

A peine les Chinois, qui étaient occupés dans l'usine, nous eurent-ils aperçus, qu'ils se mirent à se sauver en poussant de grands cris.

Alors nous restâmes les maîtres du lieu, et sir John, avec la lucidité d'esprit et le sang-froid qu'il mettait en toute chose, se prit à étudier, à prendre des notes et à fureter partout.

Mais nous n'eûmes pas un grand loisir, car bientôt nous vîmes accourir une foule d'individus, armés de tout ce qu'ils avaient pu trouver sous leurs mains, criant, piaillant.

— Oh ! les coquins, dit sir John ; ils ne m'ont laissé guère de temps, mais j'en ai profité.

Investis de tous côtés, nous fûmes bientôt arrêtés et conduits devant un mandarin à plusieurs boutons, qui essaya de nous interroger ; mais l'oncle John, qui ne savait guère de chinois, non plus que moi, ne put se faire comprendre.

Bientôt l'on sut que nous étions des barbares (c'est ainsi que les Chinois appellent les étrangers), que nous étions échappés d'une cellule où nous voyagions pour nous rendre à Pékin.

L'on nous retint prisonniers jusqu'à ce qu'une nouvelle boîte fût préparée ; seulement, cette fois, l'on eut la précaution de la doubler de tôle et de n'y rien laisser d'inflammable, et l'on nous expédia pour Pékin.

La plante qui produit le thé est un petit arbuste qui ne s'élève pas à plus d'un mètre de hauteur. Ce sont les feuilles de cet arbuste qui, recueillies dans un moment opportun, et soumises à une préparation de lavage et de séchage, servent à fabriquer ou plutôt qui sont le thé lui-même dont nous faisons un si grand usage.

Jusqu'ici, il a été impossible aux Européens, non d'acclimater le thé en Europe ou en Amérique, car le thé pousse dans nos climats occidentaux comme en Chine, mais de le préparer et de lui donner cet arome, ce parfum que, seuls, les Chinois savent lui donner.

Le thé, comme le café, pris dans une certaine mesure, avec modération, est une excellente boisson ; mais, lorsque l'on en fait un abus, soit pour faciliter les digestions gastronomiques ou

aider à l'absorption de certains aliments indigestes, le thé finit
par devenir dangereux ; et il arrive de ce produit de la nature,
comme de toutes choses, qu'user est sage, mais qu'abuser est
dangereux et malsain.

PÉKIN

Pékin, capitale de l'empire chinois, est une grande ville dont
on avait exagéré l'importance et la richesse ; sa population, que
l'on avait portée à 3,000,000, n'est guère que de 1,200,000 à
1,400,000 âmes. Nos soldats, qui sont entrés à Pékin, savent
maintenant bien mieux que nos savants à quoi s'en tenir sur les
prodiges de la capitale du Céleste-Empire.

Après avoir visité Pékin, au milieu d'une foule aussi bruyante
que mal intentionnée à notre égard ; après que l'oncle John eut
pris toutes les notes dont il avait besoin et vu tout ce qu'il voulait
voir, nous nous préparâmes à partir, à travers le Thibet, pour
les possessions anglaises de l'Inde.

— La Chine, me dit un jour mon oncle John, est certainement
la partie du monde la plus curieuse à étudier.

Cette race d'hommes qui vivent et grouillent au milieu de cet
empire est tout à fait particulière ; les arts, les sciences, l'industrie, immobilisés dans tous leurs ressorts, semblent plutôt
une chose automatique venue au monde sans recherches et ne
pouvant se changer, ni s'améliorer et devenir un objet d'étude
et de transformation continuelle, comme chez nous.

— Mais, dis-je, au milieu de toutes ces grandes conquêtes
industrielles, au milieu de ce grand mouvement scientifique et de
cette lutte du travail des peuples, que deviendra la Chine ?

L'oncle John se recueillit un moment, posa sa tête entre ses
mains, poussa un soupir et dit avec effort :

— La Chine sera la proie de la conquête, et la Russie est seule

en ce moment en position de profiter d'une aussi belle proie;
et, ma foi, si la Chine avait été à la portée de la glorieuse Angleterre,
comme elle est de la Russie, il y a longtemps déjà que nous
aurions empli nos magasins et nos coffres; pourtant nous nous
fortifierons dans l'Inde avant que les Russes aient fait leur dernière
étape pour arriver à Pékin; eh bien, si nous n'avons pas les trésors
de la Chine en entier, nous en recueillerons au moins une bonne
part. Attendons.

La Chine a accumulé plusieurs milliards de métaux précieux
depuis plus de cent cinquante ans que l'Europe lui envoie son or
et son argent en échange de ses soies et de son thé. Les Chinois
préfèrent l'argent, ce qui fait qu'une grande partie de ce métal
est disparu d'Europe.

Ces métaux précieux, qui ne peuvent ressortir de l'empire que
dans des cas très-rares, sous peine de mort, doivent exister
quelque part; c'est une grosse fortune pour un État qui viendrait
à s'en emparer; les Russes sont les plus près, il est vrai,
pourtant nous avançons de notre côté. Ah! si la Russie voulait
bien rester tranquille encore quelques années! Oh! enfin, nous
verrons; les petites mines et les moyens cachés, que moi et tant
d'autres honnêtes gentlemen avons préparées, nous aideront peut-
être à arriver assez à temps, oh!

Après avoir terminé nos recherches et réussi à visiter une
fabrique de ces fameuses porcelaines de Chine qui ont eu longtemps la vogue chez nous et ne valent leur réputation que par
leur solidité, nous partîmes.

La Chine fournit une grande quantité de soie brute et quelques
étoffes faites dans le pays, mais ces étoffes en général reviennent
à un trop haut prix, et ne peuvent être mises en concurrence avec
nos tissus qu'à cause de leurs brillantes couleurs et de leur
solidité.

Outre la laque que les Chinois nous vendent et qu'ils travaillent
avec beaucoup d'art, ils font certains papiers qu'ils fabriquent

assez bien, des peintures sur une espèce de tissu, qui sont merveilleuses de finesse, mais où il n'y a jamais de paysages ni
de perspectives.

— Nous ne visiterons pas toutes les parties de l'Asie, me dit
l'oncle John, parce qu'il y a des régions qui nous sont à peu près
indifférentes. Ainsi la Sibérie asiatique, qui, du reste, ressemble
en tout aux autres contrées de l'Asie centrale, qui fait partie de
l'empire russe, la Cochinchine, le royaume de Siam, le Pégu,
le Tonkin, situés sur une presqu'île qui s'éloigne de la route par
terre qui conduit de Chine dans nos établissements indiens, ne
nous sont d'aucun intérêt essentiel, et puis ces pays sont malsains,
et puis la France a décidément porté son pion sur cet échiquier
de l'Asie qui nous occupe, et nous ne voulons pas avoir maille
à partir pour si peu avec elle.

LA COCHINCHINE

La Cochinchine ou Anamie méridionale, qui vient d'être en
guerre avec la France, est un vaste pays situé sur les côtes d'Asie,
qui a beaucoup de ressemblance avec la Chine; pourtant le
climat y est plus chaud, l'on y récolte de la soie en quantité considérable, du thé dont on pourrait améliorer la qualité, du sucre,
de la cannelle, etc., etc.

Les missions avaient eu un assez beau succès dans ce pays, et
l'on comptait encore, il n'y a pas longtemps, 70 à 80,000 chrétiens dans le royaume de Cochinchine, qui n'a guère qu'une
population de 20,000,000 d'âmes. Mais le caprice du despote
qui règne à Hué, capitale de ce pays, a mis toutes sortes d'obstacles à la propagation de la foi, et l'on a fait cruellement périr
ou mutiler une partie de la population chrétienne.

Nos soldats ont mis le pied sur le sol cochinchinois : espérons qu'ils n'en reviendront qu'après avoir fondé un ordre de choses profitable à la civilisation.

Hué, la capitale de la Cochinchine, a été fortifiée par des ingénieurs français et hollandais. Cette ville se trouve sur une île, au milieu d'un fleuve nommé Hué, et a une population d'environ 200,000 âmes.

LE TONKIN

Le Tonkin, qui a été conquis par les Cochinchinois ou Anamites, est un riche et grand pays qui se trouve au-delà du Gange. Sa population est d'environ 8,000,000 d'habitants; l'on y comptait plusieurs centaines de mille de chrétiens.

Kecho, assez grande ville, est la capitale de cet État.

LE ROYAUME DE SIAM

Le royaume de Siam, situé dans la presqu'île indienne, entre le royaume de Malacca et la Chine, le Cambodge et le golfe de Bengale et de Siam, est un pays qui possède un sol assez fertile, qui produirait de beaux résultats pour l'industrie, si la culture y était organisée ; mais certaines régions seulement sont cultivées, le reste est laissé aux éléphants, qui y sont nombreux et parmi lesquels on rencontre les fameux éléphants blancs, objet d'un culte idolâtre de la part des Siamois. Le pays est rempli aussi de singes, de tigres, etc., etc.

Le peuple y est très-indolent, les arts industriels et le commerce sont aux mains de quelques Chinois ; quant aux naturels, ils se contentent de se livrer à la culture de quelques champs.

Nous avons eu, du reste, il y a quelque temps, un spécimen de l'espèce siamoise, et franchement l'aspect de ces indigènes de l'Asie n'était pas en leur faveur. Beaucoup de personnes ont pris les ambassadeurs siamois, qui étaient venus visiter notre capitale, pour de véritables singes habillés.

Le chemin que nous eûmes à faire pour atteindre le Boutan et traverser les parties montagneuses du Thibet ne se fit pas sans fatigues et sans périls. Pourtant, dans ces parties éloignées, le nom anglais était connu, et sinon respecté, du moins assez craint pour que nous en tirions un certain profit.

Nous arrivâmes enfin au milieu des montagnes de la chaîne des monts Himalaya, dans la province du Thibet.

LE THIBET

Le Thibet est une grande province de l'Asie centrale, qui est en partie sous la domination des Chinois. Il existe peu de commerce et d'industrie au Thibet ; l'élevage des bestiaux est la principale occupation des Thibétains.

Le Thibet livre cependant au commerce une grande quantité de poils soyeux de ses chèvres ou de ses moutons à longue laine. Il se fait même dans le pays une assez grande quantité de tissus qui s'écoulent dans l'Asie.

Du Thibet nous passâmes au Boutan.

LE BOUTAN

Le Boutan est une grande province qui confine, d'une part, au Thibet, et, d'un autre côté, au Bengale. Cette partie de l'Inde est située sur les sommets des hautes régions des monts Himalaya.

CACHEMIRE

Le royaume de Cachemire se trouve enclavé au milieu des plus hautes montagnes de l'Asie. Le seul et unique commerce de ce pays consiste dans l'élevage des bestiaux et dans l'industrie des tissus précieux que les indigènes savent fabriquer avec la laine de leurs moutons ou de leurs chèvres.

L'art prodigieux déployé par les ouvriers du Cachemire a donné un prix énorme aux produits de cette industrie. Il est vrai que tous les efforts de nos fabricants et de nos artistes n'ont encore pu, jusqu'ici, surpasser les brillantes étoffes que les Cachemiriens confectionnent chez eux depuis de si longues années. Mais, en dehors de la teinture de leur laine, du tissage de leurs châles merveilleux, il ne faut rien demander autre chose aux industriels du pays, qui semblent avoir épuisé toutes leurs forces à produire les chefs-d'œuvre qu'ils confectionnent chaque jour; il est vrai que les prix de revient sont énormes, mais qu'importe si la perfection s'y rencontre?

L'INDOUSTAN

Lorsque nous eûmes atteint les limites de l'Indoustan, qui se compose d'une foule d'anciens royaumes, aujourd'hui sous le joug de l'Angleterre, sir John s'arrêta sur une haute montagne, considéra l'immense étendue du pays qui se développait sous l'horizon, et se mit à se frotter les mains.

— Oh! dit-il, voilà un échantillon des possessions de la magnanime Angleterre; oh! neveu Gaston, en considérant les splendeurs et la puissance de mon pays, j'oublie les fatigues et les périls du voyage, et je me réjouis d'être un enfant de la glorieuse Grande-Bretagne.

— Oncle John, dis-je, sans doute qu'il est glorieux d'être le citoyen d'une grande nation, mais je crois que les titres de gloire et de grandeur du Royaume-Uni reposent sur des bases plus solides que sur la possession de ces contrées lointaines. Vos grandeurs industrielles valent mieux que vos splendeurs de conquérants. La civilisation y gagne, tandis qu'ici vos luttes avec les indigènes de l'Indoustan montrent que vous n'accomplissez point une œuvre d'humanité.

— Oh! dit l'oncle John, devenu cramoisi, silence, petit Gaston; le Nana-Saïb était le dernier des Indous qui pouvait nous opposer quelque énergie, et le Nana-Saïb est mort.

Je me tus, et nous reprîmes notre voyage.

Nous parcourûmes la plus grande partie de la presqu'île de l'Inde; nous traversâmes les pays les plus riches, les mieux favorisés de la nature; mais à chaque pas nous rencontions, chez les peuples de ce pays, les marques d'une décadence, d'un abandon, d'une décrépitude, d'une déperdition du sens moral sans exemple. Les peuples de l'Inde, étiolés par mille causes diverses, sont tombés dans le plus grand oubli du véritable but de la divine Providence. Ces peuples se relèveront-ils sous un souffle quelconque? Il est à craindre que non.

Alors la terre de l'Inde et les cités qui la couvrent encore deviendront ce que sont devenues les villes si puissantes autrefois de Babylone et de Ninive et tant d'autres cités riches dont les territoires, devenus stériles et déserts, sont occupés aujourd'hui par les Kurdes grossiers et féroces.

Nous vîmes pourtant des champs bien cultivés, mais ces champs appartiennent à de riches Anglais ou à des indigènes devenus presque Anglais.

La culture de l'indigo, qui sert en teinture, y est surtout pratiquée en grand.

L'indigo, dont on tire une si belle couleur bleue, est le résultat d'une plante de la famille des anils qui croît dans l'Inde.

L'espèce d'anil qui donne l'indigo demande assez de soins dans sa culture : d'abord il faut bien préparer la terre, puis, faire des trous de distance en distance, où l'on dépose une dizaine de graines, l'on recouvre ces graines de terre, et six ou sept jours après la plante commence à se montrer; au bout de deux mois elle est arrivée à son point de maturité; alors on la coupe et on la transporte dans de grandes cuves, et on laisse fermenter dans l'eau; au bout d'un certain temps, lorsque l'eau s'est entièrement chargée des principes colorants, l'on décante cette eau que l'on fait passer dans une seconde cuve; puis, au moyen de divers engins, l'on agite l'eau avec vivacité; puis on laisse l'eau se reposer; on décante une seconde fois, on laisse échapper la partie liquide et l'on fait passer le résidu ou fuente qui contient le principe colorant dans une troisième cuve; on laisse reposer de nouveau et on passe le tout en travers des chausses ou des toiles préparées; l'on en forme de petits pains que l'on fait sécher et qui sont livrés au commerce ensuite.

Après avoir parcouru le Bengale et diverses provinces indiennes qui se ressemblent toutes par l'espèce d'abjection dans
laquelle vivent les habitants, nous nous rendîmes à Madras,
l'une des villes principales de la presqu'île indienne.

Madras est une grande ville où règne la plus grande activité
commerciale, malgré des chaleurs considérables. Sa population,
composée en grande partie d'étrangers, et surtout d'Anglais, est
d'environ 450,000 à 480,000 âmes.

Nous allâmes aussi à Calcutta, grande et belle ville située sur
les bords du Gange, où l'on compte plus d'un million d'habitants, y compris les faubourgs. Cette ville est un des grands entrepôts du commerce de ces contrées.

Nous visitâmes aussi Bombay, située dans une petite île de la
mer d'Aman, sur la côte occidentale de l'Inde. Cette ville possède de grands établissements maritimes et a une population
d'environ 260,000 âmes. Malheureusement les miasmes pestilentiels qui s'exhalent des marais qui l'environnent rendent son
séjour dangereux pour les Européens.

Je m'embarquai à Bombay avec l'oncle John, qui ne se plaignait pas d'avoir perdu un œil par l'effet d'un coup de soleil
dans le grand désert de Cobi, et d'être devenu presque sourd lors
de l'explosion de notre boîte roulante en Chine.

Pour moi, je suis revenu après plus de sept années d'absence,
sans avoir tiré d'autre profit de mes longues courses à travers le
monde asiatique que la certitude que Dieu est en tout et partout,
que les hommes sont partout bons ou méchants, selon les habitudes qu'ils ont prises, le moment et les passions qui les dominent et les lumières qu'ils ont reçues ; que la créature a été
admirablement douée par le Tout-Puissant pour s'élever et grandir, et que, si le progrès et la civilisation se sont étiolés ou n'ont
rien produit parmi les vieux peuples de l'Orient, qui s'épuisent
encore au milieu des préjugés, c'est que la voie suivie par ceux
qui les dirigeaient a été mauvaise et fatale à tous.

Aujourd'hui je vis avec mes bons et chers parents, qui se chargent de me faire oublier les fatigues d'un voyage qui m'a fait comprendre, du reste, toute l'influence de l'homme intelligent et instruit sur ses semblables, et du travail et de la civilisation sur la barbarie.

Enfermés avec des Singes.

I V

L'AFRIQUE

— C'est à mon tour de parler, dit un grand garçon dont la figure couleur de safran annonçait une longue exposition au soleil; allons, c'est moi qui vais vous en dire des choses à faire frémir l'humanité tout entière. Faites attention, et vous allez en entendre de drôles. Ah dame! c'est que tout le monde n'a pas le bonheur d'être guidé dans ses voyages par un protecteur éclairé et bon comme celui qu'a rencontré Charles, ou par un oncle John. Enfin, n'importe pas moins vrai que j'ai vu des choses à faire dresser tous les poils de la barbe d'un mama-mouchi.

Après ça, mes amis, c'est, que voyez-vous, j'ai agi un peu sans réflexion, et que si j'avais consulté l'expérience de quelqu'un plus expérimenté que moi, je n'aurais pas écouté les excitations de ce malheureux Martagon. Pauvre Martagon!... Enfin, c'est fini, j'ai bu le vase jusqu'à la lie; j'ai été bien puni, vous allez voir.

D'abord, puisque c'est de l'Afrique dont nous allons parler, je commencerai par vous dire ce que vous savez déjà sans doute. C'est que l'Afrique est la troisième partie du monde, pas tout à fait aussi grande que l'Asie, mais plus grande que l'Europe. L'Afrique se compose de très-peu de pays civilisés ou à peu près, qui sont : l'Égypte, le Maroc, l'Algérie, Tunis, etc., etc., et d'immenses pays plus ou moins ou pas connus du tout. La population de l'Afrique est estimée de 80 à 100 millions, sans compter les bêtes de toutes sortes, bien entendu, qui y sont en majorité et en bien plus grand nombre, proportion gardée, que partout ailleurs. Comme l'Afrique est située sous le tropique, c'est la partie de la terre où il fait le plus chaud. Presque tous ses habitants sont noirs ou cuivrés.

L'ÉGYPTE

Il y a d'abord l'Égypte, qui fait toutes sortes d'efforts en ce moment pour reprendre son rang de nation, et qui essaye de la civilisation moderne; mais tout cela avortera, je vous le dis, tant que le mahométisme y sera la religion dominante. Civilisation et fatalisme sont incompatibles.

L'Égypte, avec son Nil qui féconde d'immenses quantités de terrains, pourrait redevenir une contrée riche et commerçante, surtout si le canal de Suez se termine; mais le fatalisme énervant des sectateurs de Mahomet sera toujours un empêchement au progrès de l'industrie et du commerce.

Aujourd'hui, les populations de l'Égypte, régies par une volonté despotique, cultivent le sol, font fructifier les moissons et récol-

tent le coton, etc. Mais le travail forcé que le maître impose
rend-il les populations plus heureuses? Non. Enfin il faut espérer cependant que la terre des Pharaons reverra ses antiques
splendeurs, et que le nouvel élément civilisateur qui s'infiltre
peu à peu au milieu des populations égyptiennes finira par
prendre le dessus.

LE MAROC

L'empire du Maroc est encore un empire musulman qui n'a
d'autres perspectives dans l'avenir que de rester longtemps encore dans la barbarie. Les productions du Maroc seraient nombreuses si le travail était honoré et si le commerce s'y faisait
avec sécurité, mais le fanatisme des habitants et le fatalisme de
leur religion sera toujours un empêchement à toute amélioration.

L'ABYSSINIE

L'Abyssinie est une vaste contrée qui se trouve entre la mer
Rouge, la Nubie et une haute chaîne de montagnes qui se continue dans l'intérieur de l'Afrique. Les Abyssins sont le seul
peuple de l'Afrique qui ait gardé quelque peu le culte de la
religion chrétienne, qui fut autrefois très-florissante dans ces
contrées.

L'Abyssinie est un bon pays, malgré les grandes chaleurs qui
s'y font sentir et les torrents d'eau qui y tombent dans la saison
des pluies. Toutes les productions des tropiques y croissent ainsi

que les plantes des pays méridionaux. Un voyageur intrépide, Rochet d'Héricourt, a pénétré au milieu des peuples à demi barbares de l'Abyssinie. Il y est retourné jusqu'à trois fois, mais la mort est venue arrêter le cours de ses recherches, et ce qu'il a rapporté de plus précieux de ses voyages si pénibles et si périlleux, c'est, sans contredit, le feuillage d'un arbre nommé cousso. Ce végétal est un remède inoffensif et infaillible contre le ver solitaire ou ténia, que nos remèdes jusqu'ici ne parvenaient pas toujours à détruire.

Les populations de l'Afrique, en général, bien loin d'avoir progressé dans les arts et les sciences, bien loin d'avoir marché dans le sentier du progrès et de la civilisation, ont au contraire marché en arrière et ont pour ainsi dire éteint les lumières qui étaient chez elles. A quoi attribuer ce phénomène étrange qui s'est présenté sur le continent africain? C'est fort difficile à résoudre. De grandes nations et une civilisation avancée ont existé sur le sol de cette partie du monde dans les temps les plus reculés, cela est incontestable. La Genèse même nous enseigne que les premières sociétés, les premiers empires furent ceux des Pharaons en Égypte et en Nubie; et cependant le sol africain, aujourd'hui, n'est plus qu'un désert presque inconnu, sauf quelques parties, et les peuples qui l'habitent sont tout aussi barbares et beaucoup plus ignorants qu'il y a deux mille ans.

L'ALGÉRIE

L'Algérie dont la France s'empara, en 1830, à cause d'un coup d'éventail donné par le dey à son consul, est un très-beau pays, dont les Romains autrefois étaient parvenus à faire leur grenier d'abondance; mais jusqu'ici la France n'a pas fait grand'chose dans ce pays, seulement elle y a dépensé plus de trois milliards. Pourtant le pays est beau, le sol fécond, le climat sain; mais il y a les Arabes, que l'on a voulu ménager, qui font une opposition sourde à toute innovation, et qui disputent leur barbarie pied à pied à la civilisation. Hélas! peut-être eût-il mieux valu s'imposer avec plus de fermeté et attirer par tous les moyens des colons sur cette terre féconde. Depuis plusieurs années la colonie rapporterait des impôts d'abord, puis nous ne serions pas obligés d'aller acheter des grains dans les ports de la mer Noire et du coton chez les Américains. Notre colonie algérienne nous aurait fourni toutes ces choses... Mais nous parlerons de tout cela dans le cours de mon voyage à travers ces affreux pays; j'en aurai de drôle à vous dire. Ah! Martagon! malheureux Ulysse Martagon! pourquoi m'entraînais-tu dans ces abominables contrées!

— Sachez donc, mes amis, que lorsque je vous eus quittés, j'entrai chez mon père, honnête marchand de cuirs de la rue Mauconseil. Malheureusement mon père voulut spéculer à la Bourse au lieu de s'en tenir à son industrie de la peau, qui lui rapportait pas mal, bon an, mal an; et ma foi il dévora tout ce qu'il possédait, ou plutôt il le fit dévorer par d'affreux coquins qui, sous le nom de courtiers marrons ou autres dénominations, lui mangèrent jusqu'au dernier morceau de cuir de son fonds. C'était dur à digérer pour le brave homme et pour moi son fils unique. Lui, il en mourut de chagrin, et moi je m'engageai dans les zouaves; encore une fameuse bêtise que je fis là; enfin, comme disent ces stupides nègres du royaume de Dahomey, auxquels on coupe le cou pour amuser leur sultan ou ses singes, *c'était écrit.* Belle sentence, ma foi, qui vous rendrait trente-six fois stupide, si tous les peuples qui se l'appliquent ne l'étaient déjà.

Pas plutôt engagé dans les zouaves, je fus dirigé sur Alger, patrie primitive de ces héros en turbans.

Alger est une grande et belle ville que la France a conquise sur les deys qui gouvernaient le pays autrefois. La population actuelle est d'environ 40 à 45,000 habitants.

Je fus à peine arrivé au corps qu'il me fallut subir toutes les épreuves inventées par la fantaisie capricieuse de mes camarades.

La première épreuve que j'eus à supporter fut de me laisser pendre par les pieds avec mon turban, tout neuf, l'espace d'un quart d'heure. J'eus beau protester que cet amusement me paraissait peu hygiénique et susceptible de me causer quelque désagrément, il fallut être pendu, bon gré mal gré; fort heureusement l'étoffe de ma coiffure n'était guère solide; au bout de cinq minutes d'une position des plus gênantes, je tombai lourdement de deux mètres de haut sur le nez, dans le sable. J'eus une forte bosse à la tête, un torticolis épouvantable, et je fus condamné le lendemain à trois jours de salle de police par mon sergent-major pour avoir déchiré mon couvre-chef. J'étais furieux.

En sortant du violon, un ancien vint me dire que j'avais mal parlé des camarades, et qu'il fallait en rendre raison. Il s'agissait tout simplement de se couper la gorge avec le plus féroce maître d'armes du corps; ils appelaient cela rendre raison... J'eus beau protester que je n'avais rien dit contre personne, il fallut aller sur le terrain, où je reçus bel et bien de prime abord une balafre près de l'oreille, et une autre sur le bras. Fou furieux, sans savoir comment cela s'est opéré, j'ouvris le ventre à mon adversaire.

Nos témoins furent terrifiés de cet accident; pourtant l'un de mes camarades, qui s'appelait Ulysse Martagon, me prit en particulier et me dit :

— Jeune Oscar, votre compte est réglé, vous êtes toisé. Vous avez tué un caporal; vous serez fusillé, à moins que vous ne préfériez vous brûler la cervelle vous-même, ou prendre de la poudre d'escampette et filer sans le moindre accompagnement de clairons chez quelque tribu où vous aurez le droit de vous

faire recevoir Mahométan. Je vous avoue, moi aussi, que je ne
suis pas très-rassuré sur mon propre compte, parce que le général a promis de faire fusiller ceux qui se battraient en duel
sans préjudice des témoins qui sont susceptibles de la même catastrophe. C'est vraiment à réfléchir.

— Eh bien, dis-je à Ulysse Martagon, quoi faire? Pourtant je
ne suis pas coupable, on m'a forcé à me battre.

— Allons, allons dit Martagon, en se tordant la moustache,
personne ne croira dans le conseil de guerre que le caporal Mou-
linet vous a forcé de lui ouvrir le ventre. Non, c'est jugé d'avance,
vous serez fusillé et peut-être bien moi aussi, ainsi que Pichon
l'autre témoin, par dessus le marché.

— Ah!

— Mon cher camarade, je crois que vous êtes encore plus in-
téressé à la chose que moi, après tout je ne serais pas fâché de
voyager un peu; on dit l'intérieur de l'Afrique couvert de mines
d'or et de diamants. Ma foi si vous êtes de mon avis, nous allons
nous diriger au pas accéléré du côté de ces mines d'or et de pier-
reries, et nous en ramasserons tant et tant que nous ferons transporter par beaucoup de chameaux, que nous reviendrons riches
et en état de nous racheter deux remplaçants.

— Comment, dis-je, des remplaçants, est-ce que vous croyez
qu'il y a des individus capables de se faire fusiller pour une
grosse somme?

— Dame! c'est peut-être rare, mais pour beaucoup d'argent
il y en a qui sont capables de tout : on voit tant de choses dans le
monde. En attendant, sauvons-nous.

Nous étions en garnison à ***. Le désert s'ouvrait spacieux devant nous. Rien de plus facile que de s'en aller. Nous prîmes deux
chameaux dans un endroit où ils paissaient tranquillement. Le bruit
de notre duel ne s'était pas encore répandu; nous eûmes le temps
de nous procurer des couvertures et toutes sortes de provisions
et, ma foi, nous filâmes sans dire adieu à personne.

Nous voilà donc au milieu des immenses solitudes du Sahara ; nos chameaux bien lestés allaient d'un bon pas, et nous avions déjà fait un chemin considérable, lorsque nous entendîmes rugir un lion.

— Ah la la ! dit Martagon ; est-ce que le roi des animaux nous aurait flairés. Sapristi ! Si encore il y avait un arbre, on lui laisserait manger un chameau ; mais rien !…

— Au fait, où sommes-nous ? dis-je, où allons-nous ?

— Où nous sommes, où nous allons, dit Martagon en regardant la lune qui se montrait dans un ciel bleu resplendissant d'étoiles. Foi d'Ulysse ! je n'en sais rien de rien.

— Eh bien, nous voilà dans de beaux draps, entre la gueule d'un lion et les profondeurs inconnues du désert.

— Dame ! ça n'est pas gai, dit Martagon, et moi, qui avais cru pouvoir me guider avec la lune et les étoiles, comment font donc ces diables de Bédouins pour s'y reconnaître ? Jé n'y comprends rien du tout.

Le lion rugit de nouveau.

— Il vient par ici, dit Martagon ; nous pouvons lui échapper, nous sommes au-dessus du vent ; filons.

Nous restâmes onze jours et onze nuits au milieu des sables du désert sans savoir où nous allions. Le douzième jour commençait à paraître lorsque Martagon me dit :

— Oscar, je commence à croire que nous aurions aussi bien fait de nous laisser fusiller : nos outres sont vides ! plus la moindre galette ! C'est fini ; nous allons mourir de faim et de soif au milieu de ce désert.

Le *désert*, ce mot, qui, pour nous Européens, n'a d'autres sens que celui de nous indiquer des endroits arides et inhabités, est tout autre que nous nous le figurons.

Imaginez-vous une mer de sable avec ses vagues onduleuses et mouvantes glissant sous le souffle de la moindre brise dans de lointains horizons qui n'ont de limites que le ciel, et dans ces profondes solitudes soumises à la plus brûlante chaleur, rien que l'espace et le soleil, pas le moindre arbrisseau, pas la plus petite fraîcheur.

Nous marchâmes encore une partie de la journée sous les rayons d'un soleil ardent qui nous brûlait la peau; tout à coup le vent s'éleva, une poussière fine se répandit en gros nuages de tous les côtés.

— Nous sommes flambés, dit Martagon, aussi bien arrêtons-nous, nos chameaux ne veulent plus avancer, et voici ce que les Arabes appellent le simoum qui va nous ensevelir tout vivants dans les replis des vagues de sable qu'il soulève. ·

En effet, un bruit étrange se fit entendre, le soleil ne nous apparut plus qu'à travers un épais nuage de poussière, et bientôt, phénomène extraordinaire, nous vîmes s'avancer vers nous de hautes colonnes de sable qui se mouvaient et s'élançaient en s'abaissant ou en s'élevant, comme si elles avaient été poussées par quelque génie.

L'un de nos chameaux, qui n'avait pas voulu nous suivre derrière une espèce de butte, où nous nous étions réfugiés, fut saisi tout à coup par une force invisible, qui l'enleva de terre et l'entraîna dans les profondeurs d'un nuage. Bien nous avait pris de nous coucher à plat ventre près de notre autre chameau, qui s'était enfoncé les naseaux dans le sable; sans cela nous aurions été entraînés ou asphyxiés. Le phénomène ne dura pas longtemps, fort heureusement.

Au bout d'un moment, nous pûmes nous relever et attendre que l'épaisse poussière qui obscurcissait la clarté du jour fût un peu tombée.

Enfin, après une heure de la plus anxieuse attente, le vent cessa, le désert reprit son aspect accoutumé.

— Qu'allons-nous devenir? dis-je avec tristesse; nous n'avons plus qu'un chameau pour nous porter tous les deux.

Ça n'est pas ça qui m'inquiète, dit Martagon; si la pauvre bête n'était pas exténuée, elle nous porterait bien ; mais, c'est que je me sens mourir de soif et de faim.

— Quoi faire?

— Eh bien, nous allons manger le chameau qui nous reste, et puis après, ma foi, nous irons à la grâce de Dieu.

— Mais notre chameau n'a plus rien de mangeable.

Martagon ne m'écoutait pas ; déjà il avait tiré son sabre, et d'un coup en avait abattu la tête du chameau.

— Attention, dit Martagon, nous allons recueillir le sang de l'animal.

Mais je crois que la pauvre bête n'en avait plus, car c'est à peine s'il en sortit quelques gouttes.

Alors Martagon chercha dans l'estomac du chameau, et n'y trouva non plus la moindre parcelle d'eau.

Après nous être rassasiés de la viande ou plutôt des os de notre pauvre monture, nous étions à nous consulter sur ce que nous allions devenir, lorsque nous vîmes apparaître une douzaine de grands fantômes, la figure couverte d'un voile, juchés sur la bosse d'autant de chameaux.

— Ah! dit Martagon, nous ne pouvions pas tomber plus mal ; ce sont les Thouaregs, qui ne font aucun quartier aux Européens ; pourtant il ne faut pas mourir comme des poules mouillées ; nous allons leur lâcher chacun notre pistolet.

— Non, dis-je, attendons ; peut-être qu'il ne nous feront pas de mal.

— Ah! l'innocent! dit Ulysse en s'asseyant et se rappelant qu'il avait encore de quoi fumer une pipe, il se mit tranquillement à battre le briquet.

Les Thouaregs, malgré le voile blanc qui leur cachait la face, nous ayant aperçus, fondirent sur nous comme une trombe ; ils nous sautèrent dessus comme des bêtes fauves, et en rien de temps nous fûmes désarmés, attachés et couchés sur le sable.

Eh bien, dit Martagon, nous voilà gentils; n'aurait-il pas mieux valu tuer un ou deux de ces gueux-là.

— Peut-être, dis-je; attendons.

Les Thouaregs, après s'être consultés, après avoir été un moment sur le point de se battre entre eux, finirent par s'asseoir tranquillement près des restes de notre chameau, et se mirent à en dépecer le plus qu'ils purent; puis ils rassemblèrent les excréments de leurs bêtes, et, avec quelques vieilles cordes, quelques loques, ils allumèrent du feu, à la chaleur duquel ils firent cuire leur viande. Après s'être rassassiés, ils se levèrent et remontèrent sur leurs chameaux.

— Ah les gredins! dit Martagon; ils vont nous laisser là pieds et pattes liés pour servir de pâture au premier animal qui voudra de nous. Ah les gueusards!

Mais l'un des Thouaregs chargea Martagon comme un sac de grains en travers du long cou de sa monture; l'on en fit autant de moi et toute la troupe partit à fond de train.

— Ah les gredins! disait Ulysse en cherchant à se retourner un peu. C'est fini; les boyaux vont me sortir par la bouche. Ah! les gueux! — Oscar, comment te trouves-tu?

— Hélas! bien mal, lui dis-je, et certainement que, si nous allons loin comme cela, nous n'arriverons jamais en vie.

Pourtant il nous fallut voyager dans cette fâcheuse position encore onze ou douze heures au grand trot. Nous avions bien fait soixante ou soixante-dix lieues, lorsque nous arrivâmes dans un endroit du désert où s'élevait quelques dattiers, des chiens se mirent à aboyer, et nous nous trouvâmes au milieu d'une espèce de village composé de huttes et de tentes assez laides. Aussitôt on nous lança sur le sable comme des ballots de guenilles, et nous fûmes laissés là en butte aux morsures des chiens qui nous tiraillaient de tous les côtés, et aux regards des femmes et des enfants qui nous gratifiaient de coups de bâton. Pourtant l'on détacha nos liens et l'on nous donna quelque nourriture.

LES THOUAREGS

Les Thouaregs sont des peuplades à peu près sauvages, qui vivent de brigandages et du lait de leurs chamelles et de leurs brebis. Ces peuples, qui ont toujours la face couverte d'un voile, sont audacieux et infatigables. Ils sont l'effroi des caravanes et des autres peuplades qui sont forcées de traverser le désert; leur renommée est grande parmi les nègres du Fezzan et d'une partie de l'Afrique.

Leurs mœurs sont celles des anciens patriarches; ils vivent sous des tentes, ou quelquefois dans des huttes à demeure fixe. Les vieillards et les chefs de certaines familles ont seuls l'autorité parmi eux.

Après avoir été délivrés, l'on nous fit comparaître devant une espèce de tribunal; et Martagon, qui savait quelques mots d'arabe, put se faire comprendre un peu.

Lorsque les Thouaregs surent que nous étions des soldats français, ils nous traitèrent avec beaucoup plus d'égards. Ils nous parlèrent, à ce que me dit Martagon, de nos armées, de notre puissance, et du désir qu'ils avaient d'entrer en relation avec nos chefs.

Martagon les approuva d'abord; mais comme il vit qu'ils voulaient nous faire la galanterie d'être leurs introducteurs près de nos supérieurs, il se refroidit beaucoup, pensant avec raison qu'il y avait un grand danger pour nous de retourner à notre régiment. Pourtant, il ne dit trop rien; mais quelques jours après, il entretint comme il put l'un des principaux marabouts d'une prétendue mission que nous avions pour la ville de Tambouctou, et proposa aux Thouaregs de nous donner les moyens de nous rendre dans cette ville, promettant qu'à notre retour nous prendrions avec nous ceux d'entre eux qui voudraient se rendre dans nos possessions africaines.

Les Thouaregs mordirent à l'appât; et, quelques jours plus tard, nous partions de chez eux pour nous rendre dans la direction d'une caravane qui s'en allait à Tambouctou.

Que vous dirai-je? mes amis; l'Afrique est partout la même chose : des déserts, des peuplades ignorantes et féroces, des bêtes fauves; voilà ce que nous rencontrâmes en grande partie jusqu'à Tambouctou, où nous arrivâmes après avoir enduré mille souffrances et mille mauvais traitements de la part des marchands maures avec lesquels nous voyagions.

Franchement, les récits que l'on avait faits de Tambouctou, la ville mystérieuse, étaient des contes forgés pour entretenir la crédulité des sots.

Cette ville, située sur les limites du désert, comme toutes les villes africaines, est une agglomération de cahuttes auprès desquelles nos chaumières de la Sologne pourraient passer pour des palais. Cependant, il y a là une certaine animation, un commerce assez considérable : c'est l'entrepôt de différents objets qui sont transportés dans les pays encore inconnus de l'Afrique centrale. Là, si nous ne fûmes pas assassinés vingt fois par des Maures fanatiques, nous le dûmes à l'espèce de frayeur que leur inspiraient les Thouaregs, qui avaient déclaré nous prendre sous leur protection.

Il y avait à peine quelques jours que nous étions à Tambouctou, lorsqu'un matin, Martagon me dit :

— Oscar, nous mourrons de faim ici ou d'un moment à l'autre nous serons assassinés. Si tu m'en crois, nous partirons sans rien dire à personne et le plus tôt possible.

J'acquiesçai d'autant plus volontiers à cette demande que, la veille même, j'avais reçu un coup de zagaie dans le bras, d'un Maure qui passait près de moi.

— Oui; mais, dit Martagon, il faut nous teindre en noir, autrement nous n'irons pas loin.

Après être parvenus à nous procurer, moyennant les boutons

de nos habits, différentes provisions, nous partîmes à la dérobée. Une fois dans la campagne, nous nous teignîmes le corps et la figure, et nous avançâmes bravement à travers des pays inconnus.

Nous suivions autant que possible un grand fleuve que je crois être le Niger; mais au lieu de suivre son cours en descendant, nous le remontions au contraire. Dire ce que nous eûmes à souffrir pendant plus de six mois que nous mîmes à parcourir les pays souvent inhabités qui se trouvent entre Tambouctou et le pays des Zanfara, où nous arrivâmes, est incroyable. Souvent mourant de soif, ou transpercés quelquefois par des pluies d'orages, nous vivions comme les êtres les plus abandonnés de la terre, n'osant entrer dans les espèces de villes ou de villages que nous apercevions quelquefois, et forcés de coucher sur les arbres ou dans des trous, l'un de nous étant toujours forcé de faire une garde vigilante pendant que l'autre se livrait au sommeil, dans la crainte d'être dévorés par les bêtes féroces; réduits à la nudité la plus complète par la vétusté de nos habits, nous ressemblions véritablement à de vrais sauvages, ou plutôt à des bêtes féroces.

Je me rappelle que près d'un village où habitait une peuplade nègre, je fis peur à une vieille femme occupée à ramasser quelques plantes dans un champ.

Après avoir traversé des marais épouvantables, où les moustiques et les serpents pullulaient; après avoir franchi des montagnes assez hautes, couvertes de bois et de rocs granitiques, où nous trouvâmes de nombreux troupeaux d'éléphants et de girafes, nous arrivâmes enfin dans le pays de Zanfara, à ce que nous sûmes par un vieux Nègre que nous rencontrâmes un jour au milieu des ronces et des vastes savanes où nous nous trouvions. Ce vieillard, qui parlait un peu la langue des Arabes du désert, nous raconta qu'il avait été fait prisonnier par des chasseurs d'esclaves de la nation des Fellatahs, qui avaient tout saccagé dans le pays où il vivait paisible avec sa famille, et qu'on l'avait emmené avec le reste des habitants; mais que n'ayant pu suivre les ennemis dans leur marche, ils l'avaient assommé avec le bois de leurs lances et laissé pour mort au milieu d'une plaine aride; que, revenu à lui, il s'était trouvé en présence d'une troupe de singes qui fuyaient en poussant des cris épouvantables, les Fellatahs ayant mis le feu à une forêt où ils vivaient. Ces singes l'avaient battu et égratigné; mais pourtant il était parvenu à tordre le cou au plus gros de la bande, qui lui avait servi à se nourrir pendant plusieurs jours.

Nous laissâmes le vieux Nègre, qui nous assura que tous les peuples de ces contrées se faisaient continuellement une guerre acharnée entre eux pour se piller et faire des prisonniers qu'ils allaient vendre ensuite à des marchands.

— Malgré cela, me dit Martagon, comme je ne puis aller plus loin, il nous faut implorer la pitié des premiers Sauvages que nous rencontrerons.

Après nous être nourris pendant plusieurs jours d'un gros serpent que nous avions tué, nous arrivâmes près d'une agglomération de huttes où vivaient quelques Nègres dans un assez grand état de misère. Nous nous adressâmes aux premiers habitants que nous rencontrâmes. A notre aspect, tous ceux qui nous virent se sauvèrent en poussant des cris affreux; bientôt pourtant la foule revint vers nous et nous entoura sans toutefois nous approcher : c'est que nous étions à moitié déteints par places, et que vraiment notre longue barbe et nos cheveux plats qui nous tombaient sur les épaules, nous donnaient un aspect des plus hideux.

Nous nous assîmes tranquillement au milieu de la foule, et, par nos signes, nous fîmes comprendre que nous avions besoin de manger.

L'on nous apporta quelques fruits, un peu de farine mouillée, et l'on nous regarda dévorer ces aliments. Mais tout à coup apparurent une douzaine d'hommes armés de boucliers et de lances, qui s'approchèrent de nous avec les plus grandes précautions; puis, tout en nous menaçant de la pointe de leurs lances, plusieurs d'entre les plus intrépides se jetèrent sur nous, nous garrottèrent solidement et nous muselèrent même, craignant sans doute que nous ne les mordissions, puis ils nous firent marcher devant eux.

Conduits en présence d'un chef ou roi, espèce de Majesté aussi sale que laide, nous eûmes à subir toutes sortes de mauvais traitements; d'abord il fallut danser, sauter, pendant que l'un des gardes de Sa Majesté nous tenait au bout d'une longue corde, et qu'un autre nous administrait une volée de coups de bâton.

— Ah! les gueux! ah! les gredins! disait Martagon, s'ils nous nourrissaient encore, ah! les brigands! Oui bien sûr nous aurions mieux fait de nous laisser fusiller.

Je ne répondis rien à tout cela; affaibli par le jeûne, exténué par la fatigue et les coups, je n'avais d'autres sentiments qu'une espèce de besoin de repos.

Enfin notre supplice cessa, et les femmes du monarque africain vinrent nous examiner par tout le corps, et nous tirer la barbe e les cheveux.

Notre patience les charma, et l'une des plus fortes femmes que j'aie jamais vue, la favorite (car l'embonpoint est dans l'Afrique en général la plus grande marque de beauté); obtint que nous lui fussions donnés pour l'amuser, avec une vingtaine de gros et vilains singes que l'on entretenait pour son plaisir dans une espèce de grande cage formée de madriers.

Dire ce que nous eûmes à endurer de la part de nos compagnons les singes dès que nous fûmes enfermés avec eux, serait impossible à croire. La nuit comme le jour, c'était une lutte perpétuelle entre ces vilaines bêtes et nous. Pas une minute de répit, pas un instant de repos. Dès que nous allions pour dormir, l'un de ces affreux animaux arrivait tout doucement, et nous lâchait ses excréments sur la figure, ou nous enfonçait ses griffes dans la chair, et se sauvait. Enfin, nous prîmes Ulysse et moi le parti de veiller chacun notre tour, et par ce moyen nous pûmes avoir quelques instants de repos.

Comme nous avions de l'eau en abondance, nous nous lavâmes

souvent, et nous fîmes notre toilette du mieux que nous pûmes,
en nous peignant la barbe et les cheveux avec de petits bâtons.
L'eau et l'ombre firent peu à peu disparaître la couleur noire
que nous nous étions mise sur le corps, et nous reprîmes
notre peau blanche, ou plutôt bistrée. Alors ce fut pour la favorite et les autres sultanes une chose excessivement curieuse.
Nourris abondamment, nous reprîmes un peu de nos forces, et
bientôt nous ressemblâmes à des hommes véritables, sauf la longueur de nos ongles, de notre barbe et de nos cheveux.

Notre vue n'épouvanta plus les princesses noires auxquelles
Sa Majesté nous avait donnés en présent comme des bêtes curieuses. Bientôt même notre douceur et nos manières convena-
bles les attendrirent, elles devinrent assez bonnes pour nous,
et nous laissèrent assez de liberté pour que nous puissions préparer en silence les moyens de prendre la fuite, avant que le roi
qui était allé faire la guerre à d'autres nègres, ne fût revenu.

Nous étions installés dans le palais de crotte du souverain
nègre, et traités avec toute la douceur possible, lorsqu'un jour
Martagon arriva tout effaré.

— Oscar, me dit-il, il faut fuir, le roi arrive dans quelques
jours, la manière dont on nous traite pourrait lui déplaire, lui
qui nous croit enfermés avec ses singes; et ma foi, je ne tiens
pas à devenir sa victime.

Le lendemain, sur l'ordre de la favorite de Sa Majesté nègre,
l'on nous donna tout ce que nous demandâmes pour faire une
soi-disant promenade, et aidé d'un jeune négrillon qui était atta-
ché à notre service, nous sortîmes de la ville; nous chargeâmes
sur le dos de notre conducteur tout ce que nous pûmes trouver
de provisions, et nous partîmes à travers les grandes plaines et
les marais qui couvrent le pays.

Le jeune nègre, notre conducteur, qui n'était pas du tout satisfait de porter notre bagage, nous dit que si nous avancions
dans le pays, nous nous trouverions au bord d'un lac immense,

dont on ne connaissait pas le bout, et que là, nous trouverions bien sûr des bateaux pour nous porter avec nos provisions.

Nous suivîmes les conseils du nègre, et quelques jours après nous étions sur les bords d'une mer intérieure, dont on n'apercevait nulle part les limites, sauf quelques sommets de hautes montagnes vers le nord.

Ayant trouvé un mauvais canot comme nous l'avait fait espérer notre jeune compagnon, nous mîmes tout ce que nous possédions dedans, et nous forçâmes le négrillon à nous suivre et à nous aider à conduire notre nacelle sans nous écarter du bord.

Pendant dix jours et dix nuits, nous naviguâmes sans rien rencontrer d'extraordinaire, seulement nos provisions diminuaient à vue d'œil, malgré l'adresse de notre guide à pêcher des poissons dans le lac.

Martagon qui avait appris un peu de l'idiome de ces peuples, ayant demandé au jeune nègre jusqu'où s'étendait la pièce d'eau sur laquelle nous étions. Celui-ci lui répondit que personne n'en connaissait le bout, parce que quelques nègres s'étant aventurés loin de la vue des côtes, avaient eu à subir une tempête épouvantable; la plupart étaient morts, et ceux qui en étaient réchappés avaient tellement effrayé les peuplades qui avoisinent cet immense lac, que plus jamais personne n'avait osé s'aventurer trop loin; et puis, dit-il, chaque année une chose assez singulière se passe ici. Cette mer grossit d'une manière extraordinaire, ses eaux se répandent partout, et les plaines en sont couvertes, et les rivières qui s'y jettent ou qui y prennent leur source, se gonflent tellement que tous les pays environnants, à des distances considérables, se trouvent sous l'eau. Malheur à ceux des habitants qui n'ont pas été prévoyants, et qui ne se sont pas retirés dans les endroits élevés.

Les pluies torrentielles qui tombent pendant plusieurs mois de l'année sur une partie de l'Afrique, sont cause sans doute de ce

Imp. Becquet, Paris.

Entraînés par des Chimpenzés.

phénomène, qui pourrait bien se rattacher aux débordements périodiques du Nil.

Nous approchons de l'époque des eaux, dit le jeune nègre, et si nous ne nous retirons pas dans quelque endroit élevé, nous pouvons être entraînés au moment où nous y penserons le moins à de grandes distances dans les terres.

Comme nous réfléchissions à ce que nous devions faire, nous nous trouvâmes à l'embouchure d'une grande rivière.

— Entrons dans le fleuve, dit Martagon, nous verrons après cela ce que nous aurons de mieux à faire.

Nous longions les rives du fleuve, lorsque tout à coup notre jeune nègre sauta sur la rive et disparut.

— Ma foi, dit Martagon, laissons-le aller; et nous nous écartâmes du lieu où nous étions pour passer la nuit.

Nous dormions tranquillement dans notre canot lorsque de larges gouttes de pluie nous réveillèrent.

— Ah! ah! dit Ulysse, voilà les pluies qui commencent; il est temps de quitter ces parages avant le déluge,

Les pluies duraient déjà, sans doute, depuis quelque temps dans les contrées montagneuses, car les eaux montèrent de douze pieds en quelques heures.

Notre bateau, poussé par la force de l'inondation, suivait avec une rapidité prodigieuse les sinuosités de la grande rivière encaissée dans des berges excessivement élevées, où nous nous trouvions.

— Si notre bateau n'est pas brisé, dit Martagon, je ne suis pas fâché de l'occasion qui se présente de changer de pays. Peut-être arriverons-nous quelque part où nous rencontrerons des gens raisonnables.

— Des gens raisonnables en Afrique, dis-je à Martagon; ah! bien oui! je t'en souhaite; les singes sont peut-être les êtres les plus civilisés de ces contrées.

Pendant près de dix jours, nous fûmes poussés par les eaux

ascendantes avec une vitesse incroyable; malheureusement nous n'avions plus de vivres.

La pluie tombait toujours par torrents, le ciel semblait vomir une mer tout entière; nous étions trempés jusqu'aux os, et, si nous n'avions pas eu le soin de vider notre bateau avec une vieille outre que nous avions conservée, bien certainement il se serait empli.

— C'est fini, me dit Martagon, voici près de deux jours que nous n'avons pris de nourriture; nous ne pouvons vivre plus longtemps sans manger.

Je n'eus pas même la force de lui répondre, et, quoiqu'il tombât de l'eau par torrents, ma langue était collée à mon palais.

Le onzième jour nous allâmes échouer contre des rochers qui se trouvaient fort heureusement près du rivage.

A peine étions-nous débarqués sur la rive, qui se trouvait près d'un bois très-touffu, où croissaient d'immenses baobabs, quelques cocotiers et des mimosas, que nous vîmes accourir vers nous plusieurs individus que nous prîmes pour des nègres, malgré qu'ils fussent moins noirs et couverts de poils. Sans doute que ces individus eux-mêmes furent trompés par notre longue barbe et nos cheveux épars, car, dès qu'ils furent près de nous, ils s'arrêtèrent; mais tout à coup deux des plus forts prirent Martagon par les bras, pendant que deux autres m'en faisaient autant, et ils nous entraînèrent avec une force irrésistible au milieu de la forêt. Nous reconnûmes alors que nous étions tombés au pouvoir d'une troupe de chimpanzés de la grande espèce qui nous forcèrent de marcher avec eux; devant, derrière, sur les côtés, un grand nombre de singes de toutes sortes, de toutes tailles, nous suivaient en courant; les uns nous poussaient par le dos, d'autres faisaient des sauts et des gambades sur les arbres environnants; d'autres, plus effrontés, finirent par nous grimper sur les épaules et à fouiller dans notre chevelure.

Ah ! mon pauvre Oscar, me cria Martagon, pour cette fois nous sommes perdus; ces vilaines bêtes vont nous massacrer.

Pourtant il n'en fut rien. Arrivés au milieu de rochers entourés d'un fourré épais, les singes nous lâchèrent; puis les jeunes se mirent à danser en rond tout autour de nous pendant que les vieux restaient spectateurs taciturnes et indifférents de cette scène.

Nous étions ahuris, exténués. Pourtant Martagon, avisant des cocos et des pastèques tout près de là, se traîna jusqu'à l'endroit où ils se trouvaient et en prit plusieurs qu'il s'empressa de déguster.

Les singes, voyant cela, prirent des fruits et me les apportèrent; mais ce qui ne fut plus drôle c'est que, lorsque nous eûmes rassasié notre faim, ces coquins de singes continuèrent à nous apporter des vivres, et, bon gré mal gré, ils nous forcèrent à manger.

— Ma foi, je n'en puis plus, dit Ulysse presque asphyxié, et il jeta au loin des fruits que l'on venait de lui apporter.

Tout aussitôt les vénérables de la troupe tombèrent sur nous à grands coups de bâton, et il fallut aller ramasser les pastèques et les cocos que nous avions rejetés et les manger.

— Ouf! dit Martagon, je n'en puis plus, je vais étouffer, je le sens. Quelle mort! Oscar, quelle mort! ouf!...

Pourtant ces vilaines bêtes finirent par nous laisser tranquilles.

Nous restâmes près d'un mois avec les singes, qui avaient fini par s'habituer à nous, et nous laissaient agir à notre fantaisie, en nous épiant toutefois pour nous empêcher de prendre la fuite.

Un jour que nous allions à la maraude avec nos associés, nous rencontrâmes une troupe d'éléphants qui nous poursuivirent. Les singes grimpèrent sur les arbres et se moquèrent de leurs ennemis, leur jetèrent des branches mortes et des fruits sauvages. Pour nous, acculés à des rochers, nous nous crûmes perdus en voyant s'avancer vers nous deux éléphants monstrueux, la trompe levée. Ces deux animaux nous saisirent par le milieu du corps, nous examinèrent un instant, puis nous posèrent sur leur dos et s'en allèrent tranquillement au pas.

— Oscar, me dit Martagon, je ne donnerais pas cinq sols de notre peau. Ah! mon Dieu, il n'y a vraiment que dans ce gueux de pays d'Afrique que l'on tombe toujours de fièvre en chaud mal. Enfin, attendons.

Nous restâmes plusieurs jours avec les éléphants, qui, chaque soir, nous mettaient à terre pour nous laisser dormir, et qui, dès l'aube, nous rechargeaient sur leur dos pour voyager avec eux.

Enfin, après un certain temps de cette étrange existence, après avoir traversé d'immenses forêts, peuplées par les plus beaux oiseaux de la création, par des bêtes féroces de toutes sortes et par des multitudes de singes, où nous étions contraints de nous nourrir de feuilles de jeunes pousses de mimosa ou de cocos, notre troupe d'éléphants se trouva en présence d'une bande de rhinocéros.

Il y avait un champ de cannes à sucre entre les éléphants et les rhinocéros. Ce fut la cause du plus terrible combat que j'aie jamais vu. Les éléphants nous déposèrent à l'arrière-garde, avec les femelles et les petits, et la bataille commença. Deux éléphants restèrent sur le terrain. Cinq rhinocéros étant morts, plusieurs blessés très-grièvement, le reste fut obligé de battre en retraite.

Profitant d'un moment de tumulte, nous nous glissâmes à travers les arbres et nous nous échappâmes.

Pendant cinq mois nous errâmes encore au milieu des solitudes de l'Afrique centrale, tantôt mourant de faim et de soif, tantôt poursuivis par des lions, des tigres ou des serpents, tombant quelquefois au milieu de troupes innombrables de jeunes gazelles que nous assommions à coups de bâton, ou d'autres animaux inoffensifs que nous parvenions à tuer à coups de pierre.

L'Afrique centrale est le plus étrange pays de la création; là, les bêtes ont le haut du pavé. Il faut dire aussi que les misérables nègres qui habitent ces déserts sont au moins aussi abrutis que les animaux au milieu desquels ils vivent.

Si bien souvent nous traversions des déserts arides, nous nous trouvions aussi quelquefois au milieu des sites les plus magnifiques, où croissent les plantes les plus extraordinaires, les plus parfumées et les plus belles du règne végétal. Partout où il y a de l'eau en Afrique, l'on rencontre la plus luxuriante végétation. Si nous jeûnions souvent, faute de trouver des aliments, nous avions souvent aussi une abondance de fruits délicieux et de racines saines et succulentes; seulement il faut savoir distinguer les fruits savoureux et les plantes alimentaires des poisons qui sont nombreux. Les singes, plus que les nègres encore, sont les meilleurs professeurs pour apprendre à connaître les choses bonnes des choses mauvaises.

L'on a fait mille histoires sur les dangers de traverser l'Afrique, à cause des peuplades sauvages et féroces qui existent sur ce continent, presque inconnu.

Eh bien, je suis convaincu que cinquante hommes bien armés, montés sur des chameaux et pourvus de provisions, parcourraient sans trop de périls toute l'Afrique centrale. Sauf les bêtes féroces, qui n'attaquent jamais l'homme, et les mauvais chemins, les fièvres et les forêts impénétrables, les déserts arides et sans eau, le reste n'est presque rien. Pour les nègres, ils sont aussi lâches qu'ils sont féroces pour des ennemis abattus. Montrez-leur de l'audace; imposez-leur-en par des tours de jongleurs et des momeries, et ils s'humilieront devant vous.

Quand il se trouvera des hommes audacieux qui se seront habitués au climat, à la fatigue et à la manière de vivre des naturels dans ces vastes contrées où l'homme est à peine l'égal de la brute, ils pourront voyager partout sans autre crainte que celle de la trahison, de la maladie, de la disette d'eau ou de leur manque de surveillance.

Un jour où nous traversions le pays des Nyams-Nyams, nous rencontrâmes un homme et une femme qui étaient entièrement nus et avaient une petite queue au bas des reins.

Nous crûmes un moment être retombés au pouvoir des Chimpenzées; fort heureusement que l'homme à queue et sa compagne se sauvèrent en nous apercevant, sans chercher à nous maltraiter.

Une nuit où nous nous étions réfugiés dans les branches d'un arbre pour dormir, nous fûmes réveillés par les rugissements d'un lion qui avait éventé notre piste, et qui s'était mis en faction au pied de l'arbre où nous étions, comme pour nous dire : « Quand vous descendrez de l'arbre, et il faudra bien que vous descendiez, je suis là pour vous manger. Vous feriez tout aussi bien de descendre tout de suite; cela vous épargnerait bien des soucis, et à moi une ennuyeuse attente qui ne laisse pas que de me contrarier beaucoup, car j'ai grand'faim. »

— Oscar, me dit Martagon, vois-tu les yeux du lion? comme ils reluisent! Hein! comme il nous regarde! Est-ce que par hasard il aurait jeté son dévolu sur nous pour satisfaire son appétit?

— Je le crains bien, dis-je; car, tu vois, il nous fixe attentivement sans bouger de place.

— Hum! hum! dit Ulysse, s'il n'arrive pas quelque bête à notre secours pour faire diversion et être mangée à notre place, nous sommes perdus.

— Bah! dis-je, le jour va venir, et messire lion s'en ira.

— Ne t'y fie pas, dit Martagon; rien de plus entêté qu'un lion. S'il a mis dans sa caboche de nous manger, il crèvera plutôt de faim sur place que de s'éloigner d'un pas. L'on en a vu qui desséchaient de besoin à côté d'autres bêtes qu'ils auraient pu prendre, pour surveiller une proie humaine qu'ils s'étaient promis de manger. Enfin, nous verrons bien.

En effet, le lion ne bougea pas de place; de temps en temps il poussait de rauques rugissements, puis il ouvrait une large gueule, faisait claquer sa langue contre son palais, ou bâillait à se fendre la mâchoire, grattait la terre avec ses terribles ongles, se fouettait les flancs avec sa queue, mais il ne cessait pas de nous fixer.

Le jour vint nous surprendre dans cette position assez peu pittoresque, sans que la bête féroce fît la moindre mine de changer de place.

Tout à coup Ulysse poussa un cri d'effroi.

— Ah! mon Dieu! dit-il, nous sommes perdus!

— Quoi encore? dis-je.

— Là-haut, dit en tremblant Ulysse; vois, regarde!

Je jetai les yeux au-dessus de ma tête. Jugez de la terreur que je dus éprouver en apercevant au sommet de l'arbre où nous étions deux magnifiques serpents de la plus dangereuse espèce, enlacés dans les branches de l'arbre, au milieu de plusieurs nids d'oiseaux qu'ils étaient allés dévaliser.

— Ah! mon Dieu! dis-je, qu'allons-nous devenir? Si nous descendons de l'arbre, le lion nous mangera; si nous restons, les serpents vont s'attaquer à nous. Comment faire?

En ce moment même une nuée d'oiseaux fondit sur l'arbre où nous étions avec des cris épouvantables; les uns voltigeaient sans cesse autour des deux serpents qui dardaient leur langue fourchue avec une fureur et une vélocité incroyables, pendant que quelques oiseaux, plus braves et plus hardis, s'approchaient de la tête des reptiles et cherchaient à leur crever les yeux; mais les deux serpents, habitués sans doute à ces attaques, évitaient les coups de bec, saisissaient quelquefois les agresseurs, et alors il n'y en avait pas pour longtemps : les oiseaux ou tombaient morts, frappés par le venin, ou étaient engloutis dans le large gosier de ces monstres qui peu à peu cherchaient cependant à battre en retraite, et se glissaient contre les branches pour se laisser choir à terre. Mais le lion était toujours là, qui, sur ces entrefaites, se mit à pousser un rugissement épouvantable. Les serpents alors voulurent examiner le danger qu'il pouvait y avoir à aller affronter ce nouvel ennemi, et ce fut le moment où ils nous aperçurent; alors ils poussèrent

un sifflement de rage, ne sachant ce qu'ils devaient faire. Pendant
ce temps, l'attaque était plus active, et, ma foi, pour cette fois
justice fut faite au bon droit, car les deux serpents furent aveuglés
en même temps et forcés de se laisser tomber sur le sol, pour ne
pas être déchiquetés à coups de bec. Les reptiles, en tombant de
branches en branches, me passèrent tout près de la figure, sans
cependant me faire du mal; mais ils allèrent tomber juste sur le
lion qui poussa un rugissement terrible et écrasa un des serpents
avec sa patte, pendant que l'autre parvenait à s'échapper après
avoir mordu, je crois, son ennemi.

— Ah! dit Martagon, quelle chance que ces oiseaux nous aient
débarrassés de ces affreuses bêtes! Braves oiseaux! va! Si j'avais
du chènevis, je vous en donnerais des boisseaux.

— Oui, dis-je; mais à quoi cela nous sert-il? ou il faudra mourir de faim ici, ou il faudra être mangés par le lion.

— Hum! hum! dit Martagon, en effet, la perspective reste assez
peu agréable; car ce paroissien-là n'a pas l'air de vouloir s'en
aller à jeûn. Enfin, attendons.

Un jour et une nuit se passèrent sans apporter de changement
à notre position. Le lion, couché sur le ventre, la tête appuyée sur
ses pattes de devant, poussait de temps en temps de longs bâille-
ments, ouvrait une large gueule, grinçait des dents, faisait claquer
sa langue contre son palais; puis, poussait un soupir, se levait,
fouettait la terre et ses flancs avec sa queue, faisait un tour ou
deux sans nous perdre du regard, et se recouchait dans sa position première.

Au bout de deux jours, nous n'en pouvions plus; et le lion était
toujours là, nous regardant sans cesse et ne quittant point son
poste.

— Ah çà, mais, dit Martagon, çà commence joliment à me gêner; j'ai des crampes d'estomac; je tombe de besoin, et, malgré
les feuilles que nous mâchons, nous allons mourir de faim.

— Oui, dis-je, nous sommes flambés. Jamais je n'aurais pu

croire qu'un lion fût aussi gourmand et aussi entêté. Il faut qu'il ait goûté de la chair humaine, et que ça lui ait fait joliment plaisir, pour faire une abstinence volontaire aussi longue dans l'espoir de se régaler à nos dépens.

— Ah! le gredin! si nous avions seulement un pistolet, mais rien!

J'ai une idée, me dit tout à coup Martagon, si nous grimpions vers les nids d'oiseaux où les serpents se régalaient si bien; nous trouverions peut-être de quoi nous soutenir jusqu'à ce que ce gourmand de lion se soit en allé.

— Ma foi, tu as peut-être raison, dis-je, essayons.

Nous montâmes donc au sommet de l'arbre, où des oiseaux gros comme des merles avaient bâti une quarantaine de nids. Là nous trouvâmes des œufs et des petits nouvellement éclos, mais il nous fallut nous défendre contre les oiseaux qui avaient élu leur domicile dans ces lieux. Pourtant, malgré quelques coups de bec, nous réussîmes à satisfaire notre faim.

Il y avait quatre jours et quatre nuits que nous étions sur notre arbre, notre lion n'avait pas quitté la place. C'était une idée fixe, il voulait nous manger.

— Il nous en veut joliment, dit Martagon.

Sur ces entrefaits le lion se leva sur ses pattes, ses yeux brillèrent de colère ou d'espoir, sa queue laboura la terre, mais il ne rugit pas. Il nous regarda avec un air furieux, puis il se tourna, fit un bond, et se précipita comme la foudre au milieu d'une troupe de zèbres que nous aperçûmes alors.

L'un des zèbres saisi à la gorge par le lion, tomba bientôt sur le dos en se débattant, tandis que les autres prenaient la fuite.

— Enfin, dit Martagon, nous sommes sauvés, descendons vite et décampons.

Cela dit, Martagon se mit à dégringoler de branches en branches, et il touchait à peine à terre que le lion qui, à ce qu'il paraît ne nous avait pas perdus de vue, poussa un rugissement formidable, et s'élança dans notre direction ; fort heureusement Martagon put regrimper dans l'arbre avant que la bête féroce ne fût près de lui. L'animal, voyant que ses prisonniers avaient repris leur position, retourna vers sa victime en nous jetant un rugissement de menace, comme pour nous dire : ne bougez pas.

— Le brigand, dit Ulysse, bien sûr qu'il nous garde pour son dessert.

Les rugissements que le lion avait poussés, attirèrent bientôt de son côté un autre vieux lion tout noir, qui trouvant là une proie toute préparée, voulut en avoir sa part. Mais ce n'était nullement l'avis de notre ennemi. Alors, un combat terrible s'ensuivit. Dire les émotions que nous éprouvâmes en voyant les deux formidables bêtes se livrer un assaut des plus meurtriers, et se déchirer, serait chose impossible.

Cependant, après un combat de plus d'un quart d'heure, le lion qui nous en voulait eut le dessous ; ses os craquèrent dans les mâchoires de son antagoniste, sa peau fut mise en lambeaux, et bientôt il tomba, râlant sur le sol, près du zèbre qu'il avait égorgé. Son ennemi le laissa se tordre dans les plus terribles angoisses (il paraît que les lions ne se mangent pas entre eux) ; et il se mit à dévorer le zèbre en surveillant pourtant son ennemi.

Nous saisîmes l'occasion, et nous nous sauvâmes au plus vite.

Nous étions réduits à un état de maigreur et de saleté, qui aurait fait pitié aux cœurs les plus endurcis. Nous errâmes encore pendant quelque temps à travers des pays inconnus et inhabités, plus en sécurité du reste, qu'avec les nègres, sauf pourtant la perspective d'être à chaque instant mangés par quelque bête féroce.

Enfin, nous arrivâmes, après avoir franchi des montagnes, des déserts et des marécages, sur les confins du royaume de Batua, gouverné par une espèce de despote, qui forçait tous ses sujets sous peine de mort, à éternuer lorsqu'il lui arrivait d'éternuer. Pris près d'une bourgade au moment où tous les sujets du superbe souverain des Batuas s'efforçaient d'éternuer, nous fûmes jugés dignes d'être accrochés à un croc de fer pour n'avoir pas imité les stupides habitants du pays. Fort heureusement une vieille femme vint nous avertir du sort qui nous attendait, et nous pûmes prendre la fuite et entrer sur les terres du sultan du Monomotapa. Là, ce fut bien pis encore, Sa Majesté étant morte tout nouvellement, son successeur faisait décapiter cinq mille de ses sujets pour aller servir le défunt dans l'autre monde. Pris dans la razzia, nous fûmes mis avec le troupeau humain destiné au sacrifice.

— Sapristi! dit Martagon quand nous fûmes enfermés avec nos sales compagnons, ça serait par trop bête de se laisser tuer par ces gredins-là. Attention!

Il me monta sur les épaules, fit un trou à la toiture de notre prison, grimpa dessus et m'attira à lui. Pendant ce temps-là nos stupides compagnons nous regardaient faire sans essayer le moins du monde de faire comme nous.

— Attention! me répéta tout bas Ulysse, il y a un factionnaire sur le chemin que nous devons suivre. Il s'agit de l'enlever sans qu'il fasse de bruit, j'en fais mon affaire.

Aussitôt Martagon se laissa glisser à terre; j'en fis autant. D'un bond il s'élança sur la sentinelle et lui tordit le col avant que celui-ci eût eu le temps de crier.

— Sauvons-nous maintenant, dit Martagon.

— Si nous ouvrions la porte aux infortunés qui sont restés dans la prison?

— Garde-t'en bien, me dit Martagon, ils nous livreraient sans se sauver eux-mêmes, les brutes.

Nous prîmes donc notre course à travers champs, et nous échappâmes encore à ce nouveau péril.

Nous traversâmes le pays des Brididis, d'immenses déserts où nous fûmes encore sur le point de périr de faim et de misère.

Nous arrivâmes chez les Brigondis, puis chez les Chainouquas, et enfin chez les Namaquas. Mais dire ce que nous eûmes à supporter de fatigues est vraiment quelque chose d'inouï.

Ce fut en arrivant chez les Namaquas que j'eus le malheur de perdre mon pauvre camarade.

Nous traversions une forêt immense, étudiant le vol et le cri d'un petit oiseau gris, qui nous indiquait les endroits qui recelaient le miel des abeilles sauvages. Cet oiseau plus d'une fois avait été notre Providence, en nous aidant à découvrir un butin qui nous avait rendu la force. Ce jour-là il faisait une chaleur épouvantable; nous avions rencontré des multitudes de bribosk, sans pouvoir en approcher assez près pour en tuer. Nous étions exténués, lorsque le cri bien connu du coucou indicateur nous rendit un peu d'espoir.

Vite Ulysse se mit à la suite de l'oiseau, pendant que je l'attendais assis sur un rocher.

J'attendis Martagon une heure, deux heures; je l'appelai inutilement; l'obscurité me surprit dans cette position. Je passai la nuit la plus affreuse que l'on puisse imaginer; dès l'aurore je me mis en quête de mon pauvre camarade. L'oiseau indicateur vint de nouveau au-devant de moi; je le suivis à mon tour pour voir si je ne trouverais point de traces de Martagon. Arrivé près d'un arbre monstrueux, l'oiseau se prit à voltiger et à frapper l'écorce de l'arbre, à une certaine hauteur, avec son bec. Aussitôt une nuée d'abeilles sortit d'un creux situé dans le tronc de l'arbre, et se mit à voltiger en bourdonnant.

Occupé à fixer l'oiseau et les mouches, je faillis tomber en m'enchevêtrant les pieds dans quelque chose qui se trouvait dans les herbes. Je me tournai pour voir ce que c'était. Jugez de ma frayeur, et bientôt de mon désespoir, en me trouvant les pieds pris dans un squelette humain, qui était disséqué mieux que n'aurait pu le faire le plus habile préparateur d'un amphithéâtre, et en reconnaissant dans les os crispés de l'une des mains du

squelette le bâton noueux de mon camarade. C'était bien lui,
c'était Ulysse Martagon, victime de son zèle. Je vis de suite ce qui
avait causé sa mort : les mouches l'avaient attaqué, puis, éperdu,
aveuglé, un affreux serpent cobra, dont je vis encore le squelette
tout près de celui de celui de mon ami, l'avait mordu en traître.
Martagon avait bien assommé son ennemi, mais le venin avait tué
mon pauvre camarade sur place; puis les fourmis blanches et
noires étaient venues qui l'avaient disséqué comme le meilleur
praticien.

Je coupai une mèche de ses cheveux; c'était tout ce qui restait
de lui, et je quittai cet endroit fatal le cœur navré.

Je fus encore plus de six mois à parcourir les diverses parties
du pays des grands et des petits Namaquas. Puis, enfin, je
trouvai un brave boër, ancien colon hollandais, établi en Afrique,
qui voulut bien s'intéresser à moi et m'emmener vers la ville
du cap.

J'arrivai au cap de Bonne-Espérance. J'étais resté sept ans et
deux mois à vivre de la vie des sauvages et à parcourir le continent africain dans toute sa plus grande longueur, d'une extrémité à l'autre. J'avais tellement peu l'apparence d'un être humain que l'on ne voulut pas d'abord me croire lorsque je racon-
tai tout ce qui m'était arrivé. Enfin, je fus pris par charité sur
un bâtiment qui faisait voile pour Marseille, où je débarquai
deux mois après. Voici plusieurs années que je suis de retour,
et aujourd'hui, vous comprenez que je n'ai pas pu former d'établissement.

J'ai présenté une supplique à la société géographique de Londres pour lui réclamer le prix de 100,000 francs qu'elle a voté
pour celui qui traverserait le premier le continent africain, mais
l'on m'a répondu qu'il n'y avait rien d'authentique dans ma
relation, et, de plus, que j'étais Français.

Habitué à me nourrir de tout et de choses crues, j'ai commencé à Marseille à me faire voir pour de l'argent et à jouer le

rôle de sauvage. Maintenant j'exerce la profession de saltimbanque en attendant une fortune meilleure.

Charles et Gaston serrèrent la main du pauvre Oscar et lui dirent qu'ils seraient enchantés de lui être utiles et qu'il ne resterait pas dans cette malheureuse position.

L'Afrique est donc un pays en général qui n'offre que peu de ressources à l'homme civilisé, et qui ne produit guère que des bêtes féroces et venimeuses et des hommes dépourvus, par des causes climatériques, sans doute, de cette intelligence qui donne la puissance de *vaincre la matière*.

Nous n'avons parlé ni de l'industrie ni du commerce des peuplades qui habitent l'Afrique. A quoi bon raconter ces choses : l'industrie des habitants ne consiste que dans la confection de quelques toiles grossières, dans la fabrication de quelques boucliers et de quelques lances, flèches ou arcs.

Le commerce, sauf le trafic du sel et de la chair humaine, il n'y en a point.

Quelques parties de l'Afrique sont susceptibles de devenir fertiles, mais jamais les peuples qui l'habitent ne deviendront initiateurs.

Machines à vapeurs pour la barbe.

V

L'AMÉRIQUE

Lorsque tout le monde eut témoigné l'intérêt que chacun en particulier portait au pauvre Oscar, Gobineau, un gros garçon aux cheveux jaunes, au teint rouge, aux yeux couleur d'ardoise, prit la parole et dit :

— Je m'en vais à mon tour vous raconter ce qui m'est arrivé depuis que nous nous sommes quittés. Je n'ai voyagé, il est vrai, que dans une partie du monde, mais c'est dans la partie du globe la plus nouvellement connue et pourtant la plus avancée pour beaucoup de choses dans la voie de la civilisation. J'ai vu et parcouru l'Amérique.

— Oh! oh! dit Charles, notre ami Jonathan est bien enthousiaste de l'Amérique; est-ce que par hasard il se serait fait naturaliser Yankee?

— Laissez-moi raconter à mon tour ce que j'ai vu, dit Jonathan d'un air assez maussade, et surtout laissez-moi apprécier à ma manière l'état social des nations que j'ai visitées. Vous autres, jusqu'ici, vous n'avez guère envisagé le monde, la société et l'existence qu'avec le prisme de la poésie et les vieux sentiments humanitaires des anciens systèmes. Pour moi, qui ai vu et apprécié le bon côté de la civilisation virile de ce que vous appelez les Yankes, je vous assure que je suis entièrement passé à leur doctrine.

— Oh! dit Charles, maître Jonathan ne niera pourtant pas les beaux résultats, qui se montrent en ce moment, de l'égoïsme et du sans-gêne enseignés comme base de toute éducation : les frères d'hier sont devenus des frères ennemis aujourd'hui; les uns, sous le spécieux prétexte de la liberté des esclaves, veulent tout simplement empêcher leurs frères producteurs du Sud de vendre et de trafiquer de leurs produits avec d'autres qu'avec eux, car, franchement, l'amour des nègres n'entre pour rien, je le crois, dans la querelle que les gens du Nord et ceux du Sud sont en train de vider, puisque la plupart des prétendus libérateurs des noirs les ont plus en horreur encore que leurs frères du Sud, eux qui n'ont pas même voulu reconnaître la petite république de Libéria, fondée par des noirs qu'ils avaient affranchis et dont ils se disaient les protecteurs, et qui n'ont, jusqu'ici, voulu traiter, à aucun titre, avec les hommes de couleur de la république d'Haïti. Puisque, enfin, ils ne les admettent jamais dans leurs sociétés comme des créatures humaines, et que, si les planteurs du Sud traitent durement les esclaves, les gens du Nord ne les traitent pas du tout et les laissent volontiers mourir de faim. Quant aux propriétaires d'esclaves, c'est autre chose, l'orgueil et l'égoïsme les aveuglent; comme leurs frères du Nord, s'ils ont raison de réclamer leur droit d'écouler leurs produits où bon leur semble, au mieux de leurs intérêts, ils ne devraient pas pour cela arborer le drapeau de la plus hideuse tyrannie, de la plus hor-

rible cruauté envers leurs nègres et envers ceux qui plaident l'é-
mancipation des malheureux qui leur servent de bêtes de somme.
Cela dit, je me tais.

— Et tu fais bien, dit Jonathan avec le plus grand flegme,
car, franchement, tu me sembles barboter dans toutes sortes de
belles théories, qui n'auraient d'autres résultats, si elles étaient
pratiquées, que d'empêcher la marche de la civilisation et du
progrès.

— Oh! dit encore Charles.

— Laisse-moi parler sans m'interrompre, comme je l'ai fait
pour ceux qui ont parlé avant moi, dit Jonathan, je vous raconterai mes voyages et mes appréciations, et puis vous discu-
terez après, si bon vous semble.

L'Amérique est le grand continent découvert par Christophe
Colomb, en 1492. Cette partie du monde a environ 11,900 kilomètres de long sur 5,000 kilomètres de large; sa surface est
de plus de 3,800,000 kilomètres.

L'Amérique est séparée en deux par l'isthme de Panama, qui
la divise en Amérique septentrionale et Amérique méridionale.

L'Amérique septentrionale se divise elle-même en six grandes
parties, qui sont : les États-Unis, le Mexique, Guatémala, l'Amérique anglaise, l'Amérique russe et l'Amérique danoise et une
quantité d'îles appartenant à la France, au Danemark, à la Hollande, l'Angleterre, l'Espagne, etc., etc.

L'Amérique méridionale contient au moins douze États qui
sont : Équateur, Vénézuala, Nouvelle-Grenade, Pérou, Bolivie,
Chili, Plata, Paraguay, Urugay, Brésil, Patagonie, Araucanie et les
Guyannes appartenant à la France, l'Angleterre et la Hollande.

L'Amérique est la partie du monde qui a les plus grands
fleuves et les lacs les plus considérables, ainsi que les plus hautes
montagnes, malgré que les crêtes de l'Himalaya en Asie aient
dans beaucoup d'endroits plus d'élévation que les pics des Cor-
delières.

Les principales productions du règne végétal en Amérique sont :
le nopal, sur lequel l'on récolte la cochenille, le passoyer, le
campêche, l'acajou, le quinquina, le caoutchouc, le tabac, la
pomme de terre, le goyavier, le cocotier, le cacaotier, la vanille,
l'ipécacuanha, la salsepareille, le manioc, etc., etc. L'on y a importé le cotonnier, le caféier, la canne à sucre, l'ananas, le bana-
nier, etc., etc.

Le règne animal n'est pas moins varié. Le bison, le jaguar, le
castor, l'ours gris, le lama, la vigogne, la sarrigue, le tapir, le
condor, le serpent à sonnettes, le caïman, etc., etc.

Le règne minéral n'est pas moins considérable ; l'on y trouve
de l'or, de l'argent, du fer, du cuivre, du plomb, de l'étain, de la
houille et même de l'huile, car l'on a découvert de riches sources
d'une espèce d'huile grasse, qui peut rendre les mêmes services
que nos huiles à brûler.

La population actuelle de l'Amérique est d'environ 50,000,000
d'habitants.

LES ÉTATS-UNIS

Les États-Unis sont la grande république, formée d'une infinité
de petits États qui comprennent presque l'Amérique septentrionale.

Ces États sont : au nord-est, New-Hampshire, le Maine, Ver-
mon, Massachussetts, Rhode-Island, Connecticut, New-York, New-
Jersey, Pensylvanie, Delawarre, Maryland.

Au sud : Virginie, Caroline du sud, Caroline du nord, Georgie,
Alabama, Louisiane.

A l'ouest : Tennessée, Kentucky, Ohio, Indiana, Illinois, Mis-
souri, Mississipi, Arkansas, Michigan, Floride, Lowa, Wisconsin

et Californie, et les territoires de l'Orégon, du Nouveau-Mexique, de l'Utah, etc., etc.

La superficie des États-Unis est de plus de 525,000,000 d'hectares.

Cet État, qui n'est guère indépendant que depuis 1790, et qui n'avait, à cette époque-là, qu'une population de 4,000,000 d'habitants, en a aujourd'hui plus de 30,000,000.

Les États-Unis se divisent en États libres et en États à esclaves.

Les États à esclaves viennent de se séparer violemment de la patrie commune, et, à l'heure qu'il est, la guerre civile et toutes ses horreurs ensanglante les plus belles provinces de l'Union.

Cela expliqué, je commence le récit de ce qui m'est arrivé depuis notre séparation.

Fils d'une Américaine et d'un Français, je dois nécessairement avoir une certaine tendresse pour la patrie de ma mère.

Mon père faisait un négoce que vous allez blâmer, sans doute, mais, enfin, moi, je l'approuve, au contraire, et cela me suffit. Il était embaucheur de colons; il tenait des agences dans le nord de la France, en Allemagne et en Belgique, d'où il expédiait des hommes de confiance qui se répandaient dans les villages pauvres de l'Alsace et des provinces rhénanes pour recruter de nouveaux citoyens à la grande république américaine, et faire de pauvres misérables des gens presque toujours heureux.

— Oh! dit Charles, combien sont morts ou vivent encore sur le sol de l'Amérique qui ont maudit leur crédulité, car le prétendu métier philanthropique de ton père était tout simplement un vrai trafic de chair humaine.

— Mais, si tu interviens à chaque instant dans le cours de mon récit, je ne pourrai pas continuer, dit Jonathan sans sourciller.

— Je me tais.

— Tant mieux, moi, je continue. Mon père, comme je le disais donc, était chargé de recruter des travailleurs pour l'Amérique.

— Oui, des nègres blancs, dit encore Charles.

— Ah ça! mais faut-il que je me fâche? dit Jonathan évidemment contrarié.

— Non, non, non, dirent les camarades de Jonathan, sans doute que nous avons de bons renseignements à tirer, au contraire, de ce que tu as à nous raconter.

— Alors c'est bien, je continue; mais, je vous prie, laissez-moi parler comme bon me semble, sans m'interrompre.

Mon père était donc en Europe agent des grandes compagnies territoriales de l'Amérique. Dès que je vous eus quittés, je pus vivre sous le toit paternel, et, là, mon père m'initia à ses opérations, que je trouvais très-licites et même généreuses.

— Licites, dit Charles en hochant la tête,... généreuses, c'est trop; mais j'ai promis de me taire.

— Mon père me proposa de visiter le continent américain en profitant de l'expédition d'un convoi de colons pour n'avoir rien à débourser pour mon voyage.

— Au fait, c'était économique, dit Oscar Gobineau.

— L'économie est la source des grandes fortunes, dit Jonathan. Consultez Francklin, et vous verrez.

Je partis donc sur un navire nolisé exprès pour transporter sept cents personnes, hommes, femmes et enfants. J'avoue que je fus fort mal sur ce navire, et pourtant le capitaine et l'équipage avaient les plus grands égards pour moi; mais j'étais obligé de rester presque toujours sur le pont, car la plus affreuse odeur était répandue dans l'intérieur du navire. Quelques passagers moururent même, je dois l'avouer, avant leur arrivée.

— Oh! dit Charles, les pauvres gens que l'on emmenait commençaient bien leur apprentissage de la philanthropie des Yankees.

Jonathan fit semblant de ne pas avoir entendu, et continua :

Enfin nous arrivâmes aux États-Unis. New-York, où je débarquai, est une grande ville qui représente à elle seule l'aspect et la physionomie de tout ce qui existe sur le sol de la république des États-Unis.

La ville a une population d'environ 425,000 âmes. Le commerce que l'on y fait est immense, et puis c'est le rendez-vous de tous les négociants, de tous les entrepreneurs, de tous les spéculateurs des provinces de l'Union, et de tous ceux enfin que l'envie de s'enrichir pousse à entreprendre toute espèce de choses. Là, tout est licite en fait de négoce, pourvu que l'on réussisse ; c'est bien là où se pratique cette belle maxime de l'un des plus grands hommes d'État de la France : *Chacun chez soi, chacun pour soi.*

— Oh ! dit Charles, mais ces belles maximes ne sont ni chrétiennes ni humaines ; elles sont sacriléges, au contraire, car enfin le Christ est venu au monde pour enseigner aux hommes à s'aimer et à s'entr'aider.

— Laissez-moi donc tranquille, dit Jonathan en haussant les épaules : c'était bon autrefois, où les hommes étaient simples, innocents et loyaux ; mais, aujourd'hui, je soutiens que si la doctrine évangélique était pratiquée dans toute sa pureté par quelques individus, si riches qu'ils fussent, surtout en Amérique, ils seraient ruinés, dévalisés en quelques jours.

— Mais c'est monstrueux ! dit encore Charles.

— Laissez-moi dire et pensez tout ce que vous voudrez, dit Jonathan ; je vous peins la société américaine, la société de l'avenir ; libre à vous de vous ranger sous la bannière des dupes.

— Eh bien, elle est belle la société de l'avenir ! dirent à la fois plusieurs des assistants.

— Mais oui, mais oui, dit Jonathan ; je soutiens que sans les belles maximes que je viens de vous citer, qui sont le palladium de l'ordre et de la famille, il n'y aurait plus rien de possible pour le progrès et pour l'avancement de la science et de l'industrie.

Charles serra les poings, ses yeux lancèrent des éclairs d'indignation, mais il se tut. Les autres jeunes gens se contentèrent de hausser les épaules, sans que Jonathan y fît attention.

— La société américaine n'est pas constituée comme la nôtre, dit Jonathan avec emphase; fort heureusement pour l'avenir du monde. Là, point de ces précautions que vos négociants et vos industriels de l'ancien continent prennent pour réussir dans leurs entreprises; là, point de ces préjugés qui retiennent tous les esprits retardataires de votre vieille Europe; point de ces craintes puériles de manquer à ses engagements, de faire perdre à ceux qui ont eu confiance en vous. Non, là, rien n'arrête l'essor de l'homme de génie; sa seule préoccupation, c'est de réussir; il ne se moque pas mal que vous lui ayez confié une portion de votre fortune. Si l'affaire est bonne, elle sera bonne pour vous comme pour lui; si elle est mauvaise, il n'a ni regret, ni honte de vous avoir ruiné : les chances sont pour tout le monde, tant pis pour ceux qui ont voulu s'enrichir.

Cette idée simple et juste, cette manière de voir est tellement passée dans les habitudes du peuple américain, que nul ne se plaint après une catastrophe : les riches d'hier sont souvent les pauvres d'aujourd'hui. Ils écrasaient, la veille, de leur dédain ceux que la fortune n'avait pas favorisés; ils sont méprisés à leur tour, non comme des infortunés qui ont eu des malheurs, mais comme des sots ou des gens mal habiles qui ont trop ménagé la fortune des autres et pas assez la leur.

— Ah çà! mais c'est donc une société de sauvages qui pratique de telles théories? dit encore Charles, presque épouvanté de cette confidence.

— Non, dit avec le plus grand calme Jonathan : c'est une société de gens qui apprécient les richesses ce qu'elles sont véritablement chez eux, c'est-à-dire tout, et qui ne connaissent qu'une chose, c'est de s'enrichir.

Au reste, vous ne pouvez pas juger d'ici la société américaine; rien, dans votre vieille Europe, ne pourrait vous en donner une

idée. Chez vous, vous êtes encore attachés au sol, au village qui
vous a vu naître; vous tenez à l'estime de vos connaissances, à
votre réputation d'honorabilité. En Amérique, il n'y a rien de tout
cela : le mobile de toutes choses, c'est la fortune; le foyer, c'est
le lieu où vous trouvez à acquérir le plus de richesses. Aussi
voyez ce qu'a fait ce peuple nouveau, composé des descendants de
tous les peuples de l'ancien monde.

Soumis d'abord à la sauvagerie d'une existence qui a commencé
par des luttes inouïes avec la fatigue, avec la bataille contre les
premiers possesseurs du sol, il continue cette lutte fiévreuse, in-
cessante avec l'industrie, avec la spéculation. Là, point de vos
sciences qui cherchent à perfectionner le luxe; toutes les forces
viriles des savants, des industriels, des inventeurs sont tournées
du côté des choses sérieuses; c'est avec la matière que la bataille
se livre. Aussi, en tout et pour tout, existe-t-il en Amérique un
cachet absolu qui peint la nature des Américains.

A peine arrivé à New-York, j'eus à m'occuper de diverses affaires
dont mon père m'avait chargé en dehors de la conduite de ses en-
gagés. J'avais des lettres de recommandation pour des gens haut
placés dans le commerce, et j'essayai de spéculer comme tout le
monde.

Mes premières spéculations furent malheureuses; en quelques
mois je perdis un capital assez considérable dans des entreprises
que mes soi-disant protecteurs m'avaient recommandées comme
étant d'un produit certain. Moi et beaucoup d'autres fûmes sacrifiés; nous perdîmes de grosses sommes dans ces spéculations où
nos protecteurs trouvèrent le moyen de ne rien compromettre.
Nous avions payé pour les habiles. Croyez-vous que ceux qui
m'avaient conseillé de me lancer dans les opérations où je perdis
mon capital aient jamais eu du remords de m'avoir, ainsi que tant
d'autres, rendu victimes de faux calculs? Pas du tout. Lorsque je
voulus leur faire quelques représentations, ils me répétaient avec
le plus grand sang-froid :

« Chacun doit être le juge de ses intérêts ; la méfiance n'est ni une vertu ni un vice, parce que si souvent elle nous empêche de profiter de certaines bonnes occasions, elle nous arrête aussi quelquefois sur le bord de l'abîme. Pourtant, c'est une qualité intime qui s'allie avec la maxime de « Chacun pour soi, chacun chez soi. » Lorsque vous voulez entreprendre quelque chose, habituez-vous à ne compter que sur votre jugement, et non sur des avis qui peuvent être intéressés ou mal compris. »

Éprouvé par ces premières expériences, je fus obligé, sous peine de tomber dans la misère et l'abjection, de me ranger sous l'empire des usages reçus, et je ne fis plus d'affaires qu'à mon corps défendant ; marchant en avant, comme le sanglier, sans m'occuper des obstacles qui pouvaient me gêner pour arriver plus vite.

Après avoir fait de nouvelles pertes dans diverses entreprises, je ne voulus plus rester sur le champ de bataille où j'avais été battu. Je partis de New-York et je me mis à voyager dans le Nord. Là, je vis les procédés industriels usités en Europe organisés sur une échelle formidable ; là, point de vos petites fabriques, de vos ouvriers artistes qui liment et façonnent eux-mêmes des objets qu'ils livrent au commerce. Non, en Amérique, tout est automatique et mécanique ; l'homme lui-même n'est qu'une machine qui fonctionne sous la volonté d'un chef et fait agir la matière organisée pour produire, en une heure, le travail que plusieurs milliers d'ouvriers ne sauraient produire en plusieurs semaines.

Depuis la grande usine où se file le coton et où il passe à l'état d'étoffe de toutes nuances, jusqu'à la moindre industrie, tout se fait avec des forces motrices et des procédés artificiels. Ainsi le boucher tue, prépare, pèse et livre sa marchandise avec des mécaniques ; le cordonnier taille, coud et cloue ses chaussures avec des machines ; le tailleur lui-même taille, prépare et coud ses vêtements avec des machines perfectionnées ; la plus infime profession a ses engins, ses leviers, ses forces motrices, qui ne laissent à l'homme que la volonté. Le perruquier lui-même a essayé de raser trente barbes à la fois ; seulement, il est arrivé que des visages sont sortis horriblement balafrés des attouchements des rasoirs automatiques. Mais qu'est-ce que cela, un nez, une oreille, un morceau de menton ou de joue enlevé à quelques particuliers ? L'humanité, en général, n'a point à s'occuper de ces petits détails ; si l'expérience ne réussit pas, tant pis ; mais si elle réussit, c'est une victoire pour le progrès. Qu'importe une ou plusieurs victimes ?...

Les particuliers ne sont point tenus, comme chez nous, de respecter le repos du voisin ; chacun chez soi a le droit de tout faire, même de rendre impossible l'existence de ceux qui leur sont limitrophes.

Un individu essayait un jour, dans une maison de New-York, au troisième, la puissance d'une pièce de canon qu'il chargeait de deux livres de poudre.

Un autre, locataire d'un appartement dans une grande maison d'un quartier très-populeux, établissait des séchoirs de poudrette au deuxième étage.

Un autre, dans une maison habitée par une nombreuse population, montait des machines pour fabriquer de la poudre-coton.

Un autre élevait une usine à gaz dans une cave limitrophe d'un boulanger.

Chacun pour soi !!!

Après avoir vu dans toute sa vigueur cette fièvre de l'amour du gain ; après avoir visité les mines de fer et les mines d'huile, car, effectivement, dans les provinces de l'Orégon et dans plusieurs autres contrées de l'Amérique du Nord, il y a des mines d'huile, je partis pour le Sud. Là, ce fut autre chose : la nature semblait avoir favorisé ces belles contrées de tous les avantages imaginables.

Le café, le coton, le sucre, la cochenille et une foule d'autres produits nécessaires à l'industrie y étaient cultivés en grand, c'est pourquoi les mille soins nécessités pour cultiver et recueillir les récoltes de toutes ces plantes demandaient impérieusement

la continuation du travail des nègres, car si l'industrie peut suppléer le travail manuel des hommes par l'organisation de la matière et le travail automatique des mécaniques, il n'en est pas de
même pour les milliers de soins qu'il faut donner aux graines et
aux plantes qui sont elles-mêmes soumises aux changements atmosphériques. Le nègre est aussi nécessaire à la culture du coton,
de la canne à sucre, et pour recueillir la cochenille, que l'air et
le soleil pour faire fructifier ces plantes. Sans le travail des nègres, point de cultures, point de récoltes, point de négoce, tout
est perdu.

— Mais n'y aurait-il pas moyen d'organiser cela autrement?
dit Charles.

— Cela ne nous regarde pas, répondit Jonathan avec brusquerie; laissons faire le temps et l'intérêt des planteurs et des propriétaires, et soyons assurés qu'ils tenteront tous les moyens pour
se débarrasser de cette engeance fainéante, sournoise et vindicative, que l'on veut rendre libre.

LA CANNE A SUCRE

La canne à sucre, quoique originaire de l'Inde, est cultivée
dans l'Amérique du Sud avec tant de succès, et avec tant d'énergie, que cette partie du monde a fini par accaparer le monopole
de la fourniture du sucre pour toute l'Europe.

Vous savez tous que la canne à sucre est une espèce de bambou qui pousse avec une grande vigueur; chaque année l'on coupe
les longues pousses de l'année précédente, l'on envoie les cannes
nouvelles coupées à la fabrique, où elles sont broyées sous des
meules puissantes, et le jus qui en découle produit un sirop que
l'on manipule de différentes manières, avant, pendant et après la
cuisson. Puis la cristallisation s'opère avec des moyens chimiques
qu'il vous sera facile de connaître.

LE COTON

Le coton, dont l'Amérique du Sud a presque le monopole, provient de deux plantes; l'une, que l'on sème et renouvelle chaque année, donne des cosses comme nos cosses de petits pois; dans ces cosses se trouvent le duvet que nous nommons coton, qui s'échappe de la prison où il était retenu, lorsqu'il est arrivé à maturité.

L'autre espèce de coton est produite par un arbuste qui dure des années; c'est celui-là principalement que l'on cultive et que l'on récolte dans l'Amérique du Sud. De nombreux esclaves sont occupés presque toute l'année à soigner ces arbustes, puis, au plus fort de l'été, commence la récolte. Alors pas un instant de repos pour les nègres chargés de recueillir le précieux duvet, car si de forts vents s'élevaient au moment de l'éclosion des cosses, il faudrait craindre qu'une partie de la récolte ne soit perdue. Or donc, il faut être là aux aguets pour que le coton ne soit point entraîné au loin et dispersé.

C'est donc ce duvet recueilli sur le cotonnier qui sert à fabriquer nos tissus de coton, dont on fait un usage si universel.

LA COCHENILLE

La cochenille est un insecte qui se trouve sur certaines plantes, et particulièrement sur le nopal, et diverses sortes de cactus. Cet insecte apparaît à une certaine époque, et alors on le recueille dans de grands vases où on l'accumule pour l'écraser ensuite. C'est ce qui donne cette belle couleur si éclatante.

Après avoir visité les grandes plantations des provinces du sud des États-Unis, je passai au Mexique.

LE MEXIQUE

Le Mexique est l'une des premières provinces du nouveau monde où s'établirent les Espagnols. Le territoire du Mexique se divise en territoire susceptible de culture, et en désert. La partie déserte est la plus considérable. Rien n'est plus triste en général que de voyager au Mexique.

Les vieilles susceptibilités espagnoles, une méfiance et une vanité jalouse, sont le propre du peuple mexicain.

Le Mexique a une superficie considérable, et se compose d'une foule de provinces.

De hautes montagnes s'élèvent et traversent cette partie de l'Amérique.

La population du Mexique, évaluée à 8,000,000 d'habitants, bien loin de s'accroître comme aux États-Unis, a plutôt diminué. La population se compose de quatre races distinctes; la moitié est formée des descendants des indigènes; une forte partie de nègres, une autre de métis, et une partie, la moins nombreuse, de blancs ou race pure des Espagnols, et de divers peuples de l'Europe.

La partie du Mexique susceptible d'être cultivée pourrait être la terre promise, le pays le plus fertile et le plus agréable du monde, et ses propres habitants en ont fait un lieu de désolation; une terre de misère, de meurtre, de vengeance et d'ignorance cupide.

Il est à désirer qu'une main ferme impose la paix et la civilisation aux habitants démoralisés de cette partie de l'Amérique.

Un produit dont l'industrie mexicaine tire parti, ce sont les œufs de punaises. Les pâtissiers du pays recueillent sur les feuilles

Les Chercheurs d'Or.

Chez les Patagons.

d'une espèce de plantes marines qui croît en abondance dans les lagunes du lac qui avoisine Mexico des milliards d'œufs d'une punaise aquatique excessivement féconde, qui foisonne au printemps dans ces parages, et l'on fait des gâteaux pour les gourmets du pays avec les œufs de ces insectes. Les Européens, je crois, de longtemps, ne feront pas de concurrence à cette industrie.

Du Mexique je passai en Californie.

LA CALIFORNIE

La Californie est une province limitrophe du Mexique nouvellement annexée à la république des États-Unis.

Les États-Unis s'en sont emparés lorsqu'ils ont vu l'étonnante prospérité de cette province presque entièrement inconnue quelques années avant la découverte des terrains aurifères, et la fièvre de l'or qui s'était emparée d'une multitude, dont le lot le plus certain a été la déception.

La Californie est une immense péninsule qui se trouve entre le Grand Océan, la mer Vermeille, et qui confine avec le Nouveau-Mexique d'un côté, et les grands déserts des provinces limitrophes des possessions des États-Unis.

La population de la Californie, qui n'était guère avant 1840 que de 25 à 30,000 âmes, est aujourd'hui de plus de 800,000 habitants, grâce à la fièvre de l'or.

La Californie a une largeur qui varie de 200 à 250 kilomètres, sur une longueur de 2,300 à 2,500, et encore cette superficie est-elle plus ou moins exactement appréciée.

Comme tous les Américains de cette époque, je voulus avoir ma part des trésors découverts d'une manière si étonnante par un étranger, un Suisse je crois. J'organisai une société pour recueillir l'or, et je partis avec cinquante hommes résolus. Arrivés sur les lieux, nous fûmes un peu déçus; les vivres étaient d'une rareté et d'une cherté inouïes; l'on y trouvait, en effet, de l'or, mais une bouchée de pain, un clou, une goutte de vin dans les premiers moments de l'exploitation, coûtaient des prix tellement exorbitants, que les bénéfices ne suffisaient pas pour se procurer le nécessaire, et puis le travail n'était ni sain ni aussi facile qu'on nous l'avait fait accroire. Dix de nos hommes succombèrent tout d'abord aux fièvres pernicieuses qui enlevèrent tant de colons; puis dix autres furent tués ou blessés en se battant contre des individus qui avaient des places plus riches et dont nous voulions partager l'emplacement, attendu que nous étions Américains et qu'ils ne l'étaient pas.

— Voilà encore une des prétentions du peuple libre de l'Amérique, dit Charles; tout pour lui, rien pour les autres, et puis le droit de la force, qu'il inaugure partout où il est en nombre.

Jonathan l'interrompit et dit avec emphase :

— Le peuple américain est un grand peuple; voilà ce que je sais. Je continue.

Une vingtaine d'autres étaient malades ou estropiés; enfin, du fonds social confié à mes soins il ne restait pas une obole, et ceux des mineurs que j'avais amenés avec moi qui restaient encore me menaçaient tous les jours de me faire un mauvais parti si je ne les tirais de l'état fâcheux où ils étaient réduits. Pour couper court à tout cela, je quittai les placers sans avertir personne, et je retournai à San Francisco, dans l'intention de me rembarquer pour un port de l'Amérique du Sud; mais là, je me trouvai dans un grand embarras : tout était hors de prix, et je n'avais pas le premier sou pour manger. Pourtant il fallait vivre et gagner mon passage. Je me fis décrotteur. Personne, jusque-là, n'avait ambitionné cette profession; j'étais le seul qui eût osé entreprendre cette besogne. J'avais le monopole; aussi fis-je payer mes services au poids de l'or. Tout fashionable qui voulait faire cirer ses chaussures payait deux francs : c'était le prix. D'abord cela sembla exorbitant, mais les mineurs, les marins, les chevaliers d'industrie de toutes sortes, qui ne comptent jamais avec le lendemain, me payèrent mon prix sans sourciller. J'eus bientôt acquis, par ce moyen, une somme assez forte pour continuer mon voyage, et je me mis en route, bien convaincu que le pays de l'or n'était pas le pays du bonheur.

De la Californie je pénétrai dans l'intérieur des terres pour essayer du commerce des peaux de bisons.

Désireux de trafiquer avec les sauvages, avec lesquels l'on parvient quelquefois à faire de belles affaires, je fus obligé de vivre avec eux et de les suivre dans leurs chasses au bison à travers des déserts immenses.

Le bison est un animal qui vit en troupeaux considérables au milieu des solitudes, inconnues des Européens, qui se trouvent depuis les confins du Mexique jusqu'aux déserts de la Californie et des pays ignorés qui se trouvent entre le détroit de Behring jusqu'à la baie d'Hudson.

Pendant plus d'une année j'ai vécu avec les sauvages, espérant faire une grosse fortune en spéculant sur la crédulité des Indiens ou sur leur avidité pour les liqueurs fortes. Eh bien, j'avoue que j'ai été dupé et que ma confiance a été déçue. Les sauvages se sont joués de moi, ont bu mes liqueurs et ne se sont pas laissés tromper. Enfin, las de parcourir, en société de ces brutes, d'immenses contrées et de souffrir les intempéries et toutes sortes de misères, je finis par prendre la résolution de m'en aller.

J'eus bien de la peine à me tirer des déserts où j'étais entré si vaillant et si plein de l'idée qu'un homme policé valait dix sauvages pour les affaires et le trafic.

La partie de l'Amérique qui est encore la possession des sauvages recèle des pays ignorés, des cités assez puissantes paraissent avoir existé au milieu de ces contrées. Plus d'une fois j'ai rencontré des ruines considérables qui attestaient la force d'une civilisation qui est disparue.

De grands centres de population existent même encore dans les déserts de l'Amérique. Des peuples inconnus y vivent d'une vie paisible et dans un certain état de civilisation que l'on n'a pu jusqu'ici apprécier à sa juste valeur, parce que ces populations ont pris un tel soin de cacher, au milieu d'une foule d'obstacles, leurs villes, qu'aucun étranger n'a pu parvenir à s'y introduire; les plus grands dangers existent pour les voyageurs qui parcourent le centre de l'Amérique et s'approchent de ces retraites populeuses préservées, de toutes visites avec une vigilance extraordinaire.

Il sera toujours très-difficile de connaître les nations qui vivent encore ainsi organisées, car je crois qu'au fur et à mesure que la civilisation européenne s'avancera vers leurs retraites, ils se reculeront, après avoir bouleversé, anéanti tout ce qui pourrait donner une idée de leur état social.

Pris un jour par une bande de sauvages de la nation des Commanches, je fus sur le point d'être mis à mort et mangé, sans doute. Heureusement, je me souvins de quelques signes surpris aux chasseurs de bisons, et je me mis à gesticuler avec énergie; puis je tirai une vieille pipe culottée, qui me servait à fumer quand je trouvais du tabac, et je leur montrai cet objet qu'ils prirent pour le calumet d'un grand chef. Je fus sauvé, grâce à ce subterfuge, mais je fus obligé de me faire tatouer sur une partie du corps et de prendre une épouse dans la tribu où j'étais. Mon surnom fut le Renard rouge.

Après avoir vécu en sauvage avec ces peuples pendant un certain temps, après avoir chassé l'ours gris, mauvaise bête, fort dangereuse, qui se retire dans ces retraites, je commençai à m'ennuyer horriblement.

Un jour, en revenant de la chasse, j'appris qu'un ours gris s'était permis de manger mon épouse et s'était sauvé ensuite dans

les forêts environnantes. Mes proches m'excitèrent à venger la
pauvre femme, mais, moi, qui craignais qu'un sort pareil au sien
ne me fût réservé, je profitai de l'isolement où on me laissa
un instant pour m'enfuir. Après mille fatigues, je finis par arriver
à Panama.

L'ISTHME DE PANAMA

Panama est la ville qui donne son nom à l'isthme qui sépare
l'Amérique septentrionale de l'Amérique méridionale.

Cette contrée de l'Amérique est destinée à un avenir prospère si
l'on parvient, selon les plans qui ont été déjà fournis, à couper
par un canal la langue de terre qui sépare les deux mers, ce qui
permettrait de naviguer dans la mer Pacifique sans perte de temps
et sans être forcé de doubler le cap Horn. Déjà un chemin de fer
a été construit sur ce point, qui rend d'immenses services et qui
permet d'aller d'Europe en Californie en un temps bien plus court
qu'autrefois, où il fallait contourner une partie de l'Amérique et
doubler le cap Horn.

L'AMÉRIQUE MÉRIDIONALE

L'Amérique méridionale se compose de la Guyane française,
anglaise et hollandaise, du Pérou, du Paraguay, de l'Uruguay, du
Brésil, qui couvre les deux tiers de cette vaste partie du nouveau monde, de la Patagonie, du Chili, de la Bolivie, de l'Araucanie, etc., etc.

L'Amérique méridionale est la plus belle partie du nouveau monde, et, malgré cela, c'est la moins peuplée. Les diverses petites républiques qui couvrent ce sol si bien partagé sont en guerre continuelle. Le Chili seul a su, depuis un certain nombre d'années, assurer la tranquillité sur son territoire ; aussi cet État est-il l'un des plus prospères.

L'ARAUCANIE

L'Araucanie, qui avoisine le Chili, est un vaste territoire presque inconnu, qui s'étend des contre-forts des Andes jusqu'aux confins de la Patagonie et jusqu'aux montagnes du Pérou.

Ce pays, habité par des sauvages qui se livraient encore, il n'y a pas longtemps, à l'anthropophagie, a été sur le point d'être conquis à la civilisation par un de ces hardis pionniers d'Europe qui risquent chaque jour leur vie pour satisfaire un caprice ou chercher de nouvelles voies pour arriver à la fortune.

Un Français, un Gascon, Périgourdin, ancien avoué, je crois, est parvenu, dit-on, l'on ne sait trop comment, à réunir sous son autorité la plupart des tribus araucaniennes et à se faire déléguer l'autorité suprême.

Ce nouveau monarque avait même sollicité de ses anciens compatriotes une souscription pour l'aider à consolider les bases de son autorité, lorsque les Chiliens, on ne sait sous quel prétexte, sont venus arrêter le cours de cette brillante carrière, en faisant traîtreusement saisir sur son territoire Sa Majesté Araucanienne. Fort heureusement, quelques démarches ont suffi pour faire mettre en liberté le nouveau monarque, qui s'en est revenu tranquillement planter ses choux aux environs de Périgueux, bien dégoûté des grandeurs.

LES GUYANES

Les Guyanes comprennent un espace immense qui se trouve borné par la mer ou par des fleuves considérables et forment de tous côtés une véritable île bornée par la mer Atlantique, l'Amazone, le Rio Negro, le Cassiquiare et l'Orénoque. Cette vaste étendue de pays appartient aujourd'hui à la Hollande, l'Angleterre, la France, la république Colombienne et le Brésil. Malheureusement ce pays, qui a un sol d'une fécondité inouïe, est soumis au fléau de la fièvre jaune et du vomito. Les marais immenses qui couvrent une partie du sol, les débordements périodiques des grands fleuves qui le parcourent et l'environnent de toutes parts sont la cause principale de ces fléaux. Pourtant la plus grande partie des Guyanes a un sol à nul autre pareil, et les cours d'eau qui le traversent devraient donner de grandes facilités pour le commerce. Pourtant la population y est très-clair-semée.

Toutes les productions de la nature se rencontrent cependant au milieu des magnifiques forêts qui couvrent une partie du territoire des Guyanes, mais les émanations de ces terres basses et marécageuses en ont fait fuir tous les colons.

La France a essayé d'en faire un lieu de déportation et de faire de cette partie du nouveau monde si fertile une terre moins malsaine. Y parviendra-t-on?

En attendant, les millions d'hectares de la plus riche terre du monde restent incultes, et le réceptacle des bêtes immondes ou de quelques tribus indiennes qui bravent le fléau de la fièvre.

Le fleuve des Amazones, qui traverse cette partie de l'Amérique, est, avec le Saint-Laurent, qui se trouve dans l'Amérique du Nord, le plus grand et le plus beau fleuve du monde.

Un jour viendra, il faut l'espérer, où la civilisation et le travail feront disparaître les causes pernicieuses qui empêchent les colons de s'établir sur ce riche sol de la Guyane ; alors cette terre sera si féconde qu'elle rendra avec usure les frais que l'on aura pu faire pour l'assainir.

LE BRÉSIL

Le Brésil est une contrée de l'Amérique qui se trouve située entre les Guyanes et les provinces unies du Rio de la Plata, l'Uruguay, le Paraguay, la Bolivie, le Pérou, etc., et l'océan Atlantique ; sa longueur est d'environ 4,300 kilomètres sur 4,000 de large.

Cette immense étendue de pays n'a pourtant guère qu'une population de 6,000,000 d'habitants, un peu plus du double de notre grande capitale.

Le Brésil, reconnu par les Portugais en 1500, ne fut d'abord qu'un lieu de déportation pour les criminels. Plus tard, le Portugal colonisa quelques portions de cette immense partie de l'Amérique, mais les colons n'y abondèrent jamais, malgré la richesse du sol et les nombreux produits que l'on y trouve.

Le Brésil à lui seul s'étend sur près des deux tiers de l'Amérique du Sud. Le climat y est partout très-chaud, pourtant il y a certaines provinces où il est plus tempéré.

Le Brésil s'est soustrait à la domination portugaise pour former un État séparé, sous le sceptre d'un descendant de la maison de Bragance, qui règne sur ce vaste pays avec le titre d'empereur.

Le Brésil est l'un des territoires du nouveau monde les plus riches en végétaux et en minéraux. Toutes les plantes des climats chauds s'y rencontrent en abondance ; l'on y récolte la cochenille le coton et le café s'y cultivent sur une assez grande échelle. Le café surtout est le produit qui s'y rencontre avec le plus d'abondance.

Il y a des mines d'or, d'argent, de fer et de cuivre, et surtout des mines de diamants.

Si le Brésil pouvait accroître sa population et augmenter les travailleurs et les colons, le commerce et l'industrie recevraient une direction plus énergique.

Il est évident que cet État est destiné à un avenir des plus prospères.

Rio-de-Janeiro, capitale du Brésil, est une grande ville admirablement située sur le grand Océan, dans le fond d'une baie immense.

La ville de Rio est excessivement commerçante. La population, qui s'élève à environ 200,000 âmes, est composée en partie de toutes les nationalités du globe. Les nègres y sont au nombre de plus de 80,000. L'esclavage existe encore au Brésil.

LE PEROU

Le Pérou est un très-beau pays où l'ordre public est un peu mieux organisé qu'en Araucanie. Pourtant, en général, les Européens sont difficiles à s'habituer aux usages des indigènes.

Le Pérou, comme le Mexique, est peuplé en grande partie par les descendants des premiers conquérants espagnols ; aussi l'agriculture et le commerce se ressentent-ils des préjugés et des orgueils puérils des hidalgos.

Le Pérou, autrefois le trésor de l'Espagne, a encore ses mines d'or et d'argent, mais le travail de ces mines est difficile, et le peu de sécurité des capitaux et des capitalistes qui pourraient donner un grand essor au développement de l'industrie métallurgique est trop limité pour que l'on puisse compter sur d'heureux résultats. De longtemps, les habitants de ces contrées si favorisées par la nature ne se livreront pas aux luttes paisibles du travail et de l'industrie.

LE PARAGUAY

La république du Paraguay est un État qui se trouve confiné entre le Pérou, le Rio de la Plata et le Brésil.

Le Paraguay est un assez bon pays qui produit une multitude d'objets propres au commerce. L'on y trouve la vanille, le coton, le quinquina, la canne à sucre, etc.

Cette contrée de l'Amérique, qui peut avoir 900 kilomètres du nord au sud sur 265, est depuis longtems fermée aux Européens sous les peines les plus excessives. D'abord les Jésuites y fondèrent, sous la suprématie de l'Espagne, un État indépendant, qui dura de 1556 à 1767, époque où les bons pères furent chassés de l'Espagne, aussi bien que de leur belle province d'Amérique. Depuis, les Espagnols ont gouverné le pays; puis le docteur Francia s'en est rendu le despote sous le titre de dictateur. Depuis sa mort, le Paraguay a été moins fermé aux étrangers, pourtant ils n'y sont pas en sécurité.

L'URUGUAY

La république de l'Uruguay se trouve entre l'empire du Brésil, l'océan Atlantique et le territoire de Rio de la Plata. Cet État, qui a

550 kilomètres de l'est à l'ouest, n'a guère qu'une population de 200,000 âmes. Sa situation est assez avantageuse pour le commerce; son sol est fertile, seulement la dixième partie n'est pas cultivée.

Malheureusement, toutes ces petites républiques se trouvent sous la même influence que le Pérou et le Mexique; aussi le progrès, malgré un peu plus de tranquillité et de bonne volonté, n'y entre-t-il que lentement.

LE CHILI

Le Chili seul jusqu'ici a prospéré. Les hommes, chargés de conduire les destinées de l'État, l'ont fait avec cœur et courage.

J'y ai laissé une brave connaissance, Francisco Etchaurreu, qui promettait d'être comme ceux de sa famille qui sont venus avant lui, un homme de bien et de bon sens. Je le rencontrai en voyage, il arrivait de parcourir l'Europe; il semblait heureux d'emporter dans son pays le souvenir de tout ce qu'il avait admiré dans l'ancien monde.

Le Chili, situé sur le versant des montagnes des Andes, que borde la mer, n'a guère que 200 à 220 kilomètres de large, sur une longueur de plus de 2,000 kilomètres. Sa population actuelle est estimée de 16 à 1,700,000 âmes.

Le Chili est sujet à de fréquents tremblements de terre, surtout dans le voisinage des montagnes.

Le Chili est riche en productions de toutes sortes. Le climat y est chaud, mais cependant sain et tempéré par la brise de la mer.

La république du Chili se trouve enclavée entre les montagnes des Andes qui la séparent de l'intérieur de l'Amérique méridionale, les provinces de Rio de la Plata, la Patagonie, l'Araucanie et le grand Océan qui baigne toutes ses côtes. Les productions du pays sont variées; l'on y cultive la vigne avec succès, les céréales, le coton, la canne à sucre, etc.

Le commerce y est assez florissant; Valparaiso en est l'une des villes les plus importantes.

Après avoir visité le Chili, je voulus encore tenter les hasards du négoce avec les sauvages, pensant que je pourrais prendre une revanche éclatante. Je pénétrai en Araucanie.

L'ARAUCANIE

L'Araucanie est un pays limitrophe du Chili presque inconnu des Européens; mais, malgré ce que je vous disais de ce pays au sujet du Gascon qui s'y est fait décerner la couronne, je ne crois pas qu'il soit sain de pénétrer chez ce peuple, même comme négociant; j'en ai fait l'expérience à mes dépens.

Les Araucans vivent encore à l'état sauvage, et leur bravoure et leur férocité est passée en proverbe en Amérique, où l'on dit : brave comme un Araucan.

L'ombrageuse méfiance des premières tribus où je pénétrai aurait dû me dégoûter de continuer mon voyage; je n'en fis rien. Poussé par je ne sais quel désir de trafic, je m'engageai de plus en plus au milieu des immenses forêts et des prairies sans bornes du territoire araucanien, mais je ne fus pas longtemps à regretter mon entêtement. On ne peut plus mal accueilli, je fus forcé un jour de choisir entre me faire naturaliser Araucan, ou être assommé, rôti, et bel et bien mangé par ce peuple qui se nourrit encore quelquefois de chair humaine.

Dans un cas aussi grave, je choisis le parti le moins désespéré, et je me soumis aux exigences de ces sauvages. Hélas! plus d'une fois je regrettai ensuite de n'avoir pas préféré être mangé, car j'eus à subir toutes sortes d'épreuves plus douloureuses et plus cruelles les unes que les autres. D'abord il fallut me résigner à vivre dépourvu de tout vêtement, ensuite l'on me fit subir une seconde opération du tatouage, ce qui n'est pas une petite affaire, je vous assure; si je vous donnais mon corps à examiner, vous verriez combien il a fallu de coups d'épingles pour faire la besogne qui devait me faire ressembler à un vrai sauvage.

Lorsque j'eus supporté ce supplice, l'on m'annonça que j'allais être soumis à une espèce de cérémonie qui devait me donner le dernier cachet au titre d'Araucan. Il s'agissait de ma réception parmi la tribu, et dans cette circonstance, pour montrer ma bravoure et mon mépris des souffrances physiques, je devais manger un morceau de ma propre chair. Seulement par faveur spéciale, on me laissa choisir moi-même la place où je voulais que l'on me coupât ce morceau de chair, et le privilége de le manger cru ou cuit à mon choix.

J'aurais bien préféré refuser et m'en aller, mais cela était impossible; considéré alors comme un espion, j'aurais été assommé et mis à la broche; enfin le jour fatal arriva. Tous mes nouveaux concitoyens s'assemblèrent, l'on prépara un grand festin, et bientôt deux des plus sages de la tribu vinrent me chercher dans ma case pour me servir de parrains et procéder eux-mêmes à la cérémonie.

Arrivés sur le lieu de la fête, que je pourrais nommer plus justement le lieu de mon supplice, l'on me demanda où je voulais que l'on prît un morceau de mon individu, et si je préférais le manger cru ou grillé.

C'était fort triste pour moi sous l'un ou l'autre aspect, pourtant je priai mes bourreaux de prendre le morceau exigé dans la partie charnue du bas des reins, et de vouloir bien le faire cuire un peu.

Ma demande fut accordée, et au son de la plus affreuse musique qu'il soit possible d'entendre, l'on m'enleva en un clin d'œil un bifteck de ma chair, que l'on mit sur des charbons ardents. L'on me cautérisa la plaie avec une pierre rougie au feu, ce qui me fit faire un saut épouvantable, et, malgré cela, il me fallut m'asseoir au milieu des guerriers et prendre part au banquet. Tous ces gredins-là me faisaient horreur, je souffrais comme un damné, et pourtant il fallut rire et boire sans sourciller; enfin, je fus acclamé membre de la grande tribu des pieds d'ours.

Deux années je vécus avec les Araucans, me livrant à la pêche et à la chasse, et surtout à la poursuite des chevaux sauvages.

Les chevaux n'existaient pas en Amérique avant la découverte. Les Espagnols et les Portugais en transportèrent quelques-uns. Plusieurs de ces chevaux furent sans doute abandonnés ou se sauvèrent dans les bois; et aujourd'hui les descendants de ces quadrupèdes ont tant multiplié à l'état sauvage, que ce n'est pas par troupes de cent ni de mille qu'on les rencontre dans les déserts de l'Araucanie et de la Patagonie, mais c'est par bandes innombrables, par centaines de mille.

La vie que je menais m'était odieuse, et je désirais de toutes les forces de mon âme m'y soustraire. Je crus un jour avoir trouvé l'occasion que je cherchais depuis si longtemps.

Étant sauté hardiment sur l'un de ces chevaux sauvages que je venais de prendre avec mon lazzo, et que je croyais pouvoir dompter et diriger à ma guise, je fus entraîné avec une vitesse inouïe pendant deux jours et deux nuits. Le cheval sauvage fou de fureur ne s'arrêta pas une minute; franchissant les ravins, les rochers, les rivières, les montagnes, les plaines, comme entraîné par le vent. Enfin, je crois que j'allais essayer de me laisser glisser à terre, au risque d'être brisé dans ma chute, lorsque le cheval, lui-même couvert de sueur et d'écume, s'arrêta court, poussa un gémissement, se mit à trembler et tomba mort, succombant sans doute aux suites de cette course furibonde; fort heureusement que j'étais muni de mon inséparable couteau de chasse, et qu'en véritable sauvage j'eus recours à la seule ressource qui se trouvait à ma portée. Je coupai une large tranche de mon coursier et je la mangeai crue.

Durant près de dix jours, je cherchais à m'orienter et à trouver quelques traces d'êtres humains; je ne pus venir à bout de rien découvrir, j'étais au milieu de déserts inextricables.

Le onzième jour, j'aperçus enfin une colonne de fumée s'élever dans les airs, et mon cœur bondit de joie; je suivis cet indice et j'arrivai bientôt parmi une tribu de Patagons.

LA PATAGONIE OU TERRE MAGELLANIQUE

La Patagonie est un immense pays situé à l'extrémité de l'Amérique, en face du cap Horn. Le climat y est assez rigoureux, sur les côtes surtout. Pendant longtemps les voyageurs se plurent à raconter des histoires mensongères sur la taille et la force des indigènes de la Patagonie. Les uns prétendirent que ces sauvages étaient d'une taille de dix ou douze pieds, et qu'ils étaient doués d'une force et d'un courage extraordinaire. Toutes ces exagérations ont dû tomber devant les éclaircissements de voyageurs plus consciencieux.

Les Patagons sont, en effet, d'une taille assez élevée, pourtant cette taille ne dépasse pas sept à huit de nos pieds, ce qui est encore assez gentil; ensuite, comme les Patagons sont continuellement à cheval, il est permis de croire que les voyageurs qui les ont aperçus de loin ont bien pu les prendre pour des géants.

La Patagonie est la terre des chevaux : ces animaux y ont pullulé à un tel point que, chaque année, les sauvages en tuent des milliers, rien que pour en avoir la peau et le crin, et que malgré cela le nombre n'en paraît pas diminuer.

Je passai encore plusieurs mois au milieu des Patagons, qui m'avaient d'abord fort mal accueilli et s'apprêtaient bel et bien à me manger à n'importe quelle sauce, car la plupart de ces Sauvages ont conservé un goût excessif pour la chair humaine. Fort heureusement j'eus recours à mes gestes mystérieux, auxquels je ne comprenais pas grand'chose moi-même, et je fus traité en ami.

Ayant trouvé l'occasion de me rapprocher des côtes, je persuadai à plusieurs chefs de ramasser le plus possible de peaux de cheval et de crins, et de faire des échanges avec les premiers bâtiments qui viendraient à passer. J'eus le bonheur de réussir dans cette entreprise. Un capitaine américain se chargea des peaux de chevaux moyennant quelques barriques d'eau-de-vie, des pioches, des fusils et de la poudre; quant à moi, sans en rien faire savoir, j'étais convenu avec le capitaine du navire d'une bonne part dans cette affaire et de mon passage gratuit jusqu'à New-York.

Le capitaine me reçut bien à son bord; mais, hélas! en arrivant au port, j'eus beau lui réclamer la somme convenue entre nous pour ma part dans l'opération faite avec les Patagons, il refusa de rien me donner et me réclama, au contraire, le prix de mon passage. N'ayant aucun écrit à opposer à ses prétentions, je fus heureux de m'en aller sans rien payer.

Revenu en Europe après plus de huit années d'absence, j'ai pris la suite des affaires de mon père, et j'envoie le plus possible de malheureux habiter la grande république des États-Unis.

Mes affaires prospéraient à merveille lorsque cette guerre funeste des provinces du Nord et du Sud est venue ruiner mes opérations. Pourtant j'espère que le Nord aura facilement raison des gens du Sud, et je prépare dans ce moment une grosse opération qui me fera réparer en très-peu de temps toutes les pertes que j'ai pu faire. Si vous voulez profiter de l'occasion, j'ai encore quelques

actions de cette entreprise à placer : c'est une bonne affaire que
l'on peut recommander à ses amis.

Tout le monde se mit à rire, et Charles dit à Jonathan :

— Fort heureusement que tu nous as montré le peu de fonds
que l'on devait faire sur les exploitations américaines, car autrement peut-être me serais-je laissé prendre dans tes filets. Mais
laissons les affaires d'argent et restons tous amis, malgré que nous
ne soyons pas du même avis sur beaucoup de choses.

Oscar Gobineau fut le seul qui, par malice, s'approcha de Jonathan, et lui dit :

-— Camarade, puisque tu as une si bonne affaire à nous proposer,
prête-moi quelques-unes de tes actions, et aussitôt qu'elles auront
produit des bénéfices je t'en payerai le montant.

Jonathan fit une grimace avec l'air de rire, et renfonça dans ses
poches une grosse liasse de papiers qu'il s'apprêtait à étaler sur la
table.

Sa Majesté Soulouque et sa Cour.

Un bienfait n'est jamais perdu.

VI

L'OCÉANIE

L'AUSTRALIE ET LES ILES DE LA MER

—Ah! ah! dit un gros garçon, à l'air bonace, qui n'avait pas
soufflé mot jusque-là, ah! ah! vous en avez vu de toutes les couleurs, vous autres; mais vous avez été dans des pays où vous avez
rencontré des hommes civilisés; eh bien, moi, je n'en ai peut-être
pas tant vu que vous, mais j'ai été plus loin; et puis quand l'on
a vécu deux ans sous le bon plaisir d'un orang-outang, on peut
bien avoir une foule de choses à raconter, pas vrai, mes anciens
copins? Vous vous rappelez de mon nom pour sûr : Loïk Kaolket,
Breton de naissance et marin de profession de père en fils, depuis
trente-deux générations.

Tout le monde se mit à rire en entendant le début de Loïk
Kaolket.

— Enfin n'importe! continua le gros garçon, je m'en vais vous narrer mes aventures comme si c'était drôle à entendre; vous en prendrez ce que vous voudrez et vous laisserez le reste à fond de cale pour faire du lest. Une! deux! c'est convenu, je commence :

Mon père, capitaine d'un petit caboteur qui s'en allait de ci de là faire les commissions de tout le monde le long des côtes de la Bretagne, avait amassé un peu de quibus. C'est pourquoi le brave homme avait voulu que je fusse savant, et il m'avait mis en pension où vous savez. Malheureusement, j'avais plus de vocation pour la pêche du cabillaut ou du congre que pour mordre dans la science; aussi, lorsque je sortis de pension, je n'étais guère fort en rien du tout. J'avais dix-huit ans, mon père était mort, et je n'avais plus qu'un oncle, ancien corsaire, ancien négrier, ancien flibustier, qui n'était pas un mauvais homme au fond. Non, mon oncle Dutertre, de Saint-Malo, était, à ça près d'une brusquerie exceptionnelle, le meilleur homme du monde.

Dès que le brave marin me vit, après la mort de mon père, les larmes lui vinrent aux yeux; il prit sa pipe à sa bouche et me la tendit en me disant :

— Loïk, fume une pipe, mon garçon; c'est salutaire dans beaucoup de circonstances.

Je pris la pipe de mon oncle, et, désireux de lui plaire, je me mis à fumer comme si je n'avais jamais fait que cela, moi qui, jusqu'à ce jour, n'avais pas touché au moindre bout de cigare. Mais après un quart d'heure de cet exercice, ma tête se trouva embarrassée, mon cœur se souleva, et, ma foi, je me trouvai bientôt dans un état difficile à décrire.

— Ah! là! là! il m'en souvient encore, ah! là! là! Mon oncle, à la vue de mes misères de toutes sortes, s'était pris à rire et avait dit :

« Ma foi, ce garçon-là a été élevé comme une poule mouillée; il est temps que je refasse son éducation. »

— Loïk, me dit-il, tu sauras que le tabac est l'ami de l'homme

en général et du marin en particulier, sans compter que la vente
de la drogue profite joliment à l'État, vu que la régie est une insti-
tution qui rapporte gros. Hors donc, comme je veux que tu roules
les mers comme un vrai marsouin, il faut, mon camarade, t'habituer aux jouissances de la pipe et de la chique; quant au tabac en
poudre, je le méprise comme une chose de luxe et tout au plus
bonne pour les freluquets. Ainsi, à partir d'aujourd'hui, tu fume-
ras douze pipes par jour et tu en culotteras une par semaine.
C'est mon idée : tu comprends, n'est-ce pas?

Comme il n'y avait rien à dire, attendu que le ci-devant capitaine Dutertre avait une volonté de fer que l'on pouvait nommer
un entêtement renforcé, je me disposai à suivre sa volonté.

Après être resté deux mois à Saint-Malo avec mon oncle, le
cher homme vint un jour me chercher au jardin, où je travaillais
à fabriquer un filet.

— Loïk, me dit-il, réjouis-toi, mon garçon; j'ai trouvé l'occasion
de t'embaucher avec un vieux loup de mer qui n'est pas tendre du
tout, il est vrai, mais qui est juste pourtant. C'est ton affaire, c'est
à point ce qui te convient; il faudra que tu mordes à toutes les pratiques du métier, que tu saches la manœuvre dans tous ses détails,
ou bien, ma foi, tu risques d'être tarabusté d'une drôle de manière. Pour débuter, tu vas faire un voyage de deux années, sept
ou huit mille lieues, rien que ça pour ton coup d'essai. En voilà
de la chance!

La perspective n'était pas gaie pour moi; pourtant je remerciai
mon oncle, et je fis mes préparatifs pour m'embarquer

Nous partîmes donc le 1ᵉʳ avril. Je m'en rappelle, c'était un vendredi. Ah! cette date-là m'est restée gravée dans la mémoire,
voyez-vous; je vivrais mille ans que je ne l'oublierais pas. Aussi,
c'était bête de partir un vendredi et un 1ᵉʳ avril encore! un jour
funeste et une date de déception! Tous les matelots et le capitaine
étaient furieux; mais le commandant du port avait donné ses ordres, il fallut bien s'en aller.

La mer était calme et unie comme une glace; une toute petite brise enflait nos voiles et nous poussait tout doucement hors de vue des côtes. Le soleil était magnifique, tout allait au mieux, et pourtant les marins du bord n'étaient point contents.

— C'est fini, disait un vieux matelot; bien sûr, c'est mon dernier voyage. A-t-on jamais vu faire partir un navire le 1ᵉʳ avril! En voilà un poisson qui nous avalera, et un vendredi encore! Ah! nous y laisserons tous notre peau!

Pourtant nous abordâmes à Madère, l'une des Canaries, sans qu'il nous fût arrivé rien de trop malheureux.

LES CANARIES

L'île de Madère, qui n'est guère grande, est pourtant la plus importante d'un groupe de petites îles qui se trouvent dans ces mêmes parages.

Madère récolte des vins estimés; sa population est d'environ 150,000 âmes. Toute l'industrie du pays consiste à la culture de la vigne.

De là nous visitâmes les autres îles du même groupe, dont l'île de Ténériffe est pour ainsi dire la capitale. Ténériffe, avec sa montagne en pain de sucre, où se trouve un volcan à peu près éteint, est assez peuplée; sa population est d'environ 80 à 90,000 âmes, sans compter les serins qui y sont très-nombreux.

SAINTE-HÉLÈNE

Et puis nous restâmes un jour en rade à Sainte-Hélène, où le grand empereur est mort. L'on nous permit de visiter l'endroit où avait été sa tombe et l'affreuse baraque qui avait été son dernier palais. Quelle histoire que celle de Napoléon I⁰ʳ! quelle épopée nos arrière-petits-neveux composeront avec la vie de ce grand capitaine!

Sainte-Hélène n'a ni commerce ni industrie : c'est bien une prison, un tombeau anticipé pour ceux qui sont condamnés à y rester.

Nous doublâmes le cap de Bonne-Espérance, situé sur une pointe du continent africain, sans y relâcher, et nous allâmes tout droit atterrir à Madagascar.

MADAGASCAR

L'île de Madagascar est une possession française qui est restée jusqu'ici sans être conquise sur des naturels féroces. Cette grande île pourtant aurait pu devenir un jour l'une de nos possessions les plus utiles dans ces parages.

Madagascar est une île considérable dont le territoire a **1,700** kilomètres du nord-est au sud-ouest, sur **580**. Sa population est estimée à environ **4,000,000** d'habitants. Cette île, qui jouit d'un très-bon climat malgré qu'il y fasse très-chaud, est malsaine dans certaines de ses parties, surtout pour les Européens; mais en général l'intérieur du pays, que l'on connaît un peu, jouit d'un climat très-salubre.

Les productions de cette île seraient considérables si les naturels, au lieu de guerroyer entre eux, s'occupaient un peu plus d'agriculture.

Un Polonais, Benioutwski, envoyé par la France, voulut faire un vaste État de ce pays et le rendre indépendant en **1774**; mais attaqué de tous les côtés à la fois, il fut obligé d'abandonner ses projets. Depuis ce temps, chaque fois que la France a voulu prendre pied sur cette terre qui pourrait devenir si féconde, elle a toujours été traversée dans ses projets par les Anglais, qui ont armé et ameuté les populations féroces de ces contrées contre notre domination.

L'ILE DE CUBA

Après avoir visité Madagascar nous fîmes un long détour et allâmes à Cuba, l'une des îles les plus considérables des grandes Antilles.

Cette île, l'une des dernières possessions espagnoles dans ces parages, est la première terre qu'aperçut Colomb en 1492. Elle a une étendue de 1,150 kilomètres sur 170 dans sa plus grande largeur, et une population d'environ 800,000 habitants dont les nègres forment la majeure partie. Ses principales productions sont le sucre, le café et surtout le tabac : les cigares de la Havane ont une très-grande réputation.

Toute la vieille morgue espagnole, tous les préjugés du moyen âge sont l'apanage de la plupart des fiers hidalgos qui habitent Cuba.

Les Américains des États-Unis ont grande envie de s'emparer de cette île; déjà ils ont tenté plusieurs fois de l'avoir par surprise, mais jusqu'ici l'Espagne a été assez vigilante pour déjouer toutes les trames ourdies contre sa colonie. Pourtant les Yankees la veulent; ils ne sont guère scrupuleux sur les voies et moyens; ils l'auront un jour ou l'autre, à moins qu'ils ne renouvellent entre eux l'histoire des rats enfermés dans une boîte, et qu'ils ne se dévorent tous jusqu'au dernier. La lutte entre eux, dont nous avons le tableau en ce moment, prouve qu'ils ne sont pas tendres même les uns pour les autres.

Il est vrai que l'île de Cuba, située à l'entrée du golfe du Mexique, se trouve dans une position admirable pour leur devenir nuisible en cas d'hostilités avec les puissances européennes, ou très-avantageuse, s'ils l'avaient en leur possession.

De Cuba nous partîmes pour Saint-Domingue, ou plutôt Haïti, qui n'est pas très-éloigné de la grande colonie espagnole.

SAINT-DOMINGUE ET LES ANTILLES

Saint-Domingue est la seconde terre que découvrit Colomb. Cette île, située sous un climat assez chaud, est pourtant d'une grande fertilité; sa population, autrefois considérable, composée de blancs et de nègres, est aujourd'hui bien diminuée, et n'est plus formée que de nègres. L'on y récolte du café, du sucre, etc.; mais en petite quantité, parce que les nègres libres n'en prennent qu'à leur aise.

L'île alors était divisée en deux États différents : l'ancienne partie espagnole formait un État indépendant sous le nom de République Dominicaine; l'ancienne partie française formait un empire gouverné par l'empereur Soulouque. C'était quelque chose de vraiment drôle que l'organisation hiérarchique et aristocratique de cet empire : d'abord Sa Majesté l'empereur était bien le plus grand farceur qui ait jamais gouverné les hommes : pour jeter de la poudre aux yeux de ses sujets, il s'était entouré d'un état-major d'individus tous plus comiques les uns que les autres, et tous aussi mauvais que lui. Puis il avait octroyé une constitution à ses peuples. Il y avait un sénat et des chambres, les sénateurs et les députés se sentaient à une lieue à la ronde; puis enfin, pour couronner son œuvre, il avait créé une noblesse de moricauds qui était vraiment originale sous bien des rapports. Là, j'ai connu le prince de l'Orangeade, le duc de Poivre-long, le comte de l'Oignon

17

rougé, le marquis du Serin vert, le vicomte de la Blague à Pierrot, le chevalier de la Patate et du Coco. Enfin, je puis dire que je me suis fait plus d'une once de bon sang dans ce pays de nègres; c'était une vraie farce de carnaval; mais au milieu de tout cela le Soulouque n'oubliait pas ses petites affaires, et pensait à son petit bien-être. Il y avait pourtant une espèce de gouvernement; mais comme Sa Majesté faisait bâtonner, fouetter ou même fusiller au besoin ses ministres constitutionnels et ses sénateurs et ses députés, personne n'osait souffler mot; vraiment c'était curieux à voir. Enfin, lorsque je suis parti, quelques hommes intelligents et honnêtes, et il y en a parmi les noirs comme parmi les blancs, se soulevèrent contre le despote et le flanquèrent à la porte de son empire. Toutefois, le vieux coquin avait eu soin d'envoyer quelques douzaines de millions, extorqués à ses sujets, à l'étranger; et, ma foi, en perdant la souveraine puissance de l'île, il lui restait une grosse fiche de consolation.

Quant à la République Dominicaine, un autre individu, investi de la confiance de ses concitoyens, l'a livrée, à l'heure qu'il est, à l'Espagne; et, ma foi, je ne sais trop comment les nègres reprendront le collier des Espagnols.

Nous n'abordâmes pas à la Jamaïque, qui est aux Anglais, et qui est assez peuplée et fournit du sucre, du rhum, etc., en abondance; ni à Porto-Rico.

Nous ne visitâmes pas non plus le groupe des petites Antilles, composé de la Martinique, qui appartient à la France et a une population d'environ 120,000 habitants, dont les noirs forment plus de la moitié. Les habitants de cette île cultivent le café et la canne à sucre. Le climat y est chaud, mais la terre y est excessivement fertile; malheureusement les tremblements de terre y sont très-fréquents.

La Guadeloupe, qui est sujette aussi aux ouragans et aux tremblements de terre comme la Martinique, est très-fertile; l'on y récolte en abondance du café, du sucre, du cacao, etc., etc.

Nous passâmes également, sans y aborder, près de beaucoup d'autres îles qui font partie du même groupe, telles que Saint-Thomas, Saint-Jean, Saint-Christophe, Saint-Eustache, Sainte-Lucie, la Barbade, etc., etc.

Nous n'abordâmes ni à l'île de la Tortue, fameuse par le séjour qu'y firent les boucaniers, etc., ni dans les autres îles de ces parages.

En partant de Saint-Domingue, nous fîmes voile tout droit pour les îles du détroit de la Sonde.

L'ÎLE DE CEYLAN

La mer, jusque-là, n'avait pas été trop mauvaise; mais en arrivant dans les parages de l'île de Ceylan, le gros temps commença, et les bourrasques continuelles nous assaillirent.

L'île de Ceylan, ancienne Taprobane, est une grande île située près de la pointe méridionale de la presqu'île de l'Inde.

L'île de Ceylan a une population de près de 2,000,000 d'habitants : elle appartient aux Anglais. C'est une terre des plus fertiles.

Après une navigation longue et périlleuse, nous arrivâmes enfin à Sumatra, l'une des grandes îles du détroit de la Sonde.

SUMATRA ET JAVA

Sumatra est une île qui se trouve en face de la presqu'île de Malacca, sur la côte d'Asie. Cette île est en grande partie aux Hollandais, qui y recueillent les épices. Son étendue est de 470,000 kilomètres carrés; l'on estime la population à 6,000,000 d'habitants.

Ses productions sont vraiment merveilleuses; la nature semble avoir réuni là toutes les choses les plus belles, les plus rares et les plus extraordinaires du règne végétal; les fleurs y ont des parfums inconnus ailleurs; les arbres y portent des fruits sans pareils; les plantes les plus singulières y croissent; mais aussi les poisons les plus violents, les émanations les plus pernicieuses s'y multiplient de toutes parts. C'est là que l'on a découvert la plus grande fleur du règne végétal, la *Raflesia grandiflora*, qui a un mètre et plus de diamètre. Cette fleur géante ne croît que dans certains endroits déserts et est douée des plus brillantes couleurs; elle rampe pour ainsi dire sur le sol, car sa tige ne dépasse pas 25 à 30 centimètres. Mais je ne vous parlerai pas davantage des productions de Sumatra, parce que nous n'y restâmes pas longtemps et que nous partîmes pour Java, autre île de la Sonde, qui a pour capitale Batavia, également aux Hollandais, et qui ressemble à Sumatra pour les productions.

Java a environ 1,000 kilomètres de long sur 130 seulement de large; sa population est d'environ 5,000,000 d'âmes dont 80,000 Européens seulement.

Le climat de l'île de Java, dans quelques-unes de ses parties, est l'un des plus malsains de ces contrées. Le sol y est excessivement fertile. Les Hollandais y cultivent les épices et du thé, etc.

BORNÉO

Nous partîmes ensuite pour Bornéo, la plus grande des îles de la Sonde, encore en partie au pouvoir des insulaires, dont quelques-uns sont anthropophages.

Imp.Becquet,Paris.

Ils se sauvent des Placers de l'Australie.

Je m'étais lié, depuis mon départ, avec un vieux matelot, Breton comme moi, qui s'appelait Karkarabek. C'était un brave homme qui avait toutes les qualités de son état, mais qui en avait aussi tous les défauts. Il était fanatique des usages et des coutumes : il avait fallu, bon gré mal gré, recevoir le baptême de la Ligne, et Dieu sait les quantités de seaux d'eau que plusieurs passagers et moi reçûmes sur le corps ! C'était Karkarabek, ou plutôt Rabek, comme l'appelaient tous les matelots, qui avait joué le rôle du grand-père la Ligne, et il n'avait rien ménagé pour nous tourmenter. Pourtant, nous étions restés amis ; et le bonhomme, dans les moments de calme, lorsqu'il était au repos, me racontait les histoires les plus ébouriffantes qu'il soit possible d'entendre.

Selon lui, la terre n'était qu'un gros poisson condamné à rester sur l'eau pendant plusieurs milliers d'années. Les hommes étaient nés primitivement avec une queue de poisson et des nageoires, et vivaient plus souvent dans les ondes que dessus le dos du poisson géant leur aïeul. Ce n'était, selon lui, que depuis l'invention des bateaux que l'homme avait perdu ses moyens natatoires, et qu'il était réduit à s'enfermer, comme une limace, dans une coquille pour voyager.

— Loïk, me disait-il quelquefois, fais attention à ma théorie ; je suis dans le vrai. Crois-moi, petit : l'homme est né poisson ; au jugement dernier, il redeviendra poisson. Moi, qui te parle, je suis allé au bout du monde, et là j'ai encore vu des poissons humains.

— Allons ! laissez-moi, père Rabek, lui disais-je ; vous avez rêvé un tas de bourdes que vous voulez me faire avaler. Mais je ne mords pas là dedans, moi ; passons à une autre conversation.

— Eh bien, pour changer de manière de causer, comme tu dis, si tu veux, je te raconterai l'histoire du grand géant des bois, qui a trente-six pieds de haut, et du grand crocodile vert, qui a plus de cinquante pieds de long, et du serpent boa qui a un kilomètre de long.

— Allons ! vous allez encore me conter un tas de balivernes.

— Mais non; mais non, petit, puisqu’il est facile de vérifier l’exactitude de ce que je te dis; si tu veux, je te ferai la preuve de ce que je t’avance, et ce ne sera pas long, et tu verras que le père Karkarabek n’est pas un hâbleur. Nous allons, bien sûr, aborder à Bornéo; et, si tu veux, nous prendrons un congé de trois fois vingt-quatre heures, et je me fais fort de te montrer dans ce pays des choses qui te causeront la plus grande surprise.

— Ça, ça n’est pas de refus; pour ce qui est d’apprendre et de m’instruire, ça me va.

— Eh bien, garçon, sois tranquille; je t’en ferai voir des choses qui te feront dresser les cheveux sur la tête. Attends, attends, nous tombons juste dans le pays du monde où l’on rencontre les phénomènes les plus extraordinaires; tu verras.

Nous abordâmes bientôt à Bornéo, ville principale des possessions hollandaises dans l’île de ce nom; et, comme le bâtiment devait rester un mois pour subir diverses réparations, nous obtînment facilement un congé de quelques jours, soi-disant pour aller voir des connaissances.

Bornéo est la plus grande des îles du détroit de la Sonde, et même la plus considérable; elle a 1,280 kilomètres de long sur 1,200 de large. Elle contient, outre ce qui est soumis aux Hollandais, plusieurs royaumes indépendants.

Sa population, composée de Malais féroces, de Javanais et de peuples cruels, est estimée à 3,000,000.

Ses productions sont les plus étonnantes et les plus variées du globe; elle produit du girofle, du gingembre, du poivre, de la cannelle, et enfin de toutes les épices, ainsi que du sucre et du café. Mais les naturels sont féroces et n’ont pu être entièrement soumis par les Hollandais. D’immenses forêts couvrent le sol; des montagnes assez hautes s’y élèvent, et un ou plusieurs volcans y sont encore en combustion. Toutes les productions animales, minérales et végétales des tropiques s’y rencontrent, et bien des espèces qui ne se trouvent que là.

Le *poivre* croît sur un petit arbuste noueux et rampant qui s'attache aux autres arbres dans le genre de nos lianes. Le fruit de cet arbuste, que nous nommons poivre et dont on fait un si grand usage, pousse par grappes sur la tige. Il se fait deux récoltes par an. L'on cueille le grain et on le met sécher au soleil.

Le *girofle*, dont on se sert dans les condiments culinaires, est le calice de la fleur du giroflier auquel l'on ne donne pas le temps de se développer et que l'on recueille pour faire sécher au soleil. C'est ce que nous nommons le clou de girofle. Le giroflier est un arbuste de l'apparence et de la grosseur de nos oliviers.

Le *gingembre*, qui sert aussi dans les condiments, est le tubercule d'une plante qui ressemble assez à nos roseaux et qui fait partie de ce que l'on nomme épices.

Le *muscadier*, dont le fruit entre dans la famille des épices, croît dans les îles de la Sonde. Cet arbre ressemble assez à nos poiriers pour la structure. Les noix du muscadier sont cueillies avec soin. L'on retire la première écorce de ces noix, puis on les fait sécher ; enfin l'on casse la coquille et l'on met l'amande de côté.

Le *cannellier* est un arbuste qui croît à Ceylan et dans les îles de la Sonde. Le parfum de ses fleurs est des plus pénétrants.

La cannelle dont on se sert dans les assaisonnements de nos mets est la seconde écorce du cannellier. A l'époque de la séve l'on dépouille le cannellier de la première écorce. Puis il en existe au-dessous une seconde que l'on recueille avec soin. C'est cette seconde écorce que l'on fait sécher, qui donne la cannelle, et l'on peut faire de nouvelles récoltes tous les trois ans.

Le *vanillier*, qui se rencontre plus généralement dans les forêts de l'Amérique du Sud, se trouve également dans les îles de la Sonde. C'est une espèce d'arbuste grimpant dans le genre du lierre qui se fixe sur un autre arbre et qui ne végéterait pas sans ce secours. Le vanillier n'est point commun et ne pousse qu'au milieu des lianes et sous certaines influences. La culture du vanillier jusqu'ici a été impossible ou au moins n'a présenté aucun résultat favorable. C'est à l'état sauvage que l'on trouve la plante qui donne la meilleure essence et rend le parfum le plus suave.

La recherche et la récolte de la vanille sont en Amérique le monopole d'une certaine classe d'individus qui ont pris l'habitude de se livrer à ce travail et qui réussissent à découvrir le vanillier caché au milieu des forêts vierges les plus impénétrables.

Le chercheur de vanille est toujours un individu robuste, sobre et aguerri aux fatigues et aux dangers que présente son long voyage à travers les immenses forêts où il n'hésite pas à pénétrer. Ordinairement c'est à l'automne que le chercheur de vanille se met en quête de la plante qu'il veut récolter. A cette époque de l'année, il lui est plus facile de découvrir les différents indices qui doivent le guider pour trouver ce qu'il cherche, et puis les odeurs de la plante sont plus fortes et le bois est plus mûr.

Il n'est pas rare qu'un chercheur de vanille reste deux ou trois mois au milieu des forêts, couchant sur les arbres, vivant sans cesse en alerte et n'ayant pas toujours de quoi manger. Cela ne fait rien; l'attrait de cette chasse est si grand que l'on a vu souvent des individus quitter des positions lucratives pour retourner à leurs chères émotions. C'est qu'aussi c'est un rude labeur que de rapporter de la vanille, et ceux qui se livrent à cette profession doivent avoir une véritable vocation. Il faut nonseulement s'exposer à mille dangers et à un isolement long et fatigant; mais encore, quand l'arbuste à vanille est découvert, il faut souvent abattre l'arbre sur lequel il rampe. C'est alors que les chercheurs de vanille doivent faire preuve d'une grande perspicacité, car à eux seuls ils ne pourraient abattre des arbres quelquefois d'une grosseur considérable. Le chercheur de vanille est

obligé alors de faire des remarques suffisantes pour pouvoir retrouver l'endroit où il a aperçu un arbuste à vanille, afin de revenir avec des outils et des ouvriers. Presque toujours même
le chercheur de vanille ne récolte pas lui-même les plantes qu'il
a pu découvrir. Il fait ses remarques, puis il retourne à un endroit fixé par avance. Là, il trouve des négociants qui lui achètent
ses découvertes, et qui fournissent des pionniers qui vont sur les
indices du chercheur ou accompagnés par lui faire la récolte. Voilà
pourquoi la vanille est si chère et pourquoi elle sera toujours d'un
prix élevé.

Le *cacao* dont on fait le chocolat qui sert d'aliment dans plusieurs
parties du monde provient d'un arbre de la grosseur de nos pru-
niers, qui est originaire de l'Amérique méridionale. — C'est surtout au Mexique, dans toute l'Amérique du Sud, au Brésil et dans
les Antilles, que l'on trouve le plus de cacaoyers : — le cacao le meilleur provient des côtes de Caraque, où on le cultive avec le plus
grand soin.

Le fruit du cacaoyer est contenu dans des cosses ou espèces de
noix fort dures que l'on recueille sur l'arbre, à différentes époques
de l'année, que l'on ouvre et dont on tire plusieurs amandes que
l'on fait suer sous des nattes puis que l'on fait sécher au soleil. Ce
sont ces amandes, auxquelles l'on donne le nom de cacao, qui servent à faire le chocolat. — Le fruit du cacaoyer produit aussi une
huile excessivement douce qui sert aux dames créoles comme cos-
métique pour se frictionner la peau ; et l'on prétend que cette
huile serait très-utile employée en frictions pour apporter du soulagement aux douleurs rhumatismales ; l'on se sert aussi de
l'huile de cacao dans les colonies en guise de beurre pour faire la
cuisine.

Comme je vous le disais, mon camarade Karkarabek, après quelques démarches, avait obtenu pour nous un congé de quelques
jours.

— Allons, petit, me dit-il dès que nous eûmes la permission

de nous absenter, il nous faut joliment faire attention à nous
ici, car, vois-tu, c'est une population de gueux qui nous tueraient
comme des chiens rien que pour avoir les clous de nos souliers ;
d'abord il faut nous armer chacun d'une paire de pistolets, d'un
bon grand couteau bien effilé et d'un solide casse-tête ; — le casse-
tête, vois-tu, est commode et facile à transporter partout, d'autant
plus que dans ce pays-ci chacun porte toujours des armes avec soi,
— c'est l'usage, — et puis il faut garnir son sac de quelques munitions de bouche parce qu'il n'y a pas d'auberges sur les grandes
routes comme chez nous, vu qu'il n'y a pas de grandes routes.

— Ah çà mais, dis-je à mon compagnon, est-ce que nous allons
entrer en campagne et monter à l'assaut, que tu nous fais faire
tous ces préparatifs?

— C'est-à-dire que c'est à peu près tout comme; au contraire
c'est encore plus urgent dans les circonstances présentes de bien
prendre ses précautions ; — nous allons nous faufiler jusque sur
les dernières possessions hollandaises plus loin que les habitations
les plus reculées des planteurs, et ma foi, là-bas, si nous rencon-
trons quelqu'un il n'y a guère d'autre politesse à attendre de ces
gens-là que d'être assassinés et dévalisés comme s'il n'y avait
jamais eu de correctionnelle sur la terre.

— Mais ça n'est pas drôle, la partie de plaisir que tu me pro-
poses, dis-je à Karkarabek.

— Dame, c'est encore temps de se dédire, c'est à prendre ou
à laisser. — Si tu cagnes, eh bien, restons, mais ne t'avise plus
jamais de suspecter mes histoires.

Un peu piqué du doute de mon camarade au sujet de ma bravoure, comme un gros niais, je lui dis que j'étais décidé à le suivre
jusqu'où il voudrait, que je n'avais peur de rien et que je ne voulais croire les choses qu'après les avoir vues.

— Eh bien, dit Karkarabek, allons-y donc, car je veux te faire
toucher toutes sortes de choses et te régaler de tableaux que tu n'as
jamais ni vus ni connus et qui te resteront dans la mémoire.

Nous partîmes donc après avoir fait l'acquisition de nombreuses provisions de bouche et chargés de munitions de toutes sortes.

Nous fîmes sept à huit lieues à travers des plantations sur lesquelles des nègres travaillaient sous la surveillance de leur commandeur. Enfin nous atteignîmes les premiers contre-forts des hautes collines boisées; là nous nous trouvâmes face à face avec un vieux nègre qui, voyant la direction que nous prenions, vint nous tirer par le bras en faisant toutes sortes de gestes d'effroi pour nous montrer que nous allions dans un endroit dangereux.

— Allons, laisse-nous, vieux moricaud, dit Karkarabek en découvrant ses armes, crois-tu que nous avons peur de quelque chose avec ces instruments-là. Le nègre, en voyant nos pistolets et nos poignards, etc., se recula, fit un geste de pitié et nous laissa aller en branlant la tête et en se frottant les mains comme s'il avait voulu nous dire : Je m'en lave les mains. Allez-vous faire croquer par les tigres ou vous faire casser les reins par quelque orang-outang si cela vous est agréable.

Un moment je réfléchis que le bonhomme pouvait bien avoir raison; mais une fausse honte me poussa en avant : ce fut pour mon malheur et celui de Karkarabek. Vous allez voir.

Nous marchâmes tout le reste de la journée suivant des sentiers à peine frayés dans l'épaisseur de fourrés impénétrables; la nuit, qui dans ces contrées-là n'est pas lente à venir comme chez nous, tomba tout d'un coup et nous laissa dans l'obscurité la plus complète.

— Ah çà mais, dis-je, qu'est-ce que nous allons faire si nous n'y voyons plus ?

— Nous allons nous coucher donc.

— Nous coucher ! dis-je.

— Oui, nous allons grimper dans un arbre et y préparer notre lit, parce qu'il ne fait pas bon se trouver à portée des cent mille mauvaises bêtes qui parcourent les bois dès que le soleil est couché. Il faudra même veiller chacun d'un œil pour ne pas être pris à l'improviste par quelque tigre, quelque serpent ou quelque autre ennemi.

— Hum ! hum ! fis-je en me grattant l'oreille. Je commençais à réfléchir.

Nous grimpâmes donc dans un superbe tulipier et nous nous arrangeâmes du mieux que nous pûmes au milieu des branches touffues de cet arbre. Je commençais à me repentir; ma chambre à coucher ne me plaisait pas du tout. Enfin le vin était tiré, il fallait le boire.

Non, jamais de ma vie, je n'oublierai l'affreux concert qui s'éleva du milieu des bois, du sein des plantes et des rochers qui étaient au-dessous de nous, dès que la nuit eut étendu ses ténèbres autour de nous; bientôt ce ne fut plus que bruit confus, soupirs étouffés, rugissements épouvantables; les hôtes nocturnes de ces forêts prenaient possession de leur empire, et la guerre entre eux tous allait commencer; les faibles allaient devenir les victimes des forts, et tous allaient chercher à se surprendre, à se déchirer. Pendant près de huit heures, j'eus le bruit de cet affreux concert; j'étais étourdi, atterré; quant au vieux Karkarabek, il avait l'air tout aussi tranquille que dans son hamac; plusieurs fois il me dit :

— Entends-tu, petit; entends-tu comme toutes ces mauvaises bêtes ont faim et comme elles s'apprêtent à se dévorer? Gueuses de bêtes, va! Si elles pouvaient nous atteindre, quel bon repas elles feraient!

Ces paroles n'étaient guère faites pour me rassurer, et le vieux Rabek, qui croyait me faire une bonne farce en me conduisant dans ces lieux, et qui comptait n'y pas rester plus d'un jour, se frottait les mains de satisfaction en voyant mon épouvante.

Le jour vint enfin me rendre un peu d'espoir et de courage. Dès que le soleil s'élança sur l'horizon; car le soleil, dans ces contrées, disparaît et paraît comme l'éclair; le concert cessa, les bruits s'apaisèrent, les hurlements, les soupirs et les plaintes de toutes sortes s'arrêtèrent comme par enchantement.

Alors Karkarabek étendit ses membres nerveux, fit un long bâillement et me dit :

— Eh bien, petit, crois-tu maintenant qu'il n'y a pas toutes sortes d'animaux plus étranges les uns que les autres dans la nature, et commences-tu à comprendre que mes histoires pourraient bien être véridiques?

— Ma foi, dis-je, fausses ou vraies, tes histoires ne me préoccupent pas beaucoup dans ce moment-ci ; ce qui m'inquiète, c'est le moyen de nous en retourner au plus vite.

— Ah! ah! tu en as assez; eh bien, garçon, je t'avouerai franchement que j'en ai tout mon soûl aussi; et puis, regarde, me dit-il en m'indiquant du doigt une petite place vide, où le soleil dardait ses rayons sur une multitude de fleurs aux couleurs les plus éclatantes; regarde, vois-tu cet animal qui se tortille sur la mousse?

Portant ma vue dans la direction qu'il m'indiquait, j'aperçus un hideux serpent aux couleurs les plus variées qui finissait d'avaler un autre animal deux fois plus gros que lui. Ce serpent pouvait bien avoir une vingtaine de pieds de long et était de la grosseur de la cuisse.

— Oh! dis-je avec un mouvement de répulsion ; oh! l'affreuse bête!

— Eh bien, mon camarade, je crois que nous en avons passé tout près hier, car il est sur le chemin que nous avons suivi, et il nous faudra lui écraser la tête si nous voulons nous en retourner du même côté; au reste, cette espèce-là, c'est un serpent boa constrictor, n'est dangereuse que par sa force, car elle n'a pas de crochets à venin, et les naturels les mangent à toutes sortes de sauces; mais il y en a des milliers d'autres qui sont plus petits et qui sont bien plus redoutables.

— Sapristi, dis-je, que sommes-nous venus faire dans ce repaire?

— Allons-nous-en, dit Karkarabek ; et, à l'avenir, crois-moi sur parole, petit.

Nous descendîmes avec précaution de l'arbre où nous étions ; pourtant ce ne fut pas sans appeler l'attention du serpent, qui se mit à faire mille mouvements furieux avec sa queue, ne pouvant remuer la tête à cause de l'animal qui était à moitié englouti dans son gosier.

Karkarabek prit son casse-tête, s'approcha du monstre en évitant les coups de sa queue et lui écrasa la tête. L'animal remua encore quelque temps, mais sans pouvoir nous nuire, et nous passâmes.

— Ah çà, dit Karkarabek, tâchons de bien nous orienter, car dans les affreuses forêts de ce pays, il n'y a pas de poteaux indicateurs.

Nous marchâmes longtemps, croyant nous rapprocher de la lisière du bois ; mais, pas du tout, l'obscurité vint nous surprendre dans un endroit encore plus sinistre que celui où nous avions passé la nuit précédente.

— Nom d'une écoutille ! dit Karkarabek ; je crois que j'ai fait une fameuse sottise en voulant tout simplement te faire une farce, histoire de rire, petit ; sabord de sabord ; oui, c'est une grosse bêtise que j'ai faite là ; comment diable nous retrouver au milieu de ce labyrinthe inextricable ; ah ! la, la.

Nous passâmes la nuit, comme nous l'avions fait la veille, sur un arbre ; seulement, je crois que les bruits étaient encore plus nombreux, plus épouvantables et plus forts que ceux que j'avais entendus.

Que vous dirai-je ? pendant cinq grandes journées, nous errâmes encore dans ces forêts vierges sans le moindre indice pour nous retrouver, grimpant sur un arbre dès que la nuit arrivait.

Le sixième jour, nous étions exténués, rendus, désespérés ; il pouvait être midi, lorsque nous nous trouvâmes au milieu d'un désert, mais si triste, si aride, si empreint d'horreur, que nous restâmes un instant à nous demander si nous avancerions.

Les plantes qui poussaient sur le sol semblaient frappées d'une maladie mortelle; quelques arbres au feuillage noir et grêle s'élevaient au milieu d'un espace entouré de rochers, d'où s'échappaient de temps en temps des vapeurs blanchâtres et nauséabondes; enfin, c'était le spectacle de la désolation; les oiseaux de proie eux-mêmes semblaient éviter dans leur vol de passer au-dessus des arbres sinistres, au pied desquels l'on voyait encore les squelettes blanchis de quelques malheureux frappés de mort par les miasmes répandus aux alentours.

— Sapristi, sapristi, dit Karkarabek avec un mouvement de frayeur, encore quinze pas et nous étions flambés; le bohon upas nous envoyait *ad patres*.

— Comment! quoi! dis-je tout épouvanté; qu'est-ce que le bohon upas?

— Mais tu ne vois donc pas ces deux ou trois arbres au feuillage noir qui se trouvent là-bas; eh bien, mon garçon, ce sont les arbres de la mort; tout individu qui en approche est asphyxié sur-le-champ.

— Des arbres qui tuent?

— Oui, oui, mon camarade; je ne sais pas si tu as jamais fait comme moi l'expérience du mancenillier; mais pas moins vrai qu'un jour où j'avais fêté saint Corentin, mon patron étant en relâche dans un port de l'Amérique du Sud, il me prit la fantaisie d'aller me promener dans la campagne. Las d'avoir marché, je m'endormis sous un mancenillier, espèce d'arbre assez commun dans le pays, et ma foi une heure après j'étais rouge comme une écrevisse et gonflé comme un ballon. Les émanations pernicieuses de l'arbre m'avaient atteint, et c'en était fait de moi si un individu qui passait par hasard près du lieu où j'étais étendu, ne m'eût attrapé par les pieds et retiré au plus tôt. J'en fus quitte pour des souffrances atroces pendant plusieurs jours, et la perte de la peau de la figure. Eh bien, le mancenillier n'est rien du tout auprès de ces vilains arbres que tu vois là-bas, car rien que d'en approcher, l'on sent la mort qui vous trotte sur les talons. Toutes les carcasses humaines que tu aperçois non loin des arbres de la mort sont celles de malheureux prisonniers auxquels on avait promis la liberté s'ils parvenaient à rapporter un peu de la gomme qui découle du tronc de ces arbres.

Cette gomme est le poison le plus subtil qui existe, et les sauvages s'en servent, quand par hasard ils peuvent en avoir, pour tremper leurs flèches dedans et les rendre mortelles sous la moindre blessure.

J'étais resté confondu, abruti, je ne pus dire que : — Ah ! mon Dieu !

— Oui reprit Karkarabek, nous voilà dans de jolis draps; qu'est-ce que nous allons devenir? nom d'une fouine!

Nous nous écartâmes au plus vite de cet endroit sinistre; mais après avoir marché quelque temps nous nous trouvâmes en face d'un nouveau danger.

Arrivés sur la lisière d'une petite place qui se trouvait au milieu de la forêt, nous entendîmes des cris et des rugissements affreux. Ayant regardé d'où provenaient ces cris, nous aperçûmes avec épouvante un être velu d'une taille gigantesque, armé d'une massue, qui livrait un combat furieux à un tigre d'une grosseur colossale. La bête féroce, malgré les atteintes de la formidable massue du géant, était parvenue à le saisir dans ses griffes. Un combat corps à corps commença alors entre les deux antagonistes; le tigre déchirait son adversaire avec ses ongles et essayait de le saisir à la gorge avec sa gueule; mais le géant, malgré le sang qui ruisselait sur ses membres et sur sa poitrine velue, cherchait à étouffer son ennemi dans l'étreinte de ses bras nerveux. Enfin, la bête féroce poussa un dernier cri, se roidit et expira, pendant que le vainqueur lui-même, affaibli sans doute par la perte de son sang, tombait inanimé sur la terre.

— Trombe et tonnerre! dit Karkarabek, ah bien ! nous voilà dans de beaux draps, plus de provisions, ne sachant plus ni que faire ni où aller, et au milieu de pareils monstres; ah! sapristi, ah!

Peu habitué à de pareilles scènes et malgré les cinq jours d'épreuves que je venais de subir au milieu de ces forêts, j'étais presque mort d'épouvante, et je ne pus dire un seul mot.

Nous restâmes, mon camarade et moi, un instant sous l'empire de la frayeur; pourtant Karkarabek reprit son sang-froid.

— J'ai une idée, dit-il après un moment de réflexion; j'aperçois là-bas dans ce gros baobab qui se trouve de l'autre côté de l'espace qui est devant nous, la case de l'orang-outang ou homme des bois qui vient de livrer bataille au tigre; car c'est un homme des bois que tu viens de voir combattre avec tant de bravoure. Il faut nous emparer de son habitation, et nous y réfugier jusqu'à ce que nous ayons trouvé un moyen de regagner notre bord.

— Oui, mais si l'orang-outang n'est pas mort.

— Ah diable! c'est qu'il nous ferait un mauvais parti, oui c'est vrai, dit Karkarabek en se frottant le nez, oui c'est délicat. Une autre idée.

J'ai oui dire que ces hommes des bois étaient quelquefois reconnaissants. Si nous lui portions secours au cas où il ne serait pas mort; si nous cherchions à le soulager, peut-être serait-il bon prince. S'il est mort, nous hériterons de sa maison, et puis j'ai encore deux coups de pistolet à lui tirer dans la tête s'il cherche à nous maltraiter.

Aussitôt dit, l'intrépide Karkarabek s'approcha de l'homme des bois, le toucha du bout de son casse-tête, et vit qu'il n'était pas mort. Ayant aperçu une source à quelques pas de là, il courut chercher de l'eau dans son chapeau, et s'en revint en verser sur les blessures de l'orang-outang. Celui-ci ouvrit les yeux, et dès qu'il nous vit il grinça des dents et souleva son bras armé de la terrible massue, mais le bras retomba inerte, le tigre le lui avait broyé.

— Attention, me dit Karkarabek, attention, petit, nous jouonslà un vilain jeu. Si la bête fait mine de m'étrangler, envoie-lui un coup de pistolet dans l'oreille ; puis il se remit à bassiner les blessures de l'orang-outang avec son mouchoir trempé dans l'eau fraîche.

L'animal nous regarda encore avec des yeux hagards, mais il ne fit plus aucune démonstration hostile.

— C'est bon, il s'humanise, dit Karkarabek, tout va bien ; mais, petit, tiens toujours ton pistolet à côté de son oreille ; et il entreprit d'arrêter le sang qui coulait des blessures de l'animal avec des feuilles et de l'herbe.

L'homme des bois nous laissait faire. Enfin, Karkarabek fut chercher de nouveau de l'eau fraîche dans son chapeau, et la présenta à la bête, qui après avoir hésité un moment, se mit sur son séant et but tranquillement le contenu du chapeau. Tandis que nous étions occupés à donner des soins au blessé, nous entendîmes un bruit assez fort qui partait du milieu de la forêt, puis nous vîmes les branches des arbres plier et onduler comme foulées par une force considérable.

L'orang-outang qui n'avait rien perdu de ce bruit, et en avait paru assez inquiet, essaya de se soulever. Karkarabek l'ayant aidé, il parvint à se mettre sur ses pieds ; aussitôt il nous fit signe de le suivre, et se dirigea dans la direction du boabab où était sa cabane. Nous parvînmes jusqu'au pied de l'arbre, et, grâce à une espèce d'échelle de lianes, nous pûmes arriver jusqu'à la case de l'orang-outang qui nous permit d'y entrer avec lui, puis referma la porte solidement.

L'homme des bois épuisé tomba sur son lit de mousse et de feuilles sèches, et ne bougea plus.

Pendant qu'il semblait sommeiller, nous regardâmes à travers les fentes de la case, et nous vîmes un spectacle qui nous glaça d'horreur. Un serpent boa monstrueux, tel que jamais je n'avais ouï dire qu'il pût en exister, s'avançait au milieu de la plaine en bonds inégaux et tortueux.

— Ah ! dit Karkarabek, il était temps de prendre notre feuille de route; oh! la, la, quel monstre! Tu vois, petit, qu'un bienfait n'est jamais perdu; sans notre humanité envers l'homme des bois, nous étions avalés par ce gueux de serpent boa, qui n'aurait fait que deux bouchées de nous.

Le boa s'était avancé près du tigre étendu sur le sol; après avoir soulevé sa tête à plusieurs reprises pour examiner la proie qu'il convoitait, il se glissa tout à coup comme une flèche sous l'animal, enroula le corps de la bête féroce dans ses replis et la pressa longtemps sous les efforts de ses puissants anneaux; enfin le monstre, croyant avoir assez trituré la chair et les os du tigre, se mit en devoir de l'avaler; pour cela, il commença par l'arroser d'une bave visqueuse et épaisse; puis il engloutit la tête, et, peu à peu, avec des efforts réitérés, il en fit disparaître la plus grande partie dans son vaste gosier; fatigué un moment des efforts qu'il avait faits, il s'allongea et resta immobile.

Il y avait à peine une demi-heure que le serpent était à digérer le tigre, lorsque nous entendîmes des cris et des grognements répétés. C'était un troupeau d'animaux, de la grosseur de nos chiens de basse-cour, qui accouraient ventre à terre; bientôt ces bêtes se mirent à mordre le serpent de tous les côtés à la fois. Celui-ci, furieux, eut beau en assommer quelques-uns sous les coups de sa terrible queue, les autres bêtes carnassières n'en continuèrent pas moins leur festin; le boa était dévoré vivant par ses ennemis.

— Barbe de bouc! dit Karkarabek; ah! bien, en voilà une mort terrible, être mangé tout vivant comme cela; ah! la, la! au reste, c'est assez juste, ils lui appliquent la peine du talion.

Quant à moi, je frémissais d'horreur sans oser souffler mot.

Il y avait déjà un bout de temps que les bêtes carnassières se régalaient du boa, qui essayait, mais en vain, de se rouler et de se débarrasser de ses ennemis, lorsque arriva un nouvel acteur.

Ah! mon bon saint Corentin! dit Karkarabek, qu'est-ce qui va se passer? Voici maintenant un caïman d'une longueur démesurée qui s'avance tout doucement; ah! la, la! mais où sommes-nous?

Le *caïman* est un animal hideux de l'espèce des crocodiles, comme vous savez; son vaste corps, couvert d'écailles, est supporté sur quatre pattes, dont il se sert sur terre avec assez de difficulté; sa vaste gueule est armée d'une quantité innombrables de dents aiguës qui déchirent tout ce qu'elles touchent.

Arrivé sur le lieu de la scène, le caïman, malgré les attaques des mangeurs de serpents, voulut prendre sa part du festin; d'abord, il coupa la patte de l'un des animaux qui mangeaient le boa avec sa terrible mâchoire, et un combat assez inégal, il est vrai, allait se continuer, lorsque apparurent de nouveaux acteurs. Une tigresse, accompagnée de ses deux petits, arriva affamée, et se jeta sur les autres bêtes carnassières, qui s'enfuirent alors en poussant des cris et des grognements affreux. Il ne resta plus de redoutable que les tigres et le caïman; un combat terrible commença entre eux, mais la redoutable cuirasse du monstre le mettait à l'abri des morsures de ses adversaires, pendant que lui avait déjà estropiée la tigresse en lui coupant une patte de devant; puis, l'un des deux petits, saisi par l'une de ses pattes de derrière, était attiré tout doucement par le caïman vers une espèce de lac aux eaux verdâtres, où l'affreuse bête comptait se régaler plus à son aise de cette proie. Mais il avait compté sans la venue d'un bien petit et bien faible ennemi, qui, pourtant, fut le seul qui tira momentanément un profit de cette bataille.

Le nouveau venu était un petit animal pas beaucoup plus gros qu'une souris, qui se nomme ichneumon. L'ichneumon, voyant la gueule du caïman entr'ouverte au moment où il saisissait le jeune tigre, comme je vous le disais, s'élança par cette ouverture et disparut dans les entrailles du monstre.

La nuit étant venue, nous n'aperçûmes plus rien; seulement, de temps en temps, les soupirs et les plaintes du crocodile, ainsi que les cris et les hurlements des bêtes féroces, arrivaient jusqu'à nous. Vous pensez bien que nous ne dormîmes guère dans la compagnie de l'homme des bois, qui pouvait avoir la fantaisie de nous étrangler d'un moment à l'autre.

Dès l'aube, l'orang-outang poussa une espèce de soupir et se mit sur son séant; mais son bras droit, qui avait été broyé dans les mâchoires du tigre, pendait inerte contre son corps et semblait le faire souffrir. Nous ayant regardés, il ne montra aucune malveillance contre nous.

— Nous sommes sauvés, me dit Karkarabek; la bête est reconnaissante.

Puis, le courageux matelot, sans s'effrayer, prit le bras cassé du singe et essaya de lui faire comprendre qu'il fallait le soutenir avec un bâton.

L'animal se laissa faire sans la moindre difficulté; puis, il nous montra des provisions de cocos et d'autres fruits qu'il nous fit signe de prendre.

Nous ne nous fîmes pas prier, car nous tombions de besoin, et nous dévorâmes avec appétit les provisions de notre hôte.

— Ah! la, la! disait Karkarabek; ah! la, la! Non, foi de matelot et de Breton, jamais je n'aurais osé croire et dire qu'un singe nous ferait vivre à ses dépens dans sa cambuse; au fait, cela prouve qu'il ne faut jamais médire de rien ni de personne, et que le secours vient quelquefois du côté opposé à celui où nous l'attendons.

L'orang-outang resta renfermé toute la journée avec nous; mais le lendemain matin, il nous fit signe de le suivre, et nous conduisit jusqu'au ruisseau que nous connaissions, où il se baigna longtemps. Puis, il cueillit quelques plantes qu'il nous montra, les prit, les écrasa entre deux pierres et nous fit signe de les appliquer sur ses nombreuses blessures; ce que nous fîmes.

— Ah! dit Karkarabek, je ne me doutais guère d'être un jour apprenti apothicaire d'un singe.

En revenant chargés de fruits de cocos que nous avions cueillis, nous vîmes les suites du combat de la veille. C'était une horreur; une infection épouvantable s'exhalait de tous les corps morts restés étendus sur le sol; le crocodile, resté sur ses pattes, semblait pétrifié; sa gueule entr'ouverte laissait voir l'intérieur de son gosier, où nous aperçûmes le petit animal que nous avions vu s'y introduire; il se repaissait encore tranquillement des viscères de sa victime.

Depuis ce moment, je n'ai fait que penser à l'horrible tableau qui m'a frappé les yeux et l'esprit, et je pense encore sans cesse aux étonnants mystères de la nature. Dans ce combat, le plus petit avait été le vainqueur, et de plus infimes encore que lui étaient restés les maîtres de la place; car l'ichneumon, après s'être gorgé du sang de sa victime, était devenu lui-même la proie des fourmis, qui l'avaient dévoré à son tour lorsque, repu de sang et gonflé par sa gourmandise, il était resté inerte et incapable de bouger.

Vous raconter tout ce qui se passa dans cette affreuse forêt pendant près de deux années que nous restâmes avec l'homme des bois, qui ne se faisait pas faute par moments de nous flanquer de rudes volées de coups de bâton, serait difficile. Sachez seulement qu'un jour nous fûmes découverts par une bande de sauvages occupés à la chasse des singes. Un combat terrible s'ensuivit entre eux et notre orang-outang, qui voulait que nous prissions part à la lutte.

Fort heureusement pour nous que nous n'en fîmes rien, car la malheureuse bête fut atteinte par plusieurs flèches trempées dans le suc du bohon-upas et expira bientôt, à la grande satisfaction des chasseurs.

Mais pour cela nos misères n'étaient pas finies; au contraire, nous étions tombés parmi des anthropophages qui nous lièrent les mains et nous entraînèrent vers leurs huttes en nous maltraitant. Arrivés dans leur village, on nous attacha à un poteau et on nous laissa seuls.

— Eh bien, petit Loïk, me dit Karkarabek, avons-nous du guignon! Nous ne sommes pas plutôt sortis d'une misère que nous tombons dans une autre plus grande; car, bien sûr, ces gredins-là vont nous manger comme de simples volailles. Ah! c'est affreux!

— Comment! tu crois qu'ils oseraient? dis-je tout tremblant.

— Si je le crois? dit Karkarabek; mais tu vas voir çà, mon garçon; oui, tu vas voir çà. Après tout, il se pourrait bien que, comme je suis vieux et dur comme de la corne, qu'ils renonçassent à se régaler de mon individu; mais toi, c'est différent : apprête-toi à être croqué. Après çà, qu'est-ce que nous avons à y perdre, d'être mangés? Nous ne pouvons plus rentrer en France; bien sûr que nous sommes portés comme déserteurs sur le rapport du capitaine, et il n'y a pas d'exemple qu'un conseil de guerre ait jamais cru que deux matelots se soient jamais laissés faire prisonniers par un singe, et aient vécu deux années consécutives avec lui sans pouvoir regagner le bord. Enfin, arrive qui plante! La vie nous a été si dure depuis que nous avons eu la bêtise de quitter le navire, que, ma foi, je me moque de tout ce qui peut m'arriver. Je te le disais bien, Loïk : la vraie patrie de l'homme, c'est la mer. Là, au moins, il n'y a pas de forêts impénétrables, de serpents, de tigres, d'orangs-outangs et d'anthropophages. Aussi, je suis de plus en plus convaincu de mon idée : le paradis de l'homme était au milieu de l'Océan.

Sur ces entrefaites, un vieux sauvage vint nous examiner. Nous étions entièrement nus, l'orang n'ayant pas voulu nous laisser une seule loque sur le corps; le soleil nous avait calcinés comme des côtelettes sur le gril. Après avoir tâté notre chair avec ses doigts crochus, l'anthropophage hocha la tête et s'en alla. Bientôt l'on vint nous détacher, et deux gaillards à la mine assez peu amicale s'amusèrent à nous gratifier d'une roulée de coups de bâton pour se donner le plaisir de nous voir sauter et gambader. Enfin, on nous laissa tranquilles, et nous fûmes invités à venir tourner la broche où étaient enfilés deux superbes Hollandais, surpris par les sauvages dans l'une de leurs expéditions, et que l'on était en train de faire rôtir.

Nous nous acquittâmes de nos fonctions à la satisfaction de nos maîtres ; car, lors du repas, l'on voulut bien nous donner quelques bribes et quelques os du festin.

Karkarabek, mourant de faim, ne fit aucune difficulté de manger du Hollandais ; pour moi, mon cœur se souleva et je ne pus jamais y toucher. L'on me donna une patate, ce qui me fit infiniment plus de plaisir.

Après deux ou trois mois d'esclavage au milieu des sauvages qui nous avaient tiré de la société de l'orang-outang, nous regrettions vraiment les procédés de l'homme des bois ; mais nous finîmes par nous sauver et par rencontrer un brave colon qui nous emmena chez lui.

Nous restâmes quelque temps encore à Bornéo, puis enfin nous nous embarquâmes pour l'Australie.

Nous vîmes les Célèbes, îles de la Malaisie, dans le grand Océan équinoxial.

L'une des îles, la plus importante du groupe, se nomme Célèbe ; elle appartient aux Hollandais, et a 800 kilomètres de long sur 240 kilomètres de large. Sa population est évaluée à environ 2,000,000 d'habitants. La plus grande partie de l'île est couverte de forêts impénétrables peuplées d'une multitude d'animaux féroces, de serpents et de bêtes malfaisantes de toutes sortes. L'on y trouve en abondance tous les végétaux les plus précieux de ces latitudes ; les épices surtout y sont en grande quantité.

Les îles principales de ce groupe, après Célèbe, sont : Sanger, Banca, Boutan, Xoulla, Saloyer.

Nous vîmes aussi les îles Philippines, dont Luçon est la plus considérable, qui forment un groupe d'îles qui appartiennent pour la plupart à l'Espagne. Manille, située dans l'île de Luçon, est la capitale des possessions espagnoles dans ces parages. La superficie de ces îles est estimée à 325 kilomètres carrés.

Après Luçon qui a plusieurs volcans, il y a Mindonaa Palaouan, et Soulou qui sont également à l'Espagne, et sujettes à des tremblements de terre. Les autres îles sont trop peu de chose pour nous en occuper.

Les Philippines ont un climat assez malsain, mais les richesses végétales et minérales de ces îles sont considérables. L'on y trouve en abondance du riz, du coton, de la canne à sucre, des épices, des bois précieux de toutes sortes, aloès, cèdre, sandal, campêche, ébène, bois de fer, camphre, etc., etc.; or, vermillon, mercure, plomb, etc., etc., même des pierres précieuses.

Les Mariannes ou îles des Larrons ne sont ni considérables ni peuplées; elles appartiennent à l'Espagne et produisent divers végétaux précieux. L'arbre à pain s'y trouve en abondance.

L'ARBRE A PAIN

L'arbre à pain est un arbre des plus précieux, qui produit une espèce de noix de la grosseur de nos petits pains, qui contient une pulpe savoureuse et nourrissante que l'on fait cuire sous la cendre ou dans un four.

Les premiers voyageurs comparèrent la pulpe du fruit de l'arbre à pain à d'excellent pain de froment nouvellement fabriqué, c'est pourquoi ils appelèrent l'arbre qui produit cette pulpe, *arbre à pain*.

Après avoir visité divers archipels et divers groupes d'îles dont les habitants nous accueillirent à coups de flèches, et n'auraient pas mieux demandé que de nous manger, nous débarquâmes au Japon.

LE JAPON

L'empire du Japon est composé de plusieurs îles considérables. Les principales sont Yeso, Niphon, Xicoco, Ximo. La capitale de l'empire est Yeddo, ville assez considérable.

L'on évalue la population du Japon à 30,000,000.

Le Japon est, comme la Chine, le spécimen d'une civilisation tombée dans la décrépitude avant d'avoir porté les fruits mûrs de l'intelligence.

Sa situation dans les mers de la Chine, et non loin des côtes de la Corée et de la Tartarie chinoise, fait supposer que le Japon a autrefois reçu les mêmes éléments de civilisation que le peuple chinois. Ces îles ont-elles été détachées du continent asiatique par quelque cataclysme, ou la Chine un moment puissante et conquérante a-t-elle jeté les fondements de l'empire japonais? Voilà deux hypothèses également admissibles.

Les Japonais ont à peu près la physionomie des Chinois de race pure, car les Tartares mantchoux, qui ont envahi la Chine à plusieurs reprises, ont par leur mélange avec les naturels, changé en partie la physionomie du peuple chinois.

Les arts, les sciences, l'industrie sont, au Japon comme en Chine, l'effet de la routine qui n'a pas varié depuis des temps considérables.

Pourtant le Japon produit des étoffes assez bien manufacturées. L'on y confectionne surtout de la porcelaine qui a une réputation méritée.

L'état despotique de ce pays est cause sans doute de la torpeur dans laquelle sont tombées les intelligences, car le peuple a du courage et un grand mépris de la mort et des douleurs physiques.

Il arrive souvent que pour le motif le plus futile, pour la cause la moins sérieuse; un ou plusieurs Japonais s’ouvrent le ventre et se font mourir.

A Nangazaki, l’une des villes les plus considérables du Japon, j’ai vu deux mandarins se prendre de querelle à l’occasion d’un salut mal fait et d’une formalité assez puérile. Le mandarin le plus élevé en titre dit à son subordonné qu’il était un lâche. Celui-ci, sans sourciller, tira incontinent le sabre qu’il portait au côté en disant : « Je suis moins lâche que toi, car tu n’oserais faire cela. » Et aussitôt écartant sa robe, il s’ouvrit le ventre et expira. L’autre Japonais voyant que plusieurs personnes avaient été témoins de cette scène, se crut tenu de montrer qu’il n’était pas moins brave que son adversaire. Il tira à son tour son cimeterre et se fendit le ventre sans qu’aucun des assistants essayât de l’en empêcher.

Que ne ferait-on pas avec des caractères trempés de la sorte, si on les dirigeait vers le bien?

Le Japon, fermé pendant longtemps à nos relations commerciales, serait un excellent débouché pour nos produits manufacturés. Un traité vient d’être conclu, dit-on, avec cette puissance, qui laisserait libre l’introduction de la plupart de nos produits. Mais la politique des despotes du Japon est oblique et sournoise, et je crains bien qu’il n’y ait pas un grand fond à faire sur les engagements que l’on vient de prendre envers nous. Pourtant une ambassade assez nombreuse de Japonais est venue visiter notre pays. Espérons que ces missionnaires de la paix et de la civilisation emporteront avec eux un tel souvenir de notre supériorité dans les arts et l’industrie, qu’ils ne nous traiteront plus chez eux avec autant d’arrogance; après cela, il est possible que les ambassadeurs japonais ne rentrent jamais au Japon, et que s’ils y rentrent, ce ne soit pour être égorgés par ceux de leur nation, qui exècrent les Européens.

Le Japon en général est un excellent pays qui produit une foule de végétaux précieux, et a aussi de riches mines.

Après avoir visité une foule de petites îles, telles que l'archipel des Carolines qui appartient aux Espagnols, qui, je crois, s'en occupent fort peu, les Sandwich, groupe d'îles de la Polynésie, qui jouissent d'un bon climat quoique c aud; les productions du sol sans y être nombreuses sont assez précieuses surtout pour les navigateurs; l'on y trouve en abondance des bananes, des cocos, des fruits de l'arbre à pain, la canne à sucre, la patate, etc. Grâce aux missionnaires, les habitants des îles Sandwich jouissent d'une certaine civilisation.

Les *Marquises*, groupe d'îles situé dans le Grand-Océan.

La France s'est emparée de ces îles en 1842, et a essayé d'en civiliser un peu les habitants qui étaient anthropophages.

Les *îles des Amis*; l'île d'Otaïti est la plus considérable de ce groupe; le climat y est doux, la vie si facile, que pendant bien longtemps les navigateurs redoutèrent d'aborder sur ces îles dans la crainte que leur matelots ne désertassent pour rester parmi les habitants.

Les missionnaires européens ont bien changé un peu la face des choses en moralisant les populations de ces parages, dont les mœurs étaient assez relâchées, et malgré que le climat y soit toujours excellent et la vie à bon marché, les navigateurs ne craignent plus de laisser débarquer leurs marins.

La *Tasmanie*, ou terre de Diémen, est une grande île de l'Australie appartenant à l'Angleterre; elle fut découverte, en 1642, par Tasman, Hollandais; aujourd'hui c'est une île qui sert à l'Angleterre pour y déporter les criminels.

La Tasmanie possède de vastes forêts; le sol y est très-fertile, mais les naturels y sont stupides et hideux.

La Nouvelle-Zélande, découverte, en 1642, par Tasman, est formée de plusieurs grandes îles peuplées d'habitants braves et féroces, qui sont anthropophages.

Le pays est bon, le sol fécond, mais les naturels sont sans cesse en guerre.

La France a voulu former un établissement sur les côtes de l'une des îles de la Nouvelle-Zélande, en 1835; mais l'Angleterre a déclaré, en 1839, qu'elle considérait toutes les îles et tous les territoires de la Nouvelle-Zélande comme des possessions britanniques...

Nous abordâmes aussi sur les côtes de la terre des Papous, ou Nouvelle-Guinée. La grande île qui porte ce nom est peuplée de nègres assez laids; une partie des naturels est anthropophage, et les ressources qu'offre le pays ne sont ni considérables ni précieuses. Un grand nombre d'îles assez insignifiantes font partie du groupe de la Papouésie.

La *Calédonie* est une grande île de l'océan Pacifique, qui jouit d'un assez bon climat, mais les habitants y sont anthropophages. L'on estime la population à 90,000 âmes. La France occupe la Nouvelle-Calédonie depuis 1853, et essaye d'en faire une colonie pénitentiaire.

Enfin, nous arrivâmes à notre destination, qui était la Nouvelle-Hollande, où la Grande-Bretagne envoyait ses repris de justice.

Botany-Bay est la ville la plus considérable de cette grande terre. Cette ville devenue importante a une population de plus de 40,000 âmes. Rien n'est étrange comme de se trouver au milieu de cette capitale d'un nouveau monde, peuplée de voleurs et de voleuses de toutes sortes, et de voir l'ordre et le respect des lois qui y règnent extérieurement; l'on se croirait presque dans une colonie de prix Monthyon.

Aussitôt débarqués, nous fûmes environnés d'une foule d'individus qui vinrent nous parler des mines d'or, des trésors que l'on venait de découvrir dans certaines parties de ce nouveau continent. Tous employèrent les plus beaux discours pour nous circonvenir et nous engager à prendre un intérêt dans l'une des nombreuses sociétés qui se formaient chaque jour pour l'exploitation de ces richesses. Puis l'on nous faisait des offres magnifiques pour aller travailler dans les placers où, nous disait-on, un homme faisait sa fortune en quelques mois.

Karkarabek se laissa éblouir et me tourmenta pour le suivre dans ce nouvel Eldorado. Je fis d'abord quelques difficultés, pensant avec effroi aux deux années que je venais de passer en compagnie de l'orang-outang; mais je me laissai persuader à mon tour lorsque je sus qu'il n'y avait point de bêtes féroces ni de singes dans ce nouveau pays, et nous partîmes.

L'on désigne généralement sous la dénomination d'Australie une grande quantité d'îles disséminées dans l'océan Austral; mais la Nouvelle-Hollande, étant la terre la plus considérable de cet hémisphère, est plus particulièrement désignée sous le nom d'Australie.

La Nouvelle-Hollande est une terre considérable, et n'a pas moins de 4,500 kilomètres de long sur 2,500 de large.

L'intérieur de cette vaste contrée est presque inconnu. Plusieurs fois déjà le gouvernement a essayé d'envoyer reconnaître les vastes pays du centre; mais presque tous les hardis voyageurs qui ont tenté l'entreprise en sont revenus sans avoir pu pénétrer bien avant dans les immenses solitudes qui couvrent le pays, ou sont morts à la peine.

Le climat y est assez bon, mais la température y est très-variable.

L'Australie ou Nouvelle-Hollande est un pays situé aux antipodes de notre Europe.

Découverte, en 1605, par les Hollandais, cette terre a vraiment quelque chose d'extraordinaire. Là, rien ou presque rien de semblable à notre Europe que ce que l'on y a transplanté depuis la découverte. Le règne végétal consiste en plantes peu variées et peu nombreuses, mais d'espèces totalement différentes de ce que nous connaissions.

Quant au règne animal, il est encore moins varié, et les espèces qui le composent ont toutes ou presque toutes un cachet particulier qui leur est propre.

Ainsi, l'ornithorinque qui n'est ni poisson, ni quadrupède, ni oiseau, et qui est tout cela à la fois, vivant dans l'eau, dans l'air et sur la terre La gerboise et le kanguroo, qui sont les animaux les plus considérables de ces contrées, ne courent pas sur les quatre pattes comme nos quadrupèdes ; ils sautent sur leurs deux pieds de derrière d'une manière toute particulière. Les cygnes, blancs chez nous, y sont noirs ; et les merles, noirs chez nous, y sont blancs, ainsi que les dindons, etc., etc. ; enfin, c'est toute une nouvelle nature. L'animal le plus à craindre est de la famille des reptiles : c'est un petit serpent noir, dans le genre de nos vipères, qui y est excessivement nombreux et dont la moindre morsure est mortelle. Et puis les sauvages de ce pays, qui sont encore anthropophages, sont jaunes et hideux plus qu'aucun autre peuple du monde.

Arrivés après d'assez grandes fatigues dans les régions de l'or, je ne fus pas longtemps à m'apercevoir que toutes les promesses que l'on m'avait faites étaient fallacieuses. L'on trouvait bien de l'or, mais c'était avec un labeur considérable et sous le coup continuel d'une foule de périls. D'abord il fallait disputer le coin de terre que l'on voulait exploiter ; et puis, si votre place était assez avantageuse, vous aviez continuellement maille à partir avec une foule de vauriens toujours prêts à vous faire un mauvais parti. Ceux qui ne trouvaient rien étaient les êtres les plus misérables du monde, car tout était fort cher ; si, au contraire, vous étiez assez heureux pour ramasser quelque peu d'or, vous étiez alors en butte à la jalousie de vos camarades et presque toujours certains d'être assassinés ou dévalisés.

Comme vous le voyez, la perspective n'était pas brillante. Avis à ceux qui se laissent entraîner dans des rêves qui ne leur donnent presque jamais que des déceptions.

Un jour où j'avais reçu un coup de pioche sur la tête pour avoir voulu défendre mes droits attaqués par plusieurs aventuriers, je prévins Karkarabek que c'était fini, que je ne pouvais plus rester avec tous ces brigands-là.

Allons-nous-en, lui dis-je ; car, franchement, j'aimerais mieux retourner avec l'orang-outang et vivre sous la perspective continuelle de ses boutades et des volées de coups de bâton dont il nous gratifiait avec tant de libéralité, plutôt que de rester ici.

— Eh bien, me dit Karkarabek, je t'avoue, mon garçon, que sans la honte de t'avoir fait tomber dans une seconde nasse pire que la première, il y a déjà longtemps que je t'aurais fait la même confidence.

Nous avions amassé quelques onces d'or : toutes nos dettes payées, c'était à peine s'il nous restait de quoi acquitter notre passage pour revenir en France ; et pourtant, à peine eûmes-nous quitté les placers, où régnait la plus affreuse licence, que nous crûmes être suivis par des misérables qui en voulaient à nos économies que l'on croyait considérables. En effet, en traversant un grand bois, l'on nous tira plusieurs coups de fusil ; Karkarabek eut le bras cassé, et moi j'en fus quitte pour une balle dans mon chapeau.

Avant que nos assassins eussent rechargé leurs armes, nous prîmes notre course, abandonnant quelques-uns des effets que nous emportions.

Arrivés dans un certain endroit, nous eûmes le bonheur de rencontrer un fermier qui nous prit sous sa protection ; la blessure de Karkarabek fut pansée, et ne présenta heureusement aucun caractère fâcheux. Au bout d'un certain temps, nous nous embarquâmes pour l'Europe, bien persuadés que toutes ces annonces de riches placers, de fortunes magnifiques à faire en quelques mois, n'étaient que des leurres pour attirer des colons et former des centres de population.

Me voici donc de retour en Europe, bien convaincu que les travaux et l'industrie de nos pays présentent plus de ressources encore que toutes ces expéditions lointaines, où l'on risque fort de laisser sa peau ; maintenant, j'ai entrepris de faire le cabotage des côtes de Normandie. J'ai un petit lougre dont Karkarabek est le contre-maître. Je transporte des marchandises d'un port à un autre, remerciant Dieu chaque jour de la faveur qu'il m'a faite de me tirer sain et sauf des forêts de Bornéo, et surtout des placers de l'Australie, si recherchés pourtant des crédules rêveurs.

Bien souvent je compare la conduite de beaucoup de gens à la conduite de l'orang-outang avec lequel j'ai vécu, et je me dis quelquefois que, vraiment, le singe était plus raisonnable que ces gens-là.

Nous remerciâmes tous Loïk, et nous fêtâmes le bonheur de nous retrouver.

— Pourtant, dit Gaston, nous étions une vingtaine lorsque nous nous fîmes la promesse de nous réunir au bout de dix ans.

— Hélas! dis-je, la plupart sont morts jeunes après s'être livrés ou à l'intempérance ou à d'autres excès; d'autres ont trouvé la mort dans des voyages lointains ou de funestes catastrophes; quelques-uns seulement, enrichis et oublieux de tout lien, ne se sont pas souvenus de leurs serments de jeune homme; l'égoïsme et leur personnalité a fait ce qu'ils appellent leur bonheur; et pourtant, s'il nous était permis de scruter leur conscience et de voir l'existence qu'ils mènent, et au prix de quelles bassesses ils ont acheté des positions, véritablement leur sort ne ferait envie à aucun de nous.

Le véritable but de l'homme sur la terre est le travail; quiconque veut se soustraire à cette loi immuable de la nature se met en opposition avec la volonté du Créateur; la vie d'un criminel, d'un coupable peut rester ignorée, et ses crimes impunis pendant un certain temps; mais la conscience, qui est l'écho de la justice de Dieu, ne le laisse jamais tranquille, et l'heure arrive, plus ou moins tardivement, où il faut payer le tribut que chacun de nous doit acquitter. Le paresseux, le fainéant qui ne vise qu'à se soustraire à la loi commune du labeur universel est comme le criminel: il reçoit chaque jour le châtiment mérité pour son mauvais vouloir à apporter son grain de sable au monument intellectuel que l'homme doit élever pour arriver jusqu'à son Créateur.

Les cinq amis s'arrangèrent pour que le plus pauvre d'entre eux reçût assez d'aide pour entreprendre un commerce honorable, et nos cinq camarades de pension se quittèrent en se promettant de se retrouver chaque année à la même époque.

TABLE

PARIS. — IMPR. SIMON RAÇON ET COMP., RUE D'ERFURTH, 1.